Ein Mann nachts allein unterwegs in einer fremden Stadt. Sein Gepäck hat er im Hotel gelassen, den Namen des Hotels vergessen. Und so irrt er durch eine Metropole, deren Unübersichtlichkeit und Gesichtslosigkeit seinen tiefsten Wünschen entsprechen. Reisen, ohne anzukommen. Weiterreisen ohne Verlustgefühl. In seinen neuen Erzählungen lässt Christoph Meckel den vagabundierenden Sehnsüchten seiner meist männlichen Figuren freien Lauf. Ob sie auf der Flucht vor sich selbst oder anderen sind, immer verlieren sie sich in einer verstörenden Welt. Oder sie leben, wie der neunzehn Jahre alte Toby in der Titelgeschichte ›Nachtsaison‹ ein Leben außerhalb des Gesetzes, voller Betrug und Gewalt.

Doch neben diesen »Nachtstücken in Caillots Manier« (Die Welt) überrascht Christoph Meckel in diesem Band mit Erzählungen, die an seine frühe Prosa erinnern. Beschwörung dessen, was verschwindet, eine Landschaft, ein Haus, ein geliebter Mensch. Geschichten, in denen der Glanz mediterraner Landschaften aufleuchtet und das erotische Fluidum von Meckels frühen Liebesgeschichten.

Christoph Meckel, 1935 in Berlin geboren, studierte Graphik in Freiburg und München. Er lebt in Berlin und in der Drôme in Südfrankreich und veröffentlichte verschiedene Radierzyklen sowie zahlreiche Prosa- und Gedichtbücher, die in mehrere Sprachen übersetzt wurden. Sein Werk wurde unter anderem mit dem Rainer-Maria-Rilke-Preis für Lyrik, dem Georg-Trakl-Preis und dem Joseph-Breitbach-Preis der Akademie für Literatur und Wissenschaft der Stadt Mainz ausgezeichnet.

Im *Fischer Taschenbuch Verlag:* ›Suchbild. Über meinen Vater‹ (Bd. 16162,) ›Suchbild. Meine Mutter‹ (Bd. 16080), ›Ein unbekannter Mensch‹ (Bd. 14145) und ›Licht‹ (Bd. 2100).

Unsere Adresse im Internet: www.fischerverlage.de

Christoph Meckel
Nachtsaison

Erzählungen

Fischer Taschenbuch Verlag

Die Erzählungen ›Nacht bleibt draußen und trinkt Regen‹
und ›Perlesöd‹ sind 2002 und 2004 in bibliophilen Ausgaben
im Verlag Thomas Reche, Passau erschienen.

Veröffentlicht im Fischer Taschenbuch Verlag,
einem Unternehmen der S. Fischer Verlag GmbH,
Frankfurt am Main, Juli 2010

Lizenzausgabe mit freundlicher Genehmigung
des Carl Hanser Verlags München Wien
© Carl Hanser Verlag München 2008
Druck und Bindung: Druckerei C. H. Beck, Nördlingen
Printed in Germany
ISBN 978-3-596-18515-3

I.

ANKUNFT IN MONTZA

Ankunft nachts in einer fremden Stadt. Der lange Augenblick erregte ihn, erfüllte ihn mit Hoffnung und Illusion – egal, ob das Hoffnung war oder Illusion –, als der Zug an Brandmauern langsam entlangfuhr, er stand im Gang mit seinem Koffer, derselbe abgeschabte seit fünfzehn Jahren, blickte in Straßenschluchten, verfinsterte Höfe, das Geräusch der Waggons auf den Brücken war hart und hell, und alles schien möglich, Erschöpfung ohne Langeweile, Durchbruch in Tiefschlaf ohne Erinnerung. Keine Ungewißheit, keine Sorge, Zeit ohne Angst. Er hatte nichts zu tun in dieser Stadt. Aufenthalt für unbestimmte Zeit, und Weiterfahrt, sofern nichts Besonderes passierte. Er erinnerte sich an eine Ankunft in Lagos, aus arktischer Aircondition der Maschine in sumpfige Hitze einer Mitternacht. Scharfer Geschmack von Sprit im Wind vom Meer. Gestank nahm ihn auf und gab ihn nicht wieder frei.

Übersichtliche Orte langweilten ihn, in Städten der Provinz hielt er sich nicht auf. Sein Wunsch war, unterzutauchen in Metropolen, egal ob in Europa, Afrika, Asien, in menschenverschlingenden Kolossen der Tropen, endlosen Perspektiven aus Stein, aus Flutlicht, dann aufzutauchen an einem beliebigen Morgen, und weiterzureisen ohne Verlustgefühl. Er war der Reisende, kein Tourist. Alle Gelder, die er besaß – immer häufiger zusammenkratzte –, verschwanden auf Reisen, er wußte nicht, wie. Er besaß eine Wohnung in Antwerpen, in die er sich zurückzog, wenn er erschöpft war. Aber er war nicht oft erschöpft. Flüchtiger Schlaf in einem Hotelbett gab ihm genug von sich selbst zurück.

Die Station befand sich im Zentrum der City. In Rudeln von Menschen lief er die Treppen hinunter, durchquerte dreckige Hallen, verklemmte Türen, stand draußen im lauwarmen Dunkel und atmete tief. Es war eine frühe Nacht im Mai, ein schneller Regen hatte aufgehört, die Reifen der Fahrzeuge zischten, sie schleuderten Wasser, das kalt in die Hosenbeine drang. Er ging ohne Wunsch, sich zu orientieren, vorbei an allem, was Straße und Licht war, dabei fiel ihm ein, was er brauchte, ein Hotel. Er hatte, schien ihm, unzählige Namen entziffert – London Plaza, Bourbach Plaza, Plaza Pacific –, ohne sich an Schlaf oder Bett zu erinnern. Wenn er mit Frauen unterwegs war, selten in den vergangenen Jahren, war der erste Gedanke ein Hotel. Aber er war allein, der Koffer war leicht, und HOTEL konnte einmal mehr Zufall sein. Ein Platzregen überraschte ihn, er rannte ins Foyer eines großen Hotels – sein Hut war im Zugabteil liegengeblieben –, erhielt einen Raum in einer hohen Etage, legte den Koffer auf das Bett, rasierte sich, wusch Gesicht und Hände, brachte den Zimmerschlüssel zum Empfang und ging auf die Straßen zurück. So begannen die Aufenthalte in einer Stadt.

Der Stadtteil, in den ihn der Zufall führte, war voller Musiken, Gefackel von Licht. Er ging durch turmhohe Hallen gleißender Helle, entzifferte Laufschriften, ohne sie zu lesen, blieb stehen, wenn Musik zu hören war und zu sehen, Rockband mit Evergreens der siebziger Jahre, trommelnde, tutende Indios, ein schwarzer Flötist. Am Tisch abseits saß eine geschminkte Nixe, rieb mit feuchten Fingern Sirenenklänge auf den Rändern wassergefüllter Gläser. Eine alte Bettelgestalt am Boden zog und drückte eine Quetschkommode, verrutschte Tristesse ohne Melodie. Aus halboffenen Türen der Souterrains und Discos wummerten Erdbeben, schütterte süßes Getöse. Er kannte die Szenerie aus unzähligen Nächten, sie war weltweit dieselbe, erschöpfte sich nie und versetzte ihn in sorglosen Schlendrian, der vielleicht die Hoffnung seines Reisens war. Nachtparade der Frauen und ihrer Freier, ausgestellte Bäuche, verschlossene Kostüme und die frostigen, scharfen Blicke der Schnorrer & Schieber. Mit Zähnen gefülltes Gelächter, schwarzes Lachen. Hier war seine Nacht, da gehörte er hin, aber er stellte in ihr kein Angebot dar.

Er aß zur Nacht in einer Frühstücksbar, auf hohem Hocker am fleckigen Tresen, zwischen welkender Dame in Schwarz und betrunkenem Soldaten, drei Selbstgespräche, rauchend, kauend, brütend, Schließmuskel-Gesichter, geschlossene Visiere, sein Alleinsein war perfekt zwischen ihnen, ihm fehlte nichts. Er hatte ein paar Gläser Rosé getrunken, seine Sorglosigkeit hielt an, sie nahm noch zu.

Er wollte bezahlen und stellte fest, daß in den Jackentaschen nur Kleingeld war. Er suchte in allen Taschen, fand ein paar Scheine, aber nicht Geld genug für die ganze Nacht. Ohne Geld eine Frau zu finden war aussichtslos. Wo war sein Geld. Er hatte es vor sich selbst und der Welt versteckt, mit Scheckheft und Ausweis in den Koffer getan, der Koffer lag auf dem Bett im Hotel. Er stand im Halbdunkel vor dem Lokal, von Passanten herumgestoßen, und dachte nach. Wenn das Gedächtnis ihn nicht täuschte, war seine Zimmernummer 7/0/11. Der Name des Hotels fiel ihm nicht ein. Er war durch den Platzregen in ein Hotel gelaufen, hatte auf Schriften und Namen nicht geachtet, füllte die Anmeldung aus und ging zum Lift. Was sich ihm eingeprägt hatte, war eine Uhr, rund und riesig überm Empfang, Bahnhofsuhr hinter Glas mit römischen Zahlen. Sessel und Sitzecken standen herum, er erinnerte sich an dezente Beleuchtung, kann sein, er hatte Blumen in Vasen bemerkt, aber keinen Spiegel und kein Bild. Ein Hotelfoyer wie unzählige andere, zum Verwechseln wesenlos, anonyme Box. Er hatte den Namen des Hotels übersehen, auf Vorplatz, Fassade, Entree nicht geachtet, das Billett mit der Zimmernummer nicht eingesteckt, und den Zimmerschlüssel abgegeben. Ihm fehlte jeder Hinweis auf das Hotel.

Wo sollte er suchen, in welche Richtung zurückgehn. Wen konnte er fragen. Was er beschreiben konnte, war eine Uhr. Er sprach mit Portiers und Rausschmeißern, Barkeepern, Nutten, sie sprachen mit Kolleginnen und Kollegen, ließen ihn warten, erklärten in fremden Sprachen. Namen von Hotels wurden zweifelnd genannt, Straßen, Adressen, die Wege dorthin beschrieben, ungefähr, widersprüchlich, häufig falsch. Große runde Uhr im Foyer. Ein Hotelboy glaubte, die Uhr gesehen zu haben, begleitete ihn in ein Hotel ohne Uhr, entschuldigte sich, nahm Trinkgeld und verschwand. Er ging und lief, und rannte fast, von einem Hotel ohne Uhr zum andern – London Plaza, Bourbach Plaza, Plaza Pacific –, sah Empfangshallen, Lobbys, Foyers mit Uhren, kleinen runden, vergoldeten mit acht Ecken, behäbige Uhrenkästen in dunklen Pensionen, und fiel gegen Morgen in Schlaf, allein am Tisch einer spanischen Bar.

———

Ankunft in Djakarta lange her. Der Airport verschwand in Regengüssen, er fiel, durchnäßt von Schweiß und Wasser, in ein Taxi und wurde in das OLD HAARLEM gefahren, Plaza mit Aircondition und sauberen Betten, empfohlen von Leuten, die reisten wie er. Der Chauffeur war ein kleiner Mann ohne Alter, mager, schweigsam, mit offenem Blick, sein Pidgin Javanisch/ Englisch erfreute ihn selbst. Er brachte ihn ohne Umwege vor das OLD HAARLEM, dankte für Trinkgeld und verschwand im Verkehr.

Nachdem er sich im Hotelbett die Krätze holte, war er, wie immer zu Fuß, im Koloß unterwegs, endlos vorbei an Fassaden der Kolonialzeit – niederländischen Firmen, verwitterten Namen – durch stauberstickte, schlammverkrustete Plätze, verirrte sich in Slums ohne Ende und Anfang, Chinatown für ihn ohne Namen, und war nach Stunden des Taumelns durch Dreck und Weißglut so ausgefressen von Fremdsein und leer von Hoffnung, daß ihm nichts mehr half – er hockte sich an den Rand eines stinkenden Pools, rutschte unter ein Bretterdach in den Schatten, zwischen totes Federvieh und verflohten Hund, und driftete langsam, willenlos ab in Leere, eine Art des Irrsinns, die er noch nicht kannte. Menschen mit Totengesichtern schlurften vorbei, schnell vorbei an Federvieh, Hund und ihm. Keine Rückkehr in eine Welt, die ihn leben ließ. Übelgeruch drang in Mund und Nase, blutleeres Zahnfleisch, ausgetrockneter Mund. Fußblasen, Juckreiz, fließender Schweiß. Zeit zog sich aus seinem Körper zurück, überließ ihn dem Hund, dem Federvieh, dem Dreck, in dem er zu verschwinden begann. Zwischen ihm und dem Pool war ein Platz, heiß, öde, eng.

Aus Ruinenkulissen, Hütten im Verfall, kam geräuschlos ein Fahrzeug auf den Platz, hielt in seiner Nähe mit laufendem Motor. Ein Mensch sah ihn an, seine Stimme sagte: DO YOU REMEMBER ME. Er mühte sich, das Gesicht zu sehen, erkannte ungefähr den Chauffeur vom Airport, sah, daß das Taxi dasselbe war. Er kroch vom Federvieh weg auf zwei eigene Beine, lief oder flog zu dem Taxi und fiel hinein. Kein Traum, die Welt war vorhanden, und er in ihr. Zum zweiten Mal kam er im Taxi vor das Hotel.

Er starrte durch das Fenster der spanischen Bar. Kein Fahrzeug wartete vor der Bar. Er hatte noch Geld, den schwachen Schnaps zu bezahlen. Nichts erinnerte ihn an das Hotel mit der großen Uhr. Er überlegte, was sich im Koffer befand, was war aus dem Koffer geworden in 7/0/11, im Hotel, das nicht für ihn existierte. Erschöpft nach dem Schlaf am Tisch der Bar, aber er suchte weiter, suchte weiter, obwohl der beginnende Tag ihm nichts offenbarte, keine Straße Hinweis oder Gewißheit gab. Was wollte er mit dem Koffer, was brauchte er Koffer, Ticket, Ausweis, Papiergeld, Kleider zum Wechseln. Am Mittag trank er nochmal Kaffee, suchte weiter nach dem Hotel mit der Uhr, wurde angehört und herumempfohlen, falsch beraten, in Regen und Irre geschickt. Die zweite Nacht ohne Koffer ging schnell vorbei, auf Polsterstühlen einer verrammelten Bar, die dritte verdöste er in einem Park. Er war unrasiert, seine Kleidung fing an zu stinken. Er war ohne Ausweis und ohne Geld. Der Hunger war da. Eine Meldung in Radio und Television! Ein Hinweis auf Uhr und Zimmer 7/0/11! Er dachte daran, als er in den Rinnstein fiel, das Bewußtsein verlor.

Er wurde wach im abgedunkelten Raum. Im Zwielicht steckte fest, was ihn umgab: eine Matratze, auf der er lag, ein paar Stühle und Flaschen, Kleiderbügel an der kahlen Wand, ein Lampenschirm ohne Glühbirne über ihm. Geschlossenes Fenster, geschlossene Tür, er war mit seinem Mantel zugedeckt, die Schuhe fehlten. Auf einem Hocker neben ihm saß ein Mensch, nach langem Hinsehen sah er, es war ein Kind. Es richtete eine Taschenlampe auf ihn. Der Lichtstrahl schmerzte, er schloß die Augen, die Lampe erlosch. Das Kind nahm ein Handy vom Boden neben dem Hocker, tippte Nummern und sagte: ER IST WACH.

Er hörte die eigene Stimme: wo bin ich –

Stimme des Kindes: das soll ich dir nicht sagen.

Bin ich gefesselt?

Nur an den Füßen zusammengebunden, das kriegst du nicht auf.

Sein Kopf wiederholte den Satz: NUR AN DEN FÜSSEN. Er sagte WASSER. Das Kind hielt von weit eine Flasche hin, sie schien für sein Erwachen bereitgestellt. Seine Hände zitterten, er nahm die Flasche und trank, gutes Wasser, kühl und ohne Geschmack.

Seine Stimme: was ist passiert –

Ich weiß nicht. Ich passe bloß auf, bis du wach bist.

Ich bin wach. Herzschlag und Kopfschmerz wüteten in ihm. Habe ich geschlafen?

Wach warst du nicht.

Das Kind saß außer Reichweite seiner Arme, aufmerksam, grade, unbewegt, er sah, daß es eine Rolle spielte. Es sagte: ich habe Spray, hier in der Hand, den kriegst du in die Augen, wenn du was anfängst. Er sah die Lampe am Boden neben dem Hocker, und eine Dose in seiner Hand. Die Füße des Kindes waren nackt, da wußte er wieder, daß Sommer war. Das Kind war ein Mädchen.

Er sagte: ich kann mir denken, was jetzt passiert. Irgendwer kommt und dann wird geredet, und du mußt raus.

Ich weiß nicht, es ist das erste Mal.

Du wirst rausgeschickt, damit du nicht alles hörst und siehst.

Mich hat noch keiner rausgeschickt –

Wie heißt du.

Für dich hab ich keinen Namen. Schön finde ich Anja.

Die Türe wurde geöffnet. Taglicht fiel weit und stark in den Raum, vermischte sich mit Meergeräuschen von Blattwerk und Windstoß. Eine Frau stand im Gegenlicht, schloß die Tür und trat neben das Kind. Das Kind sah zu ihr auf und nickte.

Haben Sie Schmerzen?

Was ihn erschöpfte, konnte Schmerz sein, aber er spürte nichts. Die Frau sprach mit dem Kind, es verschwand durch die Türe ins Licht. Draußen der Tag war trocken und hell, blendende Helle, zuviel für ihn, seine Augen tränten. Die Frau sah nicht wie eine Gangsterbraut aus. Sie saß auf dem Hocker mit angezogenen Beinen, als spiele sie Kind mit sich selbst.

Sagen Sie mir, worum es geht. Er hatte von fern die eigene Stimme gehört.

Das wissen wir noch nicht. Er ahnte geräuschloses Lachen in ihrem Gesicht. Die Frau war jung oder noch nicht alt, schön vielleicht, sehr schlank, sehr schmal, eine ruhige Stimme. Ihn einzuschüchtern schien nicht ihre Absicht zu sein. Die ruhige, klare Stimme sagte: wir kamen vorbei, als Sie umfielen, auf dem Trottoir lagen, besinnungslos, aber nicht tot. Ein paar Leute blieben stehen, ein Arzt war nicht da, das war unsere Chance. Wir trugen Sie in unseren Wagen, er stand um die Ecke, beruhigten die Leute, wir kennen ihn, fahren ihn in die nächste Klinik. Das machten wir nicht, wir nahmen Sie mit zu uns.

Warum.

Wir fanden, Sie sahen nicht nach irgendwas aus, kein Hungerleider, selbst in der Bewußtlosigkeit. Vielleicht ein Mann, mit dem was zu machen war, ein Typ, der uns von Nutzen sein konnte.

Hatte er richtig verstanden – VON NUTZEN SEIN –

Von dem wir profitieren konnten, das war ein bescheidenes Risiko wert. Im übrigen scheint Ihnen nichts zu fehlen. Haben Sie Schmerzen?

Er gab keine Antwort.

Hunger? Wasser getrunken haben Sie –

Wer ist WIR –

Das Kind, ein Mann, und ich.

Zu wem gehört das Kind.

Es gehört ihm.

Was haben Sie vor –

Nichts, wenn wir von Ihnen profitieren. Profitieren heißt Geld rausschlagen. Sie haben genug gefragt.

Soll das eine Entführung sein?

Daran hatten wir gedacht, aber wir sind, wir waren Zivilisten, keine Profis, keine Gangster.

Erpressung –

Das Wort ist nicht interessant. Wir brauchen Geld, wir haben keins, das ist unsere Rechnung seit einiger Zeit.

Er sagte, erleichtert: Pech gehabt. Ich habe kein Geld.

Das wissen wir, wir haben Sie durchsucht. Sie haben keinen Ausweis und kein Geld. Wo haben Sie es –

Die Geschichte würden Sie nicht glauben.

Wir versuchen es gemeinsam. Aber etwas essen müssen Sie.

Sagen Sie, wo ich bin.

Irgendwo am Rand von Montza – sagt Ihnen das was?

Irgendwann war er in Montza angekommen.

Die Frau – frivoles Monster, verspielte Dame – hatte die Türe hinter sich abgeschlossen. Wieder sah er, schmerzende Augen, den blitzschnellen Einbruch des Taglichts in diesen Raum. Er war im Zwielicht allein, auf der Matratze gefesselt, ABER NUR AN DEN FÜSSEN. Wie lang er im Raum lag, hatte sie nicht gesagt. Solange sie nichts von ihm wußten, blieb er am Leben. Was das bedeuten konnte, war ungewiß. Er hatte im Zwielicht einen Eimer bemerkt, er stand auf Zeitungspapieren frei im Raum. Er überlegte: der wird mein Scheißhaus sein.

Er wachte auf, als Licht durch die offene Tür fiel. Die Frau stellte ein Tablett auf den Hocker, schob ihn mit dem Fuß in seine Nähe. Sie hielt sich abseits, er sah ihren nackten Fuß, schwarz lackierte Nägel in weißer Sandale. Ein Glas Rotwein, ein Teller Suppe, drei Scheiben Brot. Löffel, Papierserviette, kein Messer da. Sie sah ihm beim Essen zu und schien erregt, als sei seine Art zu essen, das Weinglas zu halten entscheidend für das, was weiter geschah. Ihn beunruhigte, daß sie schwieg. Er sah, halb aufgerichtet auf der Matratze: die Fußfessel war ein Fahrradschloß. Aus dem Augenwinkel sah er die zweite Tür, verschlossene Öffnung am Kopfende seiner Matratze.

Während er aß, erschien der Mann, dunkle Brille im Zwielicht, lange Gestalt, sie blieb für ihn sichtbar auf einem Stuhl an der Wand. Lassen Sie sich nicht stören, sein erster Satz. Der zweite, Sie waren fünf Stunden bewußtlos. Erzählen Sie, wer Sie sind.

Das Essen, vor allem der Wein, hatten ihn belebt – er aß und trank, wie er annahm, dasselbe wie sie –, dann fiel er auf die Matratze und schlief fast ein. Schlaf, ich muß schlafen. Er hielt die Augen geschlossen, schlief aber nicht ein.

Haben Sie nicht verstanden. Erzählen Sie –

Was konnte er Unbekannten von sich erzählen. Aber ihm war klar in der Schrecksekunde, daß er hier mit Gefackel nicht weiterkam. Ob er hier rauskam, weiterlebte, hing ab von den Tatsachen, die er erzählte, eine Wahrheit gab er damit nicht preis. Was er sagte, mußte nachprüfbar sein.

Was wollen Sie wissen –

Oh, alles! Das fängt mit dem Namen an. Er sah und hörte das lautlose Lachen der Frau.

Adresse? Telefon? Er nannte Antwerpen. Für sein Alter war kein Interesse da. Sein Konto auf welcher Bank? Er nannte die Bank, eine Kontonummer hatte er nicht im Kopf. Sie war vermerkt in Papieren, die ihm fehlten.

Papiere, die fehlten?

Das war die Geschichte, die ihm keiner glaubte.

Familie? Geschwister? Nein, bloß ferne Verwandtschaft, mit der ihn sein Leben lang nichts verband. Er begriff, wie gefährlich für ihn diese Auskunft war. Er verschwieg ein paar Namen und Adressen von Frauen, für diese Leute hier lebte er allein. Warum allein. Mit Vergnügen allein.

Und zurück zu dem, was sein Geld war. Etwas weniger maulfaul bitte.

Hatte er Besitz zu verkaufen. Keine Wertgegenstände außer der Wohnung. Hatte es einen Sinn, zu erklären, daß Arbeit & Besitz für ihn Nonsens war.

Umso besser, ein Luxusleben. Verstehen Sie, uns ist egal, was Sie von sich erzählen oder nicht. Wir nehmen Ihnen ab, was Sie besitzen. Sie sind so nett und erzählen uns keine Märchen.

Er fragte, wo ist das Kind.

O das Kind! Oho, das Kind! Vergessen Sie es –

Schließen Sie die verdammte Fußfessel auf. Die Beine sind schlecht durchblutet, das geht nicht gut.

Irgendwann sind Sie die Dinger los. Das kann dauern, hängt von Ihnen ab.

Warum war er nach Montza gekommen – Geschäfte?

Keine Geschäfte.

Also, was sonst.

Er sagte: ich weiß nicht, wer Sie sind. Es gibt für mich keinen Grund, Sie kennenzulernen. Von mir zu erzählen ist aussichtslos, Sie glauben mir nicht. Ich muß wissen, was Sie wollen und wie ich hier rauskann.

Dann erzählen Sie weiter. Wo sind Ihre Dokumente, Sie können nicht ohne Geld in Montza sein. Wo ist Ihr Geld.

Es war vor drei Tagen in einem Hotel in Montza.

Und heute?

Das weiß ich nicht.

Es wird spannend, merkst du, sagte die Frau, du hattest recht. Sie saß leicht gegen ihn gelehnt, er sah sie im Zwielicht, ihre Augen glänzten, sie flogen zwischen dem Mann und ihm hin und her. Was im Raum passierte, war Genuß für sie. Was passierte in diesem Raum.

Er versuchte, sich aufzurichten, der Rücken schmerzte. Bleiben Sie liegen! befahl der Mann. Weiter, wie heißt das Hotel.

Ich weiß es nicht.

Soll Ihnen nachgeholfen werden?

Das nützt weder Ihnen noch mir, ich weiß es nicht.

Der Mann schob sein Gesicht zur Matratze hin, die Fäuste lagen auf seinen Knien. Die Frau saß auf dem Hocker, als sei sie in Trance. Sie schien zu lächeln, dann lachte sie, sie lachte laut zum erstenmal. Beide starrten herunter auf die Matratze, was auf der Matratze lag, war er. Er nahm jetzt ihre Brüste wahr, sie wippten spitz unter grauem Stoff, sie lachte. Aber die Frau ging ihn nichts an. Er hatte sie nach drei Sätzen kennengelernt.

Machen Sie Witze? Erzählen Sie, wie heißt das Hotel. Die Augen der Frau wurden schmal wie die einer Katze. Was ist, bearbeiten wir ihn. Er sagte, das ist noch zu früh.

Er schloß die Augen, während er erzählte, langsam, der Reihe nach, wie verlangt. Ankunft in Montza in der Nacht, langer Augenblick, der ihn erregte, mit Illusion und Hoffnung erfüllte, als der Zug an Brandmauern, langsamer werdend, vorbeifuhr. Er stand im Gang mit seinem Koffer, derselbe abgeschabte seit fünfzehn Jahren, blickte in Straßenschluchten, verfinsterte Höfe, die Nachtluft über Montza schien feucht und warm. Es schien am Abend geregnet zu haben, Asphalt und Pfützen spiegelten farbloses Licht.

Er hatte in Montza nichts zu tun, kein Besuch, kein Geschäft, kein Rendezvous, Besichtigungen interessierten ihn nicht, er kannte hier keinen Menschen, soweit ihm bewußt war, er kam zum erstenmal in diesen Koloß. Leichte Benommenheit, als er den Zug verließ, in Rudeln von Körpern und Koffern die Treppen hinabging. Er verließ die Station, kann sein in Richtung Norden, wie immer ohne Wunsch, sich zu orientieren. Ihm fiel ein, daß er ein Hotelzimmer brauchte, nicht billig, nicht teuer, für mehrere Nächte – London Plaza, Bourbach Plaza, Plaza Pacific –. Das Hotel hatte Zeit, der Zufall brachte ihn hin. Ein Platzregen überraschte ihn – sein Hut war im Zugabteil liegengeblieben –, er rannte ins Foyer eines großen Hotels, erhielt ein Zimmer in einer hohen Etage, legte den Koffer auf das Bett, rasierte sich flüchtig, wusch Gesicht und Hände, brachte den Zimmerschlüssel zum Empfang und ging auf die Straßen zurück.

In einer Frühstücksbar aß er zur Nacht und trank Wein. Beim Bezahlen stellte er fest, daß nur Kleingeld in seinen Taschen war, zu wenig für eine Nacht in Montza, Montza. Wo war sein Geld. Er schien es vor sich und der Welt versteckt zu haben, mit Scheckheft und Ausweis in den Koffer getan, der Koffer lag auf dem Bett des Hotels. Er stand im Halbdunkel vor der Bar, von Passanten herumgestoßen, und überlegte. Wenn das Gedächtnis ihn nicht täuschte, war seine Zimmernummer 7/0/11. Der Name des Hotels fiel ihm nicht ein. Er war durch den Platzregen in ein Hotel gelaufen, hatte auf Schriften und Schilder nicht geachtet und war mit dem Lift in die siebte Etage gefahren. Was sich ihm eingeprägt hatte, war eine Uhr, rund und riesig überm Empfang, Bahnhofsuhr hinter Glas mit römischen Zahlen. Sessel und Sitzecken standen herum, er erinnerte sich an dezente Beleuchtung, kann sein, er hatte Blumen in Vasen bemerkt, weiße, rote, gelbe Rosen aus Plastik, aber er sah keine Spiegel und kein Bild. Hotelfoyer wie unzählige andere, zum Verwechseln wesenlos, anonyme Box. Er hatte den Namen des Hotels übersehen, auf Fassade, Vorplatz, Entree nicht geachtet, das Billett mit der Zimmernummer liegenlassen, den Zimmerschlüssel nicht eingesteckt. Ihm fehlte jeder Hinweis auf das Hotel.

Wo sollte er suchen, in welche Richtung zurückgehen. Wen konnte er fragen. Was er beschreiben konnte, war eine Uhr. Er sprach mit Portiers und Rausschmeißern, Barkeepern, Nutten, sie sprachen mit Kolleginnen und Kollegen, ließen ihn warten, erklärten in fremden Sprachen. Namen von Hotels wurden zweifelnd genannt, Straßen, Adressen, die Wege dorthin beschrieben, ungefähr, widersprüchlich, häufig falsch. Große runde Uhr im Foyer? Ein Hotelboy glaubte, die Uhr gesehen zu haben, begleitete ihn in ein Hotel ohne Uhr, entschuldigte sich, nahm Trinkgeld und ließ ihn allein. Er ging, und lief, und rannte fast, von einem Hotel ohne Uhr zum anderen – London Plaza, Bourbach Plaza, Plaza Pacific –, sah Empfangshallen, Lobbys, Foyers mit Uhren, kleinen, runden, vergoldeten mit acht Ecken, behäbige Uhrenkästen in dunklen Pensionen, und fiel gegen Morgen in Schlaf, allein am Tisch einer spanischen Bar.

Er wachte auf an demselben Tisch, sein Kleingeld genügte, den schwachen Schnaps zu bezahlen. Nichts erinnerte ihn an das Hotel mit der großen Uhr. Er überlegte, was in dem Koffer war, was war aus dem Koffer geworden in 7/0/11, in einem Hotel, das nicht für ihn existierte. Er war erschöpft nach dem Schlaf am Tisch der Bar, aber er suchte weiter, suchte weiter, obwohl der beginnende Tag ihm nichts offenbarte, keine Straße ihm Hinweis oder Gewißheit gab. Was wollte er mit dem Koffer, was brauchte er Koffer, Ticket, Ausweis, Papiergeld, Kleider zum Wechseln. Am Mittag trank er nochmal Kaffee, suchte weiter nach dem Hotel mit der Uhr, wurde angehört und herumempfohlen, falsch beraten, in Regen und Irre geschickt. Die zweite Nacht ohne Koffer ging schnell vorbei, auf Polsterstühlen einer verrammelten Bar, die dritte verdöste er in einem Park. Er war unrasiert, seine Kleidung fing an zu stinken. Er war ohne Ausweis und ohne Geld. Der Hunger war da. Eine Meldung in Radio und Television! Ein Hinweis auf die Uhr und 7/0/11! Er dachte daran, als er umfiel, das Bewußtsein verlor.

Ist das alles?

Es war alles, was er wußte. Leblose Stille hing grau im Raum. Die Frau saß versteift auf dem Hocker, ein blasses Gesicht ohne Leuchten. Der Mann war eine Weile herumgelaufen, mit heftigen Schritten zwischen Stuhl und Tür. Dann saß er erstarrt in Wut, sagte nichts, und fauchte. Er fuchtelte mit der Brille im Zwielicht herum.

Haben Sie den Verstand verloren! Sind Sie wahnsinnig, uns diesen Nonsens zu präsentieren! Schwachsinn – er fluchte –, glauben Sie wirklich, mit dem billigen Privatwitz davonzukommen! Hirnverbrannt. Ist Ihnen klar, daß das, was Sie phantasieren, eine verdammte Beleidigung ist –

Eine Beleidigung oder was? Die Stimme der Frau war gefährlich sanft.

Ich wußte, daß Sie mir nicht glauben. Was ich gesagt habe, stimmt. Keine Ahnung, ob ich das glauben könnte. Ich verstehe Ihre Empörung.

Das Kind war hereingekommen, die Tür blieb offen. Es blickte vom einen zum anderen, bereit, etwas zu zerfleischen, keine Puppe.

So, Sie verstehen unsere Empörung. Dann verraten Sie jetzt, aber hoppla, wo Sie Ihr Geld versteckt haben. Wir kriegen Ihr Geld.

Zweitausend Dollars, alles in allem –

Zweitausend Dollars! Wir brauchen zwanzigtausend –

Zweitausend können Sie haben, müssen Sie aber finden. Zimmer 7/0/11, Foyer mit großer runder Uhr, römische Zahlen. Aber das war vor ein paar Tagen. Ob der Koffer noch dort ist, glaube ich nicht. Der Manager hat ihn versiegelt und sichergestellt. Ein Komplize des Liftboys hat ihn kassiert.

Die Frau auf dem Hocker, wir bringen ihn um. Das Kind ging zögernd zur Matratze hin, blieb stehn und schaute auf ihn herunter. Er sagte: ich könnte zur Polizei gehen. Sie kommen mit und wir erzählen die Geschichte Ihrer Gastfreundlichkeit, sie hat mir das Leben gerettet. Das Hotel kann einen Vermißten gemeldet haben. In der Anmeldung steht mein Name in meiner Handschrift. Wenn nichts gemeldet wurde, bin ich geleimt, Sie sind frei. Ich weiß meine Ausweisnummer nicht, meine Kontonummer, ich weiß bloß die Bank.

Hören Sie auf, Sie phantasieren wieder. Sie sind krank.

Er ist krank, wiederholte die Frau. Schaffen wir ihn weg.

Er richtete sich auf, die Wasserflasche war leer. Er bat um Wasser.

––––––––

Die Tür stand offen. Draußen im Licht schien ein Garten zu sein, ein entlegenes Grundstück, ein Hof. Der Mann lief mit dem Handy herum, kam in den Raum, in dem der Gefangene lag, mit gefesselten Fußgelenken die Nacht verbrachte, verschwand außer Hörweite, kam zurück und wiederholte zum dreißigsten Mal – ein Koffer in Zimmer 7/0/11 – gibt es nicht? – ja, Foyer mit großer, runder Uhr, römische Zahlen – nein? Das Kind saß auf dem Hocker, beobachtete ihn. Einmal sprang es zur Matratze, versetzte ihm einen Tritt ans Bein.

Unmöglich, das Hotel zu finden, sagte der Mann, heiser vor Ärger, es existiert nicht. Er saß auf einem der vier Stühle im Raum, grau vor Ratlosigkeit, Ermüdung, Wut.

Na gut, wir fahren nach Montza –

Er rief die Frau, ohne ihren Namen zu nennen. Sie setzte sich auf die gefesselten Beine. Er verschnürte die Handgelenke mit dreifacher Schnur, dann wurde das Fahrradschloß von den Füßen genommen, der Schlüssel verschwand in der Hosentasche des Kindes. Der Gefangene kam langsam hoch, er schwankte.

Mit gefesselten Handgelenken im Zwielicht zu stehen erschien ihm als Fortschritt seiner Lage. Er sagte: sie sind Amateure, lachte unfroh, mit schnellem Blick auf das Kind, das ihn schluchzend am Bein hielt und umzuwerfen versuchte. Er packte es an den Schultern, riß es vom Bein. Sagen Sie dem Blutegel, er soll abhauen – na los, sagen Sie es! Die Frau nahm das Kind und brachte es aus dem Raum.

Er ging hinterher durch die Tür ins Licht, es überflutete einen ummauerten Hof. Das Haus war ein veralteter Fertigteil-Bau, Wohnbaracke auf steinernem Fundament. Daneben parkte ein PKW, auf ähnliche Weise verbraucht wie das Haus. Er sah keinen Garten, keinen Baum, hatte hier keine Laute von Vögeln gehört, keinen Hund, keinen Hahn. So sah der Weltrand von Montza aus.

Die Frau saß am Steuer, daneben das Kind, auf dem Rücksitz der andere und er, weit auseinander in die Ecken gerückt. Wo wollen Sie hin?

Ich überlege noch – wir fahren ins Zentrum zur Station. Dort zeigen Sie uns Ihren Weg zum Hotel.

Zwecklos, das war in der Nacht.

Wir warten auf die Nacht.

Zwotausend Dollars, die es nicht gibt, davon sind Sie doch überzeugt. Ich verstehe Sie nicht.

Meine Sorge. Sie halten den Mund.

Die Fahrt in das Zentrum von Montza zog sich hin, auf Pisten versandeter Wasserarme, durch ausgetrocknete Flußbetten, tote Kanäle. Reste verbrauchter Fähren lagen herum, auf Uferstraßen staute sich der Verkehr. Staubmassen flogen ins Licht davon.

Er sagte und lachte: Großartig – ich lerne Montza kennen – Sightseeing – Privatservice!

Werden Sie nicht frech.

Der Wagen schlich durch Straßenschluchten des Zentrums, von Verkehrsunfällen gestoppt, von Rotlicht zum Stehen gebracht. Er hielt im Schlagschatten hoher Fassaden, im Licht zwischen Brandmauern, das auf die Müllberge fiel. Er sah sich im Wagen um und sah auf die Straßen – ich bin nicht oft im Taxi unterwegs. Er erhielt keine Antwort.

Mit einem Griff beider Hände stieß er die Tür auf, sprang aus dem stehenden Wagen und rannte los. Baustellen, Lastwagen, Kreuzungen gaben ihm Schutz, kriechende Autobusse und ihre Schatten. Hakenschlagend verschwand er in einer Passage, zwischen Bars und Boutiquen aus Glas und Chrom. Kein Schatten folgte ihm, keine Faust hielt ihn fest. Er sah jetzt, daß seine Schuhe fehlten, er stand in verschmierten feuchten Sokken. Seine Schuhe als Geiseln zurückbehalten, ohne Schuhe lief keiner weg.

Er lief in die Slums von Montza hinunter. Zerrieb die Fesseln auf einem Mülleimerrand.

CLARION

– Untersuchungen ergaben, daß der Getötete, Maurice Hauser aus Montza, auf Grund einer Verwechslung erschossen wurde. Der Schütze hatte es abgesehn auf Fabrizio Ponti, Geschäftsmann in Montza, der an diesem Nachmittag im clarion erwartet wurde –

Er wollte sterben, aber nichts draus machen, und verfiel auf den Gedanken, sich erschießen zu lassen. Es liefen Killer genug in der Welt herum, und einer von ihnen war der richtige Typ, sofern er diskret und bezahlbar war. Die Bezahlung war Sache des Kunden, also seine, Diskretion im eigenen Interesse Sache des Killers.

Seit dem Entschluß, sich erschießen zu lassen, hatte er andere Todesarten nicht mehr überlegt. Der Tod war festgelegt durch ihn selbst und von ihm unabhängig geworden. Erleichterung bemächtigte sich, rauschhaft am Anfang, dann anhaltend heiter, des ganzen Menschen und seines Schlafs, überstrahlte seine Geschäfte und wie er sie anging – die vorletzten, letzten – mit Euphorie. Starkes Wärmegefühl erfüllte ihn und betörte die Frauen. Seine neue Gegenwart, der April in Montza, ließ jahrelange Erschöpfung in Nichts zurück. Er hatte noch einmal für eine Zukunft gesorgt: sein unbrauchbares Dasein verschwinden zu lassen.

Einzige Sorge in diesem Zustand von Frohsinn – es lag an ihm, seinen Killer zu engagieren. Seine Verbindung zur Unterwelt war abgebrochen, zwanzig saubere Jahre hatten ihn blind gemacht, aber er ahnte oder erinnerte noch, wo entsprechende Leute zu finden waren, in Scheinadressen, fingierten Namen, seit Jahrzehnten oft verändert, geachtete Firmen – DIENSTLEISTUNGEN INTERORBIT GMBH – Vermittlungen ART SCHNYDEL – CENTERAGENTIC – in Babylon-Montzas Höfen nicht auffindbar, und nicht in Millionen Hochetagen der Skyline. Nach Hörensagen, eigenen Recherchen, hatte er ein paar Namen im Kopf, und nach drei Telefonaten die passende Stimme – HIER INTRASERVICE, WAS KÖNNEN WIR FÜR SIE TUN. Er nannte die Nummer seines Handys und verlangte Anruf im Lauf der nächsten zwei Stunden, keine Sekretärin, kein Chefgespräch. Können Sie Hinweis geben, um was es sich handelt. Personalschaden akuter Art. Erwarten Sie unseren Anruf um fünfzehn Uhr. Der Anruf erreichte ihn im Schlafraum seines Bungalows, vor der offenen Terrassentür, er drehte sie zu. Für siebzehn Uhr wurde ein Treffen vereinbart, im Seecafé des Vasariparks, ein Kollege der Firma erwartete ihn, er fuhr sofort hin, ließ den Wagen auf dem Parkplatz der Tschechischen Botschaft. Er kannte VASARIPARK besser als Montza, das Café war nach dem Winter noch nicht geöffnet. Die Stühle standen, von Ketten verpackt, unterm Vordach der Seeterrasse voll Laub und Müll. Um siebzehn Uhr wartete er auf dem Steinplattenweg am Wasser. Kurz darauf stand ein Mantel mit Handschuh und Brille an der südlichen Ecke der Caféterrasse. Er hatte eine Lederjacke erwartet. Das Personal jeder Firma pflegt einen Stil, keiner ist echt, aber die Auftritte unterscheiden sich, wie die Tonarten und die Preise. Auftritt und Stil der Firma waren ihm egal, er brauchte eine Abmachung, einen Vertrag, um nach eigener Überzeugung erschossen zu werden. Der Mitarbeiter kam auf ihn zu an das Seitenufer der winterwassergefüllten, elegant gefaßten Pfütze, und wollte wissen, worum es ging. Flache Stimme, Sie haben angerufen.

Mein Anruf, ja. Es handelt sich um eine Beseitigung.

Inwieweit –

Meine Person. Ich will erschossen werden.

Im Ernst? Der neutral gestylte Kopf blieb ausdruckslos. Nichts Fingiertes?

Mein Ernst. Die Gründe sind meine Sache. Die Sache ist klar.

Wie Sie meinen. Läßt sich natürlich machen. Nichts Schriftliches. Was stellen Sie sich vor.

In diesem Park gezielt erschossen zu werden, Kopf- oder Herzschuß, der Tod tritt sofort ein. Ich bin hier an jedem Vormittag eine Stunde zu Fuß unterwegs, allein. Kennen Sie den Park?

Ungefähr –

Der Beauftragte riskiert nichts. Es gibt hier kilometerlange Alleen, halbwilde Gebiete –

Okay. Bezahlung im voraus. Der Satz: Zwotausendfünfhundert, das sind: Dollars.

Meiner Vorstellung entspricht das nicht, aber da wird wohl nichts zu ändern sein.

Nein. Nichts zu ändern.

Also einverstanden.

Morgen nachmittag sechzehn Uhr liefert Ihr Bote die Summe in einem normalen Kuvert, kleine Scheine, keine Empfangsbestätigung, nichts Schriftliches – er nannte die Adresse eines alten Mietshauses am oberen Boulevard Danzingen, dritter Stock, bei Homberger.

Er wiederholte die Order, der andere nickte.

Wie soll die zeitliche Abmachung sein?

Vielleicht fünf Tage –

Fünf Tage und Nächte okay. Wir haben Fotos von Ihnen, sie wurden vor zehn Minuten gemacht, die Adresse kennen wir, Ihren Namen auch. Der Beauftragte erkennt Sie.

Irrtum ausgeschlossen, das wäre fatal.

Mit der Ruhe, Mann. Wir haben die besten Leute.

Meine Angelegenheit ist vorbereitet –

Wir werden unsere vorbereiten. Sonst noch was? Keine weiteren Kontakte.

Die EUROPÄISCHE BANK garantierte den Transfer der Summe durch Boten – 2500 Dollars – an die genannte Adresse. Kein Zweifel, daß sie danach nicht mehr existierte. Es war Mittag kurz nach vierzehn Uhr, er saß auf der Terrasse des PITSCHI-POI, die Fontäne des Großen Rondells vor Augen, überlegte, was jetzt zu tun war, und ließ sich Zeit. Daß er am Tag noch umgelegt würde, war nicht zu erwarten, nur die russische Mafia schoß Leute ab, die in offenen Straßencafés Geschäfte machten. Der Tag Ende April – erster eines kurzen Epilogs – war trocken und hell, der blaue Luftraum blank über Montza, die Luft gereinigt von einer Brise, die alle paar Tage kühl aus dem Norden kam. Nach Jahren zum erstenmal wieder sah er Bäume, Geflimmer frisch funkelnder Blätter im Glanz einer Sonne, die er so blendend weiß nicht zu kennen glaubte. Er verstand jetzt Leute, die auf Vögel horchten, Geschnatter und Stimmlärm von Vögeln kannten, als sei das ein Zauber Musik aus der Schubert-Hall. An diesem Tag passierte nichts. Er fühlte sich frei und darin aufgehoben. Er konnte jetzt machen, was er wollte, es kam nicht mehr auf sein Leben an. Wenn er es jetzt behalten wollte, blieb nur die Flucht.

Sein Bungalow war ein hölzerner Flachbau, auf Eckpfeilern stehend, von hohen Bäumen umgeben, mit Veranda zur leeren Straße hin, die zwei Boulevards miteinander verband. Die umgebenden Grundstücke waren privat, Gärten mit alten Häusern und neuen Garagen, Pools und Schaukeln, oft winterlang leer. Er lebte hier zur Miete seit sechs Jahren, der Inhalt des Bungalows gehörte ihm und nach seinem Tod einer Frau, die er früher liebte, nach Zerwürfnis und Trennung wiedersah – Lidia –, es kam vor, er verbrachte die Nacht mit ihr. Das änderte nichts an seinem Gefühl, dessen Ambivalenz verheerend war, für sie, für ihn, für alles, was lebte. Liebe, die Liebe erkältete ihn, wenn sie mehr sein sollte als Rendezvous. Das Ende der Leidenschaft zerstörte ihn nicht, erlöste ihn nicht, das war, was er wußte. Kein Grund, zu verschwinden, kein Grund, damit weiter zu leben.

Er rief sie an, sprach von der kommenden Nacht, und sie sagte JA, sie sagte wie immer JA. Daß sie ihn bejahte, vielleicht noch liebte, beschämte ihn mehr, als er ertrug. Er kam in vielen Nächten nicht zu ihr, obwohl eine Nacht vereinbart war, sie hatte den Wein, den er mochte, kalt gestellt, im Sommer im Eisschrank, im Winter auf ihrem Balkon. Solang er im Bungalow war, passierte nichts, er hatte Zeit. Der nächste Morgen konnte sein Ende sein, im Vasaripark, in Montza irgendwo, und die kommende Nacht, der letzte Moment der Liebe, sein letzter Moment mit ihr, und sie wußte es, ihr letzter Moment mit ihm, sie ahnte nichts.

Er fuhr die drei Jahre alte Strecke, zwanzig Kilometer durch Montza zu ihr, durch Alleen und Boulevards, die er auswendig kannte, in Tag- und Nachtzeiten, Jahreszeiten, Hitze, Eis, die er in Rausch und Halbschlaf gefahren war, von Zauber, Wut, Enttäuschung außer sich. Im TOKYO, einer brasilianischen Kneipe, hörte er Samba und trank etwas Sekt, es war der letzte Moment, bevor er zu ihr kam, und der letzte Moment seiner Hoffnung, sie nicht zu enttäuschen. Dann besorgte er weiße und gelbe Rosen für sie.

Lidia erwartete ihn im weißen Kleid, das er liebte, in dem er sie vor dem Entkleiden am liebsten sah, sie schien es zu wissen und wünschte es immer mehr. In ihrer Wohnung vergaß er den Bungalow, sein Leben allein im Bungalow und in Montza, und merkte: an diesem Abend vergaß er nichts. Zehn taube Sekunden lang fragte er sich, ob er sowas wie Abschied von ihr und sich selbst erfuhr.

Das lange schwarze Haar, die kühlen, grauen Blicke, die schlanke Frau und ihre langen Beine, die Brüste leicht und hell in seinen Händen, ohne diese Brüste ging es nicht. Was ging nicht ohne ihre Brüste, die Frage erstaunte sie und ihn. Oh, sie sind herrlich – sie gehören dir. Zehn taube Sekunden lang wußte er wieder, daß der Tod für die kommenden Tage bestellt war.

Sie hatte die Rosen in einer grauen Vase am Kopfende ihres Bettes auf den Boden gestellt.

Er verstand in der Nacht nicht mehr, was in den Jahren passiert war, warum er enttäuscht war von ihr und sie von ihm, und beide von allem, was ihnen gehörte. Er liebte sie, ihr Geflüster war schön, nichts fehlte in dieser Nacht, und sie bat ihn zu bleiben. Aber sie kannte ihren Geliebten, Maurice, die Nacht war noch dunkel, der Tag kam in zwei Stunden. Seine Zeit allein war nicht hinauszuzögern, sie kannte ihn.

Er wußte, als er zum Wagen ging: er hatte, was sie ihm gab, nicht zurückgegeben und weder für sie noch sich selbst lebendig gemacht. Was ihn erschütterte, war seine Gleichgültigkeit.

Er fuhr schnell an Bars und Lokalen vorbei – Polizeikontrolle, was konnte ihm noch passieren –, stand im Dunkel und sah den Bungalow ohne Licht. Wie immer, wenn er nachts unterwegs war, brannte in einem seiner Räume Licht. Auf den Stufen zur Tür lagen Scherben, zerrissene Papiere, die Tür stand offen, die Öffnung war schwärzer als Nacht.

Er tastete nach dem Schalter der Innenbeleuchtung, das Licht sprang an. Er stand, ein Denkmal seiner selbst, in den Trümmern dessen, was ihm gehörte. Das bescheidene Nachtlicht seiner Abwesenheiten lag in Scherben vor ihm, das Telefon zerstampft auf dem Plattenboden der Küche. Was vor den

Fenstern und an den Wänden hing – Vorhänge, Poster, ein mexikanischer Poncho –, lag zertrampelt, zerfetzt, verhackstückt auf den Böden; Computer, Radio, Bücher verschwunden, Kleidung und Bettzeug nicht mehr da; Dokumente, Papiere, Briefe nicht mehr da; Geschirr lag zerscherbt in allen Räumen, von der einzigen Blumenvase, Lidias Geschenk, lag der graue Henkel herum, ein Stück Porzellan. Tisch und Schreibtisch standen zerschlagen, das Bett auseinandergerissen, die Schränke leer. Eine Kiste mit Briefen von Frauen aus zwanzig Jahren – und Lidias Billetten – war aufgebrochen, leer, der Deckel verschwunden. Bevor die Firma den Kandidaten killte, wurde sein Eigentum allegemacht, sein Leben gelöscht. Er begriff, daß die Abmachung hinfällig war, sich niemand die Mühe machte, ihn zu erschießen. Abfackeln, plattschlagen, leermachen, wie es kommt.

Die Verwüstung war komplett. Er ging mit tastenden Tritten in ihr herum, über Haufen nicht mehr erkennbarer Gegenstände, die in Sekunden zu Müll zerschrammt worden waren, und wußte nicht, wohin mit dem nächsten Schritt. Er konnte noch vor dem Tag zu Lidia zurück, aber sie mußte erfahren, was ihm passiert war, sein Zustand zwischen Leben und Tod war nicht zumutbar für die Frau, die ihn liebte. Die Geschichte seines Sterbens hatte begonnen, sie konnte für Lidia nur Entsetzen sein.

Der Gedanke, sich einem Killer zu präsentieren, im Vasaripark zu warten auf einen Schuß, sich mit immer noch freiem Entschluß den Tod zu holen, war undenkbar, Schwachsinn, er lachte sich selber aus. Er hatte von dieser Nacht an weiter zu leben. Er lebte weiter, da war er schon mittendrin. Aber er konnte sich nicht in den Trümmern verkriechen. Der Killer brach ein und legte ihn um, und ließ ihn im Schutt seiner Dinge zurück. Sein Tod, unentrinnbar in der Zukunft, hatte hier keine Zeit und keinen Ort. Er brachte den eigenen Tod in Sicherheit.

Die Nacht wurde hell, sein Wagen stand an der Straße, nicht viele Fahrzeuge parkten dort. Wie machte er sich unsichtbar im Licht des Morgens. Wer war er, ein Körper im schwankenden Wert eines Menschen, Maurice Hauser, sofern dieser Name noch stimmte. Er erfuhr in sich Beklommenheit, keine Angst. Was er an Geld hatte, trug er verteilt in den Kleidern, zweitausend Dollars, weniger oder mehr. Auf seinem Konto befand sich genug für zwei Jahre. Seine Papiere trug er auf der Haut.

Er fand einen kleinen Koffer, leer, aus Leder, der unter dem Bett erhalten war, packte ein, was an Kleidung noch brauchbar schien – dabei stellte er fest, daß sämtliche Schuhe fehlten –, und Kamm und Brille, Seife und einen Wecker – warum Wecker warum nicht –, eine angebrochene Flasche Wein aus dem Schlafraum, ein altes Notizbuch mit Adressen und Namen. Das Türschloß war noch intakt, er schloß den Bungalow zu, stieg schnell in den Wagen und fuhr schnell weg, ohne wissen zu wollen, wohin er fuhr.

Zwei Stunden gerader Strecke Richtung Süden, Schnellstraße zum Meer. Er ließ sein Jerusalem – Montza – hinter sich, überzeugt, nicht beobachtet oder verfolgt zu werden. In den Landschaften draußen, beim Anblick der Horizonte, verschwand die Benommenheit, und er kam wieder zu sich, frühstückte langsam in einer Bar an der Strecke, sah in die Gesichter unbekannter Leute und hatte nach Jahren der Lähmung das Gefühl, ohne Tod mit sich selbst allein zu sein. Er überlegte, Lidia anzurufen, hob sich den Anruf für den Abend auf. Ihre heitere Stimme für die Nacht.

Er erreichte die Küste am Nachmittag. Das Meer lag massiv wie grauer Stein im Raum, als sei er aus der grauen Luft gestürzt. Eine Reihe alter Hotelkästen über der Brandung – Colombi, Bollingen, Clarion –, Menschenleere mit wenigen Taxis, Musikpavillon mit zusammengebundenen Chaisen,

Gärten, Park und Straßen ohne Bäume, ein hundertjahralter Bahnhof im flachen Land. In diesem FINISTER war nichts los. Er ließ seinen Wagen auf einem Parkplatz zurück und ging zum unscheinbarsten der großen Kästen – Clarion –

PIEMONTE

George, ich möchte Sie bitten, das heißt veranlassen, eine Prosa zu schreiben, die ich nicht schreiben kann. Sie soll nicht für mich geschrieben werden, aber ein Motiv festhalten, das ich Ihnen, nur Ihnen, vermitteln möchte, keinesfalls aber aufdrängen will. Ihr Blick auf die Frauen, die Wahrnehmung ihrer Erscheinungen, Eigenarten, Merkmale ist differenzierter als meine, spielerischer und freier, ich würde Sie beneiden, wenn ich sowas wie Neid empfände. Es handelt sich – Sie ahnen es – um eine Frau. Ich habe zu viele Drehbücher geschrieben und muß davon ausgehen, daß mir dabei eine Einfachheit des Schreibens und Aufschreibens, etwas Selbstverständliches verlorenging. Es ist die Bedingung meines Jobs, jede Person, die ich nachzeichne oder erfinde, in eine Handlung zu verwickeln, in problematischer oder verharmlosender Weise an ein Ende zu bringen. Das geht hier nicht.

Ihr Name ist Cornelia, dann Cornelie, sie wurde seit ihrer Kindheit Nele genannt, ihre Freunde und Liebhaber nannten sie Nele, Nele mit langem e und kurzer zweiter Silbe, heiterer Luftsprung, ein Flügelschlag. Sie mochte den Namen, nicht ohne Bitterkeit, weil sie glaubte, ihn nicht verdient zu haben, seine Leichtigkeit nicht erfüllen zu können. Es geht darum, diese Frau – ihre Erscheinung, ihr Wesen, ihre Aura – schreibend festzuhalten mit der einzigen Absicht, sie um ihrer selbst willen erscheinen zu lassen, ohne Plot und Dekor. Ich kannte sie und habe daher keine Chance, eine Prosa zu schreiben, die sie lebendig macht. Sie kannten sie nicht, das gibt Ihnen die Freiheit, mit Motiven und Bildern umzugehen, als handle es sich um Erfindungen. Eine Prosa von mir würde Nele noch einmal begraben.

Die Beerdigung fand am 6. Januar statt, in einem Seitenweg des Marienstädtischen Friedhofs. Kalter Mittag, wesenloses Licht, von starkem Regen aufgeweichte Erde. Dreißig Trauernde standen herum. Sie werden Winterbeerdigungen erlebt haben, sie sind immer dieselben, mit dem Unterschied, daß an Neles Sarg keine Reden gehalten, keine Musik gehört wurde. Wer seine Schaufelspitze Erde los war, verließ das Grab, verschwand aus dem Friedhof. Ein paar ihrer Freundinnen trafen sich danach in Neles Wohnung, an diesem Nachmittag begann die Plünderung. Eine Sammlung alter, kostbarer Trinkgläser – Wein- und Wassergläser – war danach verschwunden oder zerscherbt. Kommoden und Schränke wurden gewaltsam geöffnet, die Frauen bedienten sich, einige waren betrunken. Man nahm, was man brauchen konnte und was gefiel – Neles Schmucksachen, Schuhe, Kleider, ein paar Bilder der Rahmen wegen, ihre griechischen Umhängetaschen, Kopftücher aus Spanien und Schottland, ihre medizinischen Bücher und die Romane, Nele war Angestellte einer Pharmazie. Der Freund ihrer letzten Jahre war nicht dabei, von der Orgie der Frauen erfuhr er nach ein paar Tagen, als er allein in Neles Wohnung kam. Aus Alben gerissene Fotos lagen herum, Dokumente und Briefe – Briefe des Freundes an sie –, Spiegel und Parfümflaschen waren weg.

Am selben Nachmittag ging ich nochmal an das Grab zurück. Blumensträuße, von senkrechtem Regen zerschlagen. Ich hatte ein Windrädchen in die Erde gesteckt, es war verschwunden. Nele hatte die bunten Dinger geliebt, keiner der Trauernden schien das gewußt zu haben. Die Windrädchen in der Wohnung, Geschenke von mir, waren nicht angetastet worden.

Sie hatte sich zwischen den Jahren das Leben genommen, vierzig Jahre alt, mit Tabletten und Wein. Die Bekannten und Freunde hatten ihr geglaubt, daß sie über Altjahr-Neujahr in Griechenland sei, auf der Insel Paros, im Haus alter Freunde. Sie war in früheren Wintern dort gewesen, hatte sich oft und gern an die Tage erinnert, an ihre Wege am Meer, allein, in Weißglut und Regen. Neles lange Wege allein, mit gleichmäßig ruhigen, weiten Schritten, die Arme unter der Brust verschränkt. Die Bitterkeit war aus Mund und Augen verschwunden, ihr Blick war hell, ihr Atem leicht. Im langen Gehen am Meer, im Schlagen des Wassers auf Sand und Stein, verlor sich ihr SONDERBARES LEIDEN – Nele schien nie zu wissen, wer sie war, konnte mit sich nicht viel anfangen, blieb sich fremd. Sie verschwand in ihrer Wohnung, hinter heruntergelassenen Läden. Als der Freund an Sylvester auf Paros anrief, wurde ihm mitgeteilt, sie sei nicht dort. Er fand sie bekleidet auf ihrem Bett, auf der Herzseite liegend, mit stillem, weißem Gesicht, geschlossenen Augen. Eine Nachricht von ihr war nicht zu finden. Im Aschenbecher für ihre Gäste – sie rauchte nicht – lagen Zigarettenkippen einer ihm unbekannten Marke mit silbernem Mundstück. Vor ihrem Sterben war Besuch bei ihr. Ein einzelner Mensch, Mann oder Frau, war zu der Abgeschiedenen vorgedrungen, und es sah nicht so aus, als sei das gewaltsam passiert. Wer dieser Mensch war, weiß niemand.

In den Wochen nach ihrer Beerdigung war ich oft mit Luis, dem Freund, zusammen. Wir räumten gemeinsam Neles Wohnung aus, RETTETEN ein paar Sachen, die sie liebte, Steine, Katzengold, ein paar Tüten Konfetti, er nahm Bücher und Kleider, ich nahm die Windrädchen mit. Was immer wir sagten, wir sprachen doch nur von ihr. Luis' Art zu leben und älter zu werden schien in ihr etwas Elementares geweckt zu haben. Er verfügte über ein Haus im Piemonte, dort arbeitete er im Sommer und war allein. Alleinsein war die Voraussetzung seiner Arbeit, es kränkte sie, von ihm zu hören, daß er dort unten gut ohne sie auskam. Er lud sie nicht ein, zu ihm zu kommen – sie kannte das Haus nicht –, er kam, wenn sie Ferien machte, lieber zu ihr. Mit Telefonaten und vielen Briefen wurden die Monate von ihr ertragen. An einem Freitagabend Anfang Juli stand sie mit kleinem Gepäck in der Tür des Hauses. Sie war, schnell entschlossen, nach Turin geflogen, für ein Wochenende bis Sonntag früh, und mit einem Mietwagen weitergefahren zu ihm. Er war allein, Gott sei Dank, allein, sagte Luis. Was wäre aus ihnen geworden, wenn Nele im Haus einer Frau begegnet wäre. Vielleicht wäre Desillusion ihre Chance gewesen, und Nele lebte noch ohne ihn.

Freust du dich, daß ich da bin? Die Stille in ihrer Stimme erschütterte ihn. Er sagte: nicht viel, was ich mit Frauen erlebte, erschreckte mich so tief, so dauerhaft, wie ihre Stimme in diesem Moment und ihre Erwartung meiner Antwort. Wie schon einmal, als wir im Regen durch den Machnower Park gingen, uns Mühe gaben, nicht in die Pfützen zu treten, Hand in Hand über spritzendes Wasser sprangen, ihr schlanker, silbergrauer Schuh in das Wasser trat, ihr Fuß wurde naß, und sie sagte: ICH HABE NOCH NIE VIEL GLÜCK GEHABT. Stille, ihr zu Boden gerichteter Blick. Augenblicke, die ich mit anderen Frauen nicht erfuhr, die ich zwischen ihr und mir festhielt in Tristesse und ratloser Zärtlichkeit. Und nun der Tod.

Ein Abend, zwei Nächte, dazwischen ein langer Tag, ein kurzer Morgen danach, in der armen Überfülle Zeit, die Neles Glück war und seines auch, lang genug für ihn, für sie zu kurz, deren Ende ihr nicht verständlich war. Nacht mit Nele, silberner Morgen eines blauen Tags, ein langes Frühstück im Schatten des Hauses für sie, mit Blick auf Kastanienwälder vor dem Schnee. Sie waren den Tag lang unterwegs, zu Fuß und im Wagen, sahen und hörten den Lärm der Dörfer, fanden Schlösser hinter hohen Bäumen, Weingärten, Weingärten zur Ebene hin, trotz Hundstagshitze voll schäumende Bäche, steil fallende Torrente, Brücken aus Holz und Stein, Bienenhäuser im Bergland und leere Cafés an den Straßen. Sie nahm das wahr mit Erstaunen, in lautloser Freude, die ihr erlaubte, dazusein wie noch nie, wie noch nie mit sich selbst, wie noch nie mit ihm. Von dieser Freude hatte er nichts gewußt, hatte sie früher nicht an ihr bemerkt, hätte sie weiterhin nicht für möglich gehalten. Für sie schien Freude immer nur Ahnung gewesen, die in diesen Stunden umschlug in Euphorie, ein Zustand, den sie für menschenmöglich und haltbar, und also für zukünftig halten mußte.

Er hatte im Piemonte nicht bemerkt, auf welche Weise sie sein Haus in sich aufnahm, und daß sie sich genau in den Zimmern umsah. Am Telefon, ein paar Nächte später, erschreckte ihn ihre Stimme und was sie sagte: Nele gibt ihren Beruf auf – sie sagte NELE – und lebt mit ihm. Sie wohnt im Zimmer mit dem Fenster im Schatten der Pappel, es ist ja leer. Sie richtet sich ein mit dem wenigen, das sie hat, sie braucht nicht viel, fast nichts, wenn sie dort mit ihm lebt. Er sagte: sie wird hier nicht wohnen, er wohnt allein, dabei wird es bleiben. Nele verspricht ihm, ihn nicht zu stören, sie bleibt fast unsichtbar, eine gelernte Maus, sie kann das – oh, er wird merken, wie gut unsichtbar sie sein kann, auch hören wird er nichts von ihr. Der Dialog wiederholte sich in den Nächten, sie sprach von sich mit ihrem Namen, und er begriff erschrocken, dann entsetzt, daß sie, vom Haus verhext, das Haus in Besitz nahm, sich in die Landschaft hineinträumte, ohne Rückhalt. Sein Widerspruch verhallte in ihrem Traum, er erreichte nichts, wenn er ihr zu kommen verbat, von anderen Frauen sprach, sich von ihr trennte. Du trennst dich nicht von Nele, das kannst du nicht. Nele trennt sich nicht von dir. Seine

Panik hielt an, bis er erkannte: sie hatte sich selbst verloren. Nele im Wahn.

Lieber George, wenn Sie sich auf eine Prosa einlassen sollten, eine Beschwörung dieser Frau versuchen, werden Sie Einzelheiten wissen wollen:

– daß ihr Haar reich war und glänzte, schwer in den Nacken hing, kupferrot schwarze CHEVELURE. Ihre Stimme immer still, in der Nacht noch stiller. Ruhige, sanfte Blicke, mit plötzlichen Funken nicht geheuren Frohsinns, insgeheimer Bosheit, kalter, tiefer Tristesse

– und der Mund, ich habe ihn nicht geküßt, den ich vergessen möchte, nicht vergaß: verhangene, schwere Lippen, verweinte Lippen, ein weinender Mund, im Lachen noch beschwert von unhörbarem Schluchzen

– schlanke Hände, bewegliche Finger, einfache Silberringe, sechs oder sieben, immer dieselben, Geschenke des Freundes. Ich habe keinen Ohrring an ihr bemerkt. Zärtliche, elegante Gestalt, kann sein vollkommen. Sie liebte lange Röcke, lange Mäntel, aber was ist damit gesagt. Fiel auf, wenn sie in den Raum kam, oft allein, aber nicht deutlicher als jede Schönheit. Eine Frau, die man gerne sieht, ich weiß nicht, was das heißt

– wer ihren Mund erkannte, erschrak

– ich habe nicht viel von ihr selbst über sie erfahren, sie war nicht mitteilsam. Sie lächelte, wenn sie von sich sprach, als sei, was sie preisgab, nicht der Rede wert. Du brauchst mir nicht zu glauben, es macht mir nichts aus. Was ich dir sage, betrifft nur mich

– zum Verzweifeln, wie wenig ich von ihr erfuhr, sagte Luis. Er wußte von ihr, was er anfassen konnte, sehen und hören, riechen, tasten, schmecken, das waren Augenblicke. Was sie sagte, war danach nichts, was er wußte

– sie liebte es, von ihm abgeholt zu werden, abends um sieben, wenn die Pharmazie zumachte. Er wartete draußen im Wagen, unter den Bäumen, man blickte ihr nach durch die hohen Fenster, sah, wie sie einstieg, der Wagen brachte sie fort, wohin

– sie deutete an, sehr diskret, daß sich ihr in der Liebe, in der Leibhaftigkeit mit ihm, alle Wünsche erfüllten, natürlich auch in den Betten anderer Männer

– sie las viel, ging gern mit ihm in Museen und Filme, war aber außerstande, sich dazu zu äußern. Keine kritischen Impulse. Das Aufgenommene verschwand in ihr, wie es schien spurlos

– was konnte er besser machen im Dasein mit ihr. Vieles. Was konnte er tun. Nichts

– Luis und Nele verbrachten drei Jahre in ruhloser, heftiger, bitterer Leibhaftigkeit, in eigenen Wohnungen, oft getrennt. Ihre Wohnung lag im Hochparterre eines Bürgerhauses aus der Gründerzeit, an einem Korso mit Platanen und Linden, viel Verkehr, in ihren Zimmern kaum hörbar. Das Schlafzimmerfenster, hinter schwerem Vorhang, ging in den Hinterhof, dunkel, mit ein paar Eiben. Ende Februar, gegen Morgen, begann der Gesang einer Amsel im Hof, und sie wollte wach sein. Sie lag dort im Dunkeln, als Luis sie fand

– als wir in Wäldern spazierengingen, führte sie mich an einen Platz im Gestrüpp. Mit einem Liebhaber, lange her, hatte sie dort eine Katze begraben, sie hieß Joffi. Sie behauptete, oft dort hingegangen zu sein

– offenbar ein einzelnes Kind, aufgewachsen bei Verwandten in einer norddeutschen Großstadt. Man gab ihr zu verstehen, daß sie geduldet war. Erst kommen die andern, danach kommst du

– Zeit der Herbststürme, Ende Oktober. Sie gingen am Ufer des Behringer Sees, als ihr ein Sturmstoß die blaue Kappe vom Kopf riß, auf das Wasser hinaustrug. Sie warf beide Arme hoch, stand lautlos still, ließ sie langsam sinken, melancholische Anmut, Geste des Verzichts

– sie hatte immer in großen Städten gelebt. Vielleicht deshalb überwältigt von einem einzigen Sommertag im Piemonte, im Haus von Luis, allein mit ihm

– auf nicht geheure Weise einleuchtend, daß die Frauen über sie herfielen, ihre Wohnung plünderten

Merkmale, mögliche Motive, aufgeschrieben ohne Zusammenhang. Sie konnte anzüglich sein, heiter, spöttisch, immer auf eigene, stille Art. Sollte Sie die Gestalt interessieren, könnten wir uns, wie früher, im WATERSHIP treffen. Geben Sie mir ein Zeichen?

Luis sah sie drei Tage vor ihrem Tod. Sie war gegen Abend zu ihm in die Wohnung gekommen, lehnte ab, den Mantel auszuziehen, saß ihm im offenen Mantel gegenüber, die Hände in den Taschen, und blickte ihn an – das Wort heißt UNVERWANDT –, saß ihm gegenüber, blickte ihn an, nahm ein paar Schlucke Wein aus seinem Glas, steckte die Hand in die Manteltasche zurück. DU WEISST, WOVON ICH SPRECHEN MÖCHTE MIT DIR. Sie hatte zuletzt von nichts anderem gesprochen. Er konnte nicht mehr darüber sprechen, begleitete sie die Treppen hinunter, vorm Haus stand ihr Fahrrad, die Nacht war kalt. Sie schien zu weinen, wandte sich ab, fuhr weg.

———

Lieber Freund – um von dieser Frau berichten zu können, den Fall überhaupt zur Sprache zu bringen, brauchten Sie einen Adressaten, der Ihre Prosa liest, und beglaubigt dadurch, daß er sie zum Stoff seiner Arbeit macht. Das kann ich nicht, will ich nicht tun. Es liegt mir fern, mich einer Gestalt zu bemächtigen, deren Leid und Schönheit mit mir nichts zu tun hat. Meinen BLICK AUF DIE FRAUEN überschätzen Sie, ich habe Ihren Blick unterschätzt. Was Sie von mir, meiner Arbeit erhofft haben, ist Ihnen, scheint mir, selbst gelungen, weil Sie nicht damit rechnen konnten, eine Sprache zu finden. Niemand außer Ihnen kann diese Prosa schreiben. Was Sie als Entwurf betrachtet haben, stellt sich als die möglichste Form heraus, jede andere wäre falsch oder nicht zu ertragen. Ich bin überzeugt, daß die Prosa stimmt. Ob sie veröffentlicht wird oder nicht – wissen Sie allein. Das ist nicht wichtig. Der Schmerz entscheidet.

Luis und Sie selbst, der Briefschreiber und Erzähler – es ist offensichtlich, daß einer von beiden nicht existiert, oder ungefähr erfunden und vorgeschoben wurde. Möglich, daß Ihr Job als Drehbuchautor Sie zu diesem Rollenspiel veranlaßt, vielleicht gezwungen hat. Eine alte Verlegenheitslösung, Sie kennen das: man behauptet, die Sache sei einem Freund passiert. Leicht zu durchschauen, denn der Erzähler spricht von Dingen, die nur Luis wissen kann. Ihre Ausflucht, sich als Freund von Luis und Nele darzustellen, zeigt, wie sehr Sie diese Frau geliebt haben, wie belastend für beide die Bedingungen waren. Die Teilung in Luis und Ich, Ich und Luis, ist für die Prosa, für Sie selbst notwendig, sie bestimmt Tonart und Stil, ich möchte sie nicht kommentieren. Sie ist, was gemacht werden konnte. Etwas anderes kann aus ihr nicht gemacht werden.

Vor einem Jahr, an einem Regenabend, sah ich Sie mit einer Frau unter den Arkaden der Humboldtpassage. Nun weiß ich, daß die Begleiterin Nele war.

(– ich bin immer mal wieder nachts im Watership. Sehen wir uns?)

WEISSE HANDSCHUHE

Er hatte sich für eine Strecke entschieden, die er im Schlaf zu kennen glaubte. Autobahn Lyon–Berlin, tausenddreihundert Kilometer in vierzehn Stunden, vorbei an Besançon, Mulhouse, Freiburg, Frankfurt, Kassel, Braunschweig und über Ring und Avus nach Berlin, er hatte eine Adresse in Dahlem notiert. Nachdem er einmal durch Hinterland gefahren war, einen Tag und zwei Nächte auf Landstraßen verbracht und festgestellt hatte, daß die Straßen überland nicht sicherer waren, weder für ihn noch für die anderen, die er weiß Gott wohin in Sicherheit brachte, fuhr er grundsätzlich über die Autobahn, immer gleiche Strecke in gleichem Tempo, zuverlässig nach Vorschrift auch dort, wo eine Kontrolle nicht zu erwarten war. Dank seiner Vorsicht war er mehrere Male Kontrollen und Fallen der Polizei entgangen. Er war nie in einen Unfall verwickelt gewesen, in Eis oder Schnee nie steckengeblieben. Sein Wagen war, soviel er wußte, nie auffällig geworden, alle ihm anvertrauten Personen – acht oder neun – waren unbemerkt in ihren Adressen verschwunden. Er sah und hörte von ihnen nichts, wurde nicht nach ihnen gefragt noch auf sie hingewiesen, das war seine Genugtuung, sein Erfolg, er hatte nichts falsch gemacht und Glück gehabt,

Zur Vorsicht gehörte, im eigenen Wagen zu fahren. Da er ihn von außen und innen kannte, konnte er ihn perfekt kontrollieren, nach Bomben, Wanzen und Schmuggelware durchsuchen, er hatte nie das Geringste im Wagen entdeckt. Ihm war nicht wohl in Fahrzeugen, die er nicht kannte, im Besitz von Autopapieren auf fremde Namen, er lehnte die Vorzüge anderer Wagen ab, blieb dabei und lehnte ab. Der R 19, er fuhr ihn seit sieben Jahren, war zum Bestandteil seiner Person geworden, darüber hinaus ohne Wert für ihn. Er kannte Beklemmungen, sie gingen vorüber, die offene, fiebernde Angst war ihm nicht bekannt. Tankstellen und Raststätten hätte er gern gemieden, er fühlte sich unfrei, sobald er den Wagen verließ, ein anderer allein in ihm zurückblieb. In eine Raststätte ging er nie allein, der andere, Unbekannte, begleitete ihn. Aber auch dabei war nichts passiert.

Er kannte die Leute nicht, die er transportierte. Man versicherte ihm, daß sie alle unschuldig waren. Schuldlosigkeit war der Grund für ihr Untertauchen. Ob das zutraf, konnte er nicht erfahren. Einen Menschen als schuldlos zu bezeichnen erschien ihm so unglaubwürdig wie obszön. Der Job, den er machte, war kein Menschenhandel, und er hatte damit nie viel verdient, aber Geld genug zusammenbekommen, um unabhängig in Berlin zu leben. Er besaß eine Wohnung in Charlottenburg, zwei Zimmer, dritte Etage zum Hinterhof.

Anonym unterwegs zu sein, neutral zu erscheinen, war ein Grundsatz, der sich von selbst ergab. Regel, Faustregel, Grundsatz bedeuteten nichts, wenn seine Witterung versagte, der Instinkt ihn im Stich ließ. Zwischen ihm und dem Menschen, den er in Sicherheit brachte, hatte nichts zu geschehn, was über Small talk hinausging. Mißverständnisse konnten verheerend sein, eine unüberlegte Auskunft zwei Leben gefährden, eine Fahrt beenden. Was er auf endlosen Fahrten erlebte, war Ermüdung und Vorsicht im Verkehr, Durchsagen des Polizeifunks und Austausch von Meldungen mit dem Organisator; Autos, Baustellen, Warnsignale, in Spritgestank und Motorlärm eingeschlossen, restlos von Tempo gefangen und fremdbestimmt, während ein Unbekannter neben ihm döste.

Und er erlebte in Grenzen von Sprachlosigkeit, von falscher Auskunft verhüllt ein fremdes Leben, auch wenn es schwieg, nicht berührt wurde, in Pausen auf Parkplätzen neben ihm schlief, nicht einschlafen konnte, nicht wachwerden wollte, verschwitzt oder frierend im Zwielicht des Morgens. Nichts vom andern zu erfahren, umgab ihn mit einer Aura GRAU IN GRAU. Er verschwand wie die Katze in der Dämmerung, grau erschien er dem andern wie sich selbst. Im Grau in Grau sich zu behaupten schien für einen Mann kein Problem zu sein. Eine Frau war im Grau nicht bei sich selbst.

KANN ICH SIE UM EINEN GEFALLEN BITTEN. Der Satz wurde immer mal wieder an ihn gerichtet, im Motorengeräusch das Geflüster einer Frau. Er nahm ein Kuvert vom anderen entgegen, warf es auf der Rückfahrt in einen Kasten, gefaltete Papiere mit Nummern und Namen und der Bitte, sie nach Gebrauch zu vernichten. Sein GEFALLEN TUN beschränkte sich auf Papier, was schwerer als ein Brief war, wies er zurück. Und er bestand auf kleinem Reisegepäck, zwei Taschen voll Kleidung und Necessaire, Unterhaltungsromanen und Medikamenten für den Fall von Kontrollen am Straßenrand. Es kam vor, er fuhr durch helle Tage, nahm minutenlang Teile von Landschaft wahr, Wasserläufe vorbei an Gärten und Villen, Mischwälder im Gebirge und Menschen und Tiere auf Wegen, neben seinem Wagen vor einer Schranke, Chausseen Baum an Baum im Wind, Regen im Winter und Vogelschwärme im Herbst. Die Erscheinung der Dinge gab ihm eine Gewißheit, in der er weitermachen und atmen konnte. Er entdeckte, daß seine Gewißheit nicht flüchtig war, wenn er im Tagtraum an die Bilder dachte. Und er wußte nicht – wußte nie –, was ihn süchtig machte nach ihrem Anblick, und ob es gut für den Job war, sie festzuhalten.

Er verließ Berlin an einem Samstag im Oktober, fuhr mit dem Autozug von Hannover nach Lyon, kam dort am frühen

Mittag an, und es dauerte eine Stunde, bis er auf einem Park-platz der Innenstadt, unter alten Platanen über der Rhône, die Unterlagen des Falls noch einmal sortierte. Das war ein Rei-sepaß auf den Namen HAUSEN, Vorname CLAIRE. Geburtstag 6. 5. 1973. Größe 175 cm. Augenfarbe GRAU. Geschlecht F. Staatsangehörigkeit DEUTSCH. Wohnort BERLIN. Behörde BE-ZIRKSAMT ZEHLENDORF BERLIN. Ein stark gestempeltes Foto mit ernstem Gesicht, großen Augen und hellem Teint. Im üp-pig fallenden, dunklen Haar steckte ein kleines weißes Ohr mit Perle. Ein Kopf ohne wahrnehmbare Eigenart. Eine Frau, von der er nichts wissen konnte, bevor er ihre Stimme gehört, ihre Sprache aufgenommen hatte.

Treffpunkt CAFÉ FLÉAU AN DER PLACE BERNADOTTE. Zeitpunkt 12 UHR AM MITTAG DES 5. OKTOBER. Die Frau be-saß einen gelben Mantel und eine Reisetasche mit schwarzen Schnallen. Ein Paar weißer Handschuhe auf dem Tisch. Sie er-kannte ihn an schwarzer Lederjacke und Fensterglasbrille ohne Umrandung. Sie hatte Kaffee getrunken und schon bezahlt. Sie begrüßten sich mit offenen Gesichtern, vertraut und froh, ein Wiedersehn alter Freunde. Er setzte sich zu ihr an den Tisch, ohne Eile verließen sie das Café. Dies war der Plan.

Er hatte Zeit für ein Frühstück im PITSCHIPOI und die Fahrt durch die Innenstadt zum Café Fléau. Lyon war leer. Er hatte Proviant für die Fahrt nach Berlin aus Berlin im Wagen mitgebracht, und Kaffee und Tee, vier Flaschen EAU MINÉRALE, Decke, Handtuch und Aspirin. Er parkte an der Place Bernadotte, der Wagen war vom Café aus nicht zu se-hen.

Er traf die Frau am Fenstertisch vor der leeren Tasse, nahm ihr Gepäck und brachte sie zum Wagen. Er fuhr sofort los, kein Wagen folgte. Bevor er die Autoroute nach Norden erreichte, hielt er entfernt von Gebäuden und Menschen vor einem Schuttplatz mit verschlossenem Tor. Sie hatten bis dahin nicht viel gesagt, ihre Stimme war für ihn nicht erkennbar geworden. Dann saßen sie im Wagen und blickten sich an.

———————

Weiße Handschuhe, war das Ihre Idee?

Ich trage Handschuhe nicht oft, außer im Winter. Deshalb habe ich weiße Handschuhe vorgeschlagen.

Unauffällig wie ein Muff. Geben Sie her, die müssen weg.

Sie gehören mir. Sie sind Luis Hausen.

Ja. Und Sie sind Claire, geborene Fleet, jetzt heißen Sie HAUSEN, wir sind verheiratet.

Oh!

Wußten Sie das nicht? Vergessen Sie es.

Ich mußte mir so viele Sachen merken. Von den Namen hab ich nur Claire behalten. Ein schöner Name, ich hätte ihn gern immer gehabt.

Claire?

Ja Claire –

Nach Ihrem Namen werde ich nicht fragen.

Das wurde mir mitgeteilt –

Mein Name stimmt in diesem Fall. Ein Name muß stimmen. Hier ist Ihr Paß. Im gültigen Paß stimmt jeder Buchstabe. Merken Sie sich genau alle Angaben. Einen anderen Ausweis haben Sie nicht?

Überhaupt nichts Schriftliches.

Was ist in Ihrer Tasche –

Kleider, Schuhe, Frauensachen, die weißen Handschuhen entsprechen.

Wie heißen Sie?

Claire Hausen, bis auf weiteres.

Gut. Aber lassen Sie BIS AUF WEITERES weg, wenn Sie von anderen nach dem Namen gefragt werden.

Kann jemand uns hören?

Nein, nicht im Wagen, im Wagen ist nichts. Sie und Ihre Stimme sind hier sicher, meine auch. Aber man kann abgehört werden von weit draußen. Es ist möglich, kommt aber nicht oft vor.

Das glaube ich nicht –

Jetzt wissen Sie es und müssen es glauben.

10 MINUTEN SPÄTER

– Berlin, mehr weiß ich nicht. Ich weiß nicht mehr, ob mir eine Adresse genannt wurde, wer sie genannt haben könnte. Etwas Schriftliches habe ich nicht.

Die Adresse hab ich. Sie erfahren sie von mir in Berlin, im letzten Moment.

Berlin, das ist weit. Wie weit –

Fast zu weit. Wir werden vierzehn bis neunzehn Stunden auf der Autobahn sein, keine Übernachtung. Wir bleiben im Wagen. Sie schlafen auf dem Rücksitz, ich lege mich hinter das Steuer. Wenn ich nicht vorher müde bin, wird das in der Nacht auf einem Rastplatz sein. Wir benutzen die Toiletten der Rastplätze und Tankstellen. Haben Sie einen Führerschein?

Kein Führerschein.

Nein. Natürlich nicht, Sie haben keinen. Ich kann fahren.

15 MINUTEN SPÄTER

Rauchen Sie?

Nein.

Sie können gern rauchen, mich stört es nicht. Zigaretten habe ich nicht.

Wir können beide gute Luft gebrauchen. Ich rauche nicht.

Keine falsche Rücksicht?

Ach, rauchen –

– Nein, ich bin mit dem Autozug gekommen.

Konnten Sie schlafen?

Halbschlaf in schlechter Luft. Fünf Leute im Abteil, zu heiß.

Man kann in solchen Abteilen die Fenster nicht öffnen. Wollen Sie etwas essen, trinken?

Noch zu früh. Was gibt es denn –

Sie können soviel essen und trinken, wie Sie wollen, vier- oder fünfmal, bis wir dort sind.

Ein Schluck Wasser? Danke.

Behalten Sie die Flasche in Ihrer Nähe –

Ich weiß nicht – wir sind verheiratet? Da können wir kaum SIE sagen.

In Frankreich ist das ungefähr möglich. In der fernen Zukunft, in Deutschland, sagen wir DU. Wir reden und sprechen dort ganz anders.

Sprechen Sie Französisch? Gut, dann sprechen wir nach der Grenze Französisch –

20 MINUTEN SPÄTER

– Industriezonen hinter uns, bald auch der Flughafen und die Zubringer. Dann kommt die Péage, und danach fangen wieder Landschaften an. Man hat im Fahren nicht viel davon, schaut aber in sie hinein wie in Guckkästen, die für einen Moment aufleuchten –

Für mich ist das schön. Für Sie vielleicht auch?

Schade, man hat keine Zeit, keine Ruhe, man könnte sonst von der Autoroute fahren, auf Landstraßen durch die Weingebiete da hinten. Ich kenne die Gegend westlich des Jura, alte Städte mit Weinkellereien, Theatern und Schlössern. Ich hätte Zeit, mich in Sie zu verlieben –

49

Das sagt man und weiß nicht, was man sagt.

Das glaube ich nicht. Man ist nicht ganz unerfahren in dem, was man sagt und was ich sage.

Das glaube ich Ihnen aufs Wort.

Man könnte essen in lokalen Brasserien, mit Gemeindediener, Advokaten und alten Damen, die mittags aus ihren Tapeten kriechen und mit dem Taglicht zu kämpfen haben. Man übernachtet im HOTEL DE LA COURONNE, wo Mäuse nachts in die Waschschüsseln springen und ertrinken.

Das gibt es nicht.

Ich habe es erlebt –

Das hat nichts zu sagen.

Alles, um Sie zu amüsieren!

Ich weiß nicht –

Ist Ihnen aufgefallen, daß auf Autobahnen im Herbst kein Laub liegt? Es wird von Tempofahrern weggefegt. Es bleibt liegen im Spätherbst, im Regen, es klebt auf der Fahrbahn, wird von Reifen zerrieben und fällt auseinander. Man glaubt auf gefrorenem Schlamm zu fahren und paßt auf.

Auf der Landstraße bleiben die Blätter liegen, unter Nußbäumen, Platanen. Der Wagen raschelt, wenn man drüberfährt.

Er raschelt, wenn man drüberfährt –

Sehen Sie dort – die Hügel hinter der Flußbiegung, die hellen Häuser im Laub, alles Ahorn, dort habe ich ein paar Tage und Nächte gewohnt.

Allein?

Natürlich nicht, allein.

Wie lange ist das her –

Lange her, als die Zukunft noch nah war.

Macht es Ihnen was aus, die Gegend zu sehen, im Vorbeifahren an diesem Tag, auf dieser Reise –

Nein.

Sie sind beunruhigt.

Ich bin erstaunt, wie ruhig ich bin, wie einfach das Wegfahren ist.

Es wird gut gehn. Alle Leute, die ich kutschiert habe, sind angekommen, wo sie ankommen mußten oder wollten, versuchen Sie zu schlafen. Machen Sie die Augen zu –

Mittags im Oktober! Ich bin nicht müde.

Haben Sie eine Sonnenbrille?

Ich brauche keine.

30 MINUTEN SPÄTER

– Flachland mit den Flüssen da drin, Flußarme und Buschinseln. Abwasserkanäle, wer da reinfällt, kommt sofort in die Waschmaschine.

Ich weiß nicht – Sie kommen mir verkleidet vor, aber nicht wie ein Schauspieler. Wenn Sie sprechen, sind Sie es nicht. Ihre Stimme verändert sich nicht –

Verkleidet sind Sie auch. Sie versuchen immer noch, verkleidet zu sein.

Überhaupt nicht. Wie lange fahren wir schon?

Zwei Stunden. Wir kommen auf die Autoroute Richtung Osten, Strassbourg –

Die weiten Ebenen hier. Ich bin in der Kindheit auf Hügeln herumgelaufen. Der Himmel, wenn er zu weit war, machte mich klein, jeder Vogel war größer!

Im Luftraum ist immer irgendwas drin, einzelne Vögel oder viele, ganze Schwärme von Vögeln im Herbst. Jumbos, Wolken, Drachensteigen. Der Erdboden hält Sie fest, Sie fliegen nicht weg. Aus der Luft werden Sie nicht gekidnappt –

Aber der Wind!

Ja, drehen Sie die Scheibe runter, er kommt aus den Bäumen.

Ich war für alles immer zu ungeschickt, das wurde mir gesagt – klein, unpraktisch, ungeschickt.

Was heißt ungeschickt. Sie sind es doch nicht –

Nein?

Sie drehn die Scheibe runter comme il faut.

Und ich habe Wildschweine gesehn –

Wann.

Vor zehn, fünfzehn Minuten. Ich weiß nicht, warum ich nichts sagte.

Sagen Sie, wenn Sie was Schönes sehen, Wildschweine, Frösche auf Stelzen, Reiher mit einem kleinen Engel im Schnabel –

50 MINUTEN SPÄTER

– Rastplätze, überall gleich. Sie sind dreckig und stinken. Es macht kein Vergnügen, hier etwas zu essen.

Fahren wir von der Autoroute, irgendwohin ins Land, nicht weit, Gras und Bäume gibt es überall –

Raus und rein durch dieselbe Péage, besser nicht.

Was ist gefährlich daran –

Der Wagen wird zweimal bemerkt, vielleicht registriert. Es gibt eine Gendarmerie in der Nähe.

Nein?

Nein.

Ein Gentleman sind Sie nicht. Sie sind ein Luis.

Keine Zeit für Dame und Gentleman. Unsere Tour ist kein Honigmond.

Warum nicht –

Claire, steigen Sie ein. Türe zu und weg.

EINE STUNDE SPÄTER

Was ist?

Nichts. Wir haben eine Péage hinter uns. Sie haben geschlafen.

Ich hab meine Uhr in der Tasche vergessen –

Sie haben eine Stunde geschlafen.

Hab ich was versäumt?

Zwanzigtausend Fahrzeuge und einen Unfall.

Es hat gutgetan.

Schlafen Sie bis Berlin, Claire. Aber Sie müssen wissen, daß Sie gefahren werden und nicht träumen.

Wie haben Sie gesagt? Kein Honigmond.

Wir sind an Burgund vorbeigefahren. Bald sind wir im Elsaß.

Was für ein Land ist das –

Immer noch Frankreich. Eine Wasserscheide, viel Weinland, blaue Vogesen, ich bin hier immer nur durchgefahren.

Es gibt kein Elsaß auf der Autobahn –

Es gibt Nummernschilder des HAUT RHIN, Lieferwagen mit Mais und Kartoffeln, Mischwälder im Herbst. Ich habe einen Kanal gesehen mit Pappeln und Schleusen.

Wie spät ist es? Lassen Sie mich raten. Drei Uhr?

Halb vier. In fünfundvierzig Minuten kommt die deutsche Grenze.

Was passiert dort –

Wenn wir Glück haben, nichts. Wenn wir gestoppt werden, zeigen wir Pässe und Autopapiere und sagen DU. Es darf dir nicht schwerfallen, Claire.

Luis.

Ja, Claire und Luis. Nehmen Sie vor der Grenze die Sonnenbrille ab.

10 MINUTEN HINTER DER GRENZE

Hat man erstmal den Menschen, wird sich auch was gegen ihn finden.

Was ist das –

Der Satz fiel mir wieder ein. Ein Staatsmann hat ihn gesagt, vor sechzig Jahren. Er wurde so oft wiederholt, daß jeder ihn kannte.

Ich will ihn nicht wissen! Zaubern Sie ihn weg. Wegzaubern, Luis, bitte wegzaubern –

Verzeihen Sie, Claire.

DREI MINUTEN SPÄTER

Versuchen Sie zu schlafen. Es wird regnen –

45 MINUTEN SPÄTER

Mahlsberg in Baden. Man könnte glauben, nirgends zu sein.

Autobahn ist nirgends, egal wo, das ist unsere Chance. Auf den Landstraßen gibt es das nicht.

Neben uns, an den Rändern, leben Wildschweine, Hasen, Marder. Dort nisten Vögel, Rebhühner, Fasane, in dem Lärm!

Sie wissen, der Lärm schadet ihnen nicht. Die Leute fahren schnell vorbei und stellen nichts Dummes an. Dort wird nicht gejagt, Naturschutzgebiet. Sie sind hier sicherer als in den Bergen.

Auch Menschen halten sich versteckt, fünf Meter von uns entfernt.

Seltene Pflanzen wachsen dort –

Man möchte haltmachen und nachschaun –

Ein anderes Mal –

20 MINUTEN SPÄTER

– Straßburg, nicht weit. Könnte man hier leben?

MAN – wer ist das. Sie oder ich, oder beide –

Beide –

Das frage ich mich überall. Wir wissen es nicht.

Man wird es nicht erfahren. Man fährt vorbei, Sie und ich, vergißt die Landschaft, den Herbsttag und warum man hier unterwegs war.

Das Beste, was beiden passieren kann.

Was beiden passieren kann –

Nichts.

30 MINUTEN SPÄTER

– Es ist nichts, aber ich habe es nicht vergessen. Waren Sie in Rom?

Mehrere Male. Einmal für lange.

Ich wohnte in Rom, war abends von einer Reise zurückgekommen, todmüde. Wollte noch etwas essen, ging durch Straßen, die ich seit Jahren kannte, in der Erschöpfung nicht wiedererkannte, wußte wohl nicht, wo ich war. Es regnete, ich hatte einen Regenschirm – den großen italienischen Familienschirm, er war rot – und sah nur Pfützen, Beine und Hosenbeine, Schuhe, spritzende Autoreifen und dachte: Seltsam, alle Autos haben hier römische Nummernschilder. Im Restaurant wußte ich wieder, daß ich in Rom war –

60 MINUTEN SPÄTER

Bald ausruhen, schlafen. Was meinen Sie?

Ja, es wird dunkel –

10 MINUTEN SPÄTER

– Leerer Parkplatz auf keinen Fall.

Der hier ist nicht leer –

Gut. Nehmen Sie die Decke, es kann kühl werden. Auf Kopf

und Gesicht Ihren Schal, daß Sie atmen können und die Augen bedeckt sind. Kümmern Sie sich nicht um Schritte und Stimmen, es werden Leute am Wagen vorbeigehn. Kommt vor, daß mit Taschenlampen in den Wagen geblinkt wird. Ich bin gewohnt, im Wagen zu schlafen, leichter Schlaf. Wenn irgendwas los ist, bleiben Sie, wie Sie sind, unter der Decke, und bewegen sich erst, wenn ich es sage. Überlassen Sie alle Zufälle mir. Es passiert nichts. Mir ist im Schlaf auf Parkplätzen nie was passiert. Haben Sie die Türriegel runtergedrückt –

3 MINUTEN SPÄTER

Haben Sie mal an Deck einer Fähre geschlafen, unter Hunderten von Leuten?

SPÄTER

Ich schlief mal in einem Heuschober am Meer. Es raschelte im Heu, ich wußte von Schlangen an dieser Küste, riß ein Streichholz an. Eine erschreckte Maus sprang von den Heuballen und verschwand.

Ihre zweite Maus –

Es gab keine zweite.

Die erste ist in der Waschschüssel ertrunken. Die Scheune hätte abbrennen können –

WENIG SPÄTER

Tief schlafen, Claire.

NACH EINER MINUTE

Claire?

Claire?
    Claire, sind Sie wach?
    Nein.
    Bitte wachwerden. Sie haben zwei Stunden fest geschlafen.
    Nicht genug.
    Sie können weiterschlafen, während ich fahre. Bleiben Sie liegen.
    Ich bin lieber neben Ihnen. Es regnet –
    Regen ist gut. Nichts ist gefährlicher als eine Mondnacht im Sommer –
    Ich vertraue Ihnen. Etwas anderes ist nicht mehr möglich –

– und nicht zu wissen, wo ich mich befinde, unerträglich, ist mir aber immer wieder passiert. Das Bett nach der falschen Seite zu verlassen, mit dem Gesicht auf die Wand zu schlagen, Kopfschmerz, Nasenbluten hat mich als Kind entsetzt, entsetzt mich immer noch –

Kennen Sie diese Gegend, Magdeburg. Sind Sie hier mal am Tag gewesen, im Winter –
    Ich erinnere mich nicht.
    Furchtbar. Und die finnischen Ebenen, das russische Tiefland, Birken und Föhren, Auerhähne –
    Auerhähne? So weit im Osten war ich nicht –

Mariano De Zloto, kennen Sie den Namen? Er taucht im Zusammenhang mit Ihnen auf. Ein Hochstapler?
    Zuhälter –
    Gemüsehändler in Neapel.
    Im Ernst, wer ist das –
    Keine Ahnung. Wie heißt der Mensch? Wir stellen keine
Fragen, das war vereinbart –

40 MINUTEN SPÄTER

Wir haben nicht DU gesagt und nicht Französisch gesprochen –
    Es wird wohl nicht nötig gewesen sein. Oder wir sind leicht-
sinnig geworden im Dunkeln –

50 MINUTEN SPÄTER

Claire?
    Ja?
    Es ist jetzt 4 Uhr 30. In zwanzig Minuten sind wir in Ber-
lin. Die Adresse, die mir genannt wurde, ist Dahlem, Laden-
burgstraße 29.
    Das ist die Adresse von einem Mann, den ich kannte.
    Sie kannten ihn gut?
    Ja.
    Wie heißt er –
    Jan Pergint.
    Lebt er allein?
    Das weiß ich nicht. Er hat keine Kinder.
    Stimmt. Wir können also hinfahren. Was weiß er von Ihnen?
    Nichts.
    Wie lange weiß er von Ihnen nichts.

Wir telefonieren zweimal im Jahr. Er ist weder Freund noch Feind, kein Ungeheuer.

Ist es für Sie in Ordnung, hinzugehen?

Ich nehme es an, ja. Weiß er, daß ich komme, und wann.

Unangemeldet ist nicht möglich –

Bin ich pünktlich, unpünktlich.

Weder pünktlich noch unpünktlich. Und noch was. Wir werden jetzt haltmachen. Sie durchsuchen Ihre Tasche, durchsuchen genau Ihre Tasche nach einem Gegenstand, der fremd wäre, nicht Ihnen gehört; den Sie nicht eingepackt haben. Überprüfen Sie auch Ihren Mantel.

NACH 30 SEKUNDEN

Im Mantel ist nichts.

NACH 3 MINUTEN

In der Tasche nur Sachen, die ich hineingetan habe.

Sind Sie sicher? Der Gegenstand kann sehr klein sein.

Ganz sicher.

Nichts im Stoff der Tasche?

Warten Sie – nein.

Gut. Wir trennen uns in der Nähe des Hauses. Erkennen Sie es?

Ich war früher oft dort.

Sie nehmen Ihre Tasche und gehen allein zum Haus, läuten zweimal, und gehen sofort hinein, wenn geöffnet wird, ich warte hier. Sehen wir uns wieder?

Ich weiß nicht. Ja.

Ich werde Sie suchen.

O Luis, suchen Sie mich, suchen Sie nach mir –

Sie verließen den Wagen. Er stand im Halbdunkel zwischen Straßenlampen, wo das Nummernschild nicht zu entziffern war. Claire zog die weißen Handschuhe an, küßte ihn flüchtig auf den Mund, er legte unbeholfen den Arm um sie. Sie ging mit ihrer Tasche zum Haus, er stand auf dem Trottoir und glaubte zu sehen, daß sie den Handschuh zur Klingel hob. Die Türe wurde schnell nach innen geöffnet. Das Letzte, was Luis von Claire erkannte, war ein Schimmer des weißen Handschuhs mit der hellen Tasche.

Er blieb ein paar Minuten in der Nähe des Hauses. Der beginnende Morgen war schwarz und feucht, vom Haus und seiner Umgebung kam kein Geräusch. Kein Licht war an- oder ausgegangen, seit Claire in dem Haus verschwunden war.

Luis ging zum Wagen zurück, fuhr ein paar Straßen weiter und sah, daß niemand ihm folgte. Er kannte jede mögliche Stelle, an der eine Wanze versteckt werden konnte, durchsuchte systematisch den dunklen Wagen – das hatte er zuletzt in Lyon getan, nachdem er vom Autozug gefahren war, und nichts entdeckt – und fand eine handliche Kapsel aus Plastik, mit kaugummiartigem Stoff unterm Steuer befestigt, Aufnahmegerät oder Sender, wußte er nicht. Mit zwei Fingern riß er die Kapsel ab, nahm ihre Teile auseinander, ließ sie in einem Gulli verschwinden. Andere Gegenstände fand er nicht.

Der Tag wurde wach mit Frühverkehr und verhülltem Licht. Er saß im Wagen und überlegte, was ihm an diesem Morgen möglich war. In seine Wohnung konnte er nicht zurück. Vielleicht gelang ihm, einen Menschen zu finden, der an seiner Stelle herausfand, was dort passiert war. Untertauchen mit

Claire in Lyon, in Burgund, dazu war es vom ersten Moment an zu spät. Was er brauchte, war ein Hotel in Berlin.

Er parkte den Wagen in einer ruhigen Straße. Mit der U-Bahn fuhr er in Richtung Savignyplatz. Der Tag war kalt, seine Tasche vom Sommer leicht, die Kleidung kratzte am Körper, er war erschöpft. Am Bahnhof Zoo stieg er aus, fuhr nach Dahlem zurück, ging zum Wagen, verließ Berlin.

PERLESÖD

Ich bin der Frage, wo ich mich befinde, mit keiner Antwort nähergekommen.

Ich habe meine Reise abgebrochen und den täglichen Gang auf die Halbinsel wiederaufgenommen, mitten im Winter, an einem Tag aus Sprühregen und Vereisung. Das Seewasser war unter Eis verschwunden, bleifarbene Flächen schlossen die Halbinsel ein. Der Luftraum war verstopft von Gewölk, das von starkem Nordwind zerrissen und schnell nach Süden geschoben wurde. Das wenige Licht dieses Mittags, von Smog verdunkelt, schien zu einer Masse aus Frost zusammengepreßt. In der Kälte zu atmen fiel mir schwer. Die Halbinsel lag unter verharschtem Schnee. Auf dem Schnee lagen Blätter und Nadeln, nach einem Sturm aus den Bäumen gefallen. Der Schnee auf den Wegen lag festgetreten, vereist bis an die Ränder, unförmig von Spuren der Stiefel und Hundepfoten und nicht zu begehen. Um die Eisbahn überqueren zu können, etwas Festigkeit unter die Schuhe zu bekommen, warf ich harschen Schnee auf das Eis, balancierte von einem Schneefleck zum nächsten und erreichte auf diese Weise die andere Seite. Ich versuchte es auch mit Blättern und Nadeln, Trümmern von Reisig, die ich aus dem Schnee grub, es verging viel Zeit mit dieser Mühe (ich hatte die Handschuhe im Wagen gelassen), so daß ich auf meinen Weg verzichtete und quer durch die Halbinsel weiterzukommen versuchte. Gewöhnliches Gehen war nicht möglich. Der von Wildschweinen aufgewühlte, mit Stein und Bruchholz durchsetzte Waldboden war tief gefroren, der darüberliegende Schnee zerstampft, voll gelber Urinlöcher, Exkrementenhaufen und Papiere, Zigarettenschachteln und Bierbüchsen. In allen Stadien von Verfall und Verfaulung lagen gestürzte Stämme zwischen den Bäumen, ich kletterte über sie hinweg, in Balance und Taumel ohne Vorwärtsbewegung, brach in den Harsch ein, hielt mich an Sträuchern fest und verbrachte eine Stunde nach der anderen in großer Kälte, bis ich irgendwo an das Seeufer kam, auf der falschen Seite der Landzunge, von Perlesöd weit entfernt. Das Ufer, das ich an diesem Nachmittag sah, befand sich in einem Zustand, den ich niemals wahrgenommen hatte, weil ich ihn offenbar für unmöglich hielt. In das Eis eingefroren lagen Trümmer von Kisten, Bruchholz und in den See gestürzte Bäume, Reste von Gerätschaften, die ich nicht kannte, Metallstangen, Regenschirme, halbe Verkehrsschilder und verfaulte Schuhe. Das Eis hatte eine schwärzliche Farbe, von dunklen und hellen Schlieren durchzogen, Öl, Abwasser, Säure. Ich sah die grob aufgehackten, überfrorenen Löcher der Angler – sie selber fehlten, ich war der einzige Mensch – und tote Vögel, auf dem Eis herumliegend wie fortgeschmissen, schiefe Pfähle im Eis. Ich fiel über einen Motorradsattel, der unsichtbar im Schnee stak.

Fahle Finsternis des beginnenden Abends. Kein Horizont war zu erkennen, kein Gegenufer. Der vereiste See glich einem gefrorenen Meer, das sich mit den Dingen, die in ihm staken, nach fünfzig Metern im nicht sichtbaren Weltraum verlor. Ich hatte den Tag vergessen, als ich erkannte, daß ich mich in einer Unterwelt aufhielt. Das Zwielicht wurde schnell dunkel, um nach Perlesöd zurückzukommen, mußte ich die Halbinsel umwandern oder noch einmal durchqueren. Ich blieb, wo das meiste Licht war, auf dem Eis, in der Nähe des Ufers, und stieß, als es Nacht wurde, immer häufiger an die im Eis steckenden Gegenstände. Ich verbrachte die Nacht auf dem Eis mit gefühllosen Fingern, auf kalten Füßen rutschend und tastend und in der Überzeugung, mich mit allem, was mich umgab, im Traum eines Kopfes zu bewegen, der den Verstand verloren hatte.

———————

Es ist der Weg an das Ende der Halbinsel. Ich gehe auf ihm, um herauszufinden, wo ich mich befinde. Ich gehe ihn jeden Tag, er ist immer derselbe Fußweg, der Perlesöd in gerader Linie teilt und an die Spitze der Halbinsel kommt, wo die Gegenufer zu sehen sind, Waldgebiete des Tieflands unter großem Himmel. Kein Gang auf dem Weg, kein Tag ist derselbe. Jahrzeit, Witterung, Licht sind an allen Tagen verschieden, es ist aber zu erkennen – ich täusche mich nicht –, daß die Halbinsel und der Weg dieselben sind, das umgebende Wasser, die Ufer und Gegenufer. Kein Teil ist hinzugekommen und keines verschwunden. Es sind nebensächliche Dinge, die verändert wurden, sich selbst verändert zu haben scheinen, es sind zersplitterte Masten, entrindete Stämme in Stößen am Rand des Wegs, und es ist das Wetterdach an der Spitze der Halbinsel. Es steht seit Beginn des Sommers dort, ein herabgezogenes Pultdach aus Balken und Schindeln auf zwei entrindeten, schwarz gebeizten Tannenholzpfeilern – ich nehme an, daß es Tannenholz ist –, zwischen ihnen eine Bank aus demselben Holz und ein Abfallkasten aus Blech. Weder Menschen noch Tiere sind dort anzutreffen, ich sah nie welche, ich selbst habe keinen Grund, mich dort aufzuhalten, und keinen Grund, den Ort zu meiden. Im Sand keine Spur, der Blechbehälter bleibt leer.

Der Weg durch die Halbinsel beginnt hinter der Anlegestelle der östlichen Bucht, ihr Name ist PERLESÖD. Das Wort steht in schwarzer Schablonenschrift auf einem Schild neben dem Eisengeländer des Stegs, der weit durch Schilf auf das offene Wasser hinausführt. Unter den Bohlen bewegt sich versumpftes Wasser, im Schilf sind Pfade von Wildschweinen zu erkennen und Laute von Vögeln zu hören, die ich nie einfallen oder auffliegen sah. Ich habe im Röhricht keinen Vogel gesehen, weiß aber, daß Vögel dort ihre Nistplätze haben.

Perlesöd ist die Endstation einer Schiffahrtslinie, die durch Kanäle, Wasserarme und Buchten aus dem Zentrum der City hinausführt. Es gibt auf der Linie ein einzelnes Schiff, seit Menschengedenken dasselbe, alt und farblos geworden, die Holzteile sind verbraucht, die Teile aus Eisen rostig, aber es hält sich stabil über Wasser, tief fahrender Behälter mit Dieselmotor und niedriger breiter Kabine für zwanzig sitzende, dreißig stehende Personen. Es verkehrt im Sommerhalbjahr zehn Stunden täglich, legt also in Perlesöd viermal an und ab, bringt Ausflügler her oder nimmt sie auf, Unbekannte, die hier etwas sammeln, fotografieren, vermessen oder vergraben, Liebespaare, Paare mit Kindern und alte Leute, die zögernd an Land kommen und im Sonnenlicht auf und ab gehen. Im Winter wird die Linie nicht befahren. Wo das Schiff überwintert, vielleicht überholt wird, ist mir nicht bekannt, das gehört zu den Sachen, die ich nicht wissen muß, die mich nicht beunruhigen, nicht beschäftigen, da durch sie nichts gewonnen, nichts in Frage gestellt und nichts verloren wird. Das Schiff erscheint zum letzten Mal am 1. Oktober, legt ohne Passagiere ab und verschwindet in einem der östlichen Kanäle. Es erscheint zum ersten Mal wieder am 1. April, und es kommt vor, daß die Bootsleute andere als im Vorjahr sind. Es sind jüngere oder ältere, Bootsleute einer Saison, Chauffeure und Schaffner, die sich ablösen oder die Rollen tauschen, Männer ohne Uniformen, schweigsame Raucher, die ihre Arbeit mit wenigen Handgriffen beherrschen. Das Schiff hat die Nummer 27, keinen Namen. Ich bin mit dem Schiff nie angekommen, nie abgefahren, ich bin nie eingestiegen, nie ausgestiegen, war nie Passagier dieses Schiffs oder dieser Linie, weil meine Richtungen andere sind.

Ich komme täglich mit dem Wagen nach Perlesöd, parke ihn auf einer weiten, von Bruchholz und Abfall verdreckten Sandfläche zwischen Nadelbäumen und Weiden am Wasser und gehe den Weg – MEINEN WEG – bis an das Ende der Halbinsel und wieder zum Wagen zurück. Der Weg beansprucht zwei Stunden, in Regen oder Hitze zehn Minuten mehr. Er kann sich, wenn Schnee liegt, eine weitere Stunde hinziehn, an trockenen, kühlen Tagen auf anderthalb Stunden verkürzen. Meine Wegzeiten vergehen langsam, gleichförmig, ohne Merkmal. Die Zeit tut mir den Gefallen, mich zu vergessen, wie ich sie während des Gehens nicht bemerke. Ich brauche sie nicht.

———————

Manchmal begegnet mir ein Mensch auf dem Weg, häufiger im Sommer, selten im Winter. Er kommt mir, weit sichtbar, in einer Baumschneise entgegen, er ist mir gewöhnlich nicht bekannt, ich habe ihn nie getroffen und werde ihm nicht wieder begegnen. Man wendet sich kurz einander zu und grüßt, egal wie die Erscheinung des andern sich ausnimmt, geht aneinander vorbei und dreht sich nicht um. Begegnet man sich ein zweites Mal, grüßt man höflicher, zwangsläufig aufmerksamer, vermeidet aber den Schritt zu unterbrechen und stehenzubleiben. Man möchte nicht in eine Konversation gezogen werden. Es ist notwendig, im Gleichmut zu bleiben, den das Gehen hervorbringt und garantiert. Es sind Spaziergänger unterwegs, von Kindern und Hunden begleitet, Leute mit Regenschirmen, Sonnenbrillen und festen Schuhen, und einmal auch zwei Reiter auf Pferden, die ohne Gruß vorbeigaloppierten. Zylinderträger sind mir hier nicht begegnet, Herrschaften mit Affen an der Leine, ein Blinder allein. Es ist auch nie vorgekommen, daß mich einer beim Gehen überholte. Ich gehe wie jeder andere, weder langsam noch schnell.

————————

Ein historischer Ort scheint die Halbinsel nicht zu sein, DIE LANDZUNGE, wie sie auch genannt wird, aber immer mal wieder sollen Dinge geschehen oder Sachen passiert sein, die mit Verbrechen und Krieg zusammenhingen. Es sollen Schlauchboote über den See gekommen, Unbekannte an Land gegangen und spurlos verschwunden sein. An einer nicht mehr bekannten Stelle, die heute von Unterholz überwachsen ist, soll ein Gepfählter gefunden worden sein. Der Mensch soll nackt auf dem Rücken gelegen haben und mit zwei Pfählen, die ihm durch Brust und Unterleib gingen, bei lebendigem Leib auf den Boden festgeschlagen worden sein. Am Wasserende der Halbinsel, wo der See eine Breite von acht Kilometern hat, soll der nackte Körper einer Ertrunkenen, vielleicht Ermordeten angeschwemmt worden sein, ohne Kopf. An verschiedenen Stellen in der Nähe des Ufers wurden Handschellen, Aktentaschen und um Steine geschlungene Kleider gefunden. Es scheint sich um Gegenstände gehandelt zu haben, die man überall findet, wo Wasser ist.

Während des Sommers kann ich den Zustand von Beunruhigung, in dem ich lebe, des Aufgewühltseins durch Schrecken, auf der Halbinsel fast vergessen. Das dichte Laub der Ulmen, Buchen und Vogelbeerbäume, des überall wild wuchernden Unterholzes, die Fülle von Gras, Farn und Schilf verwandeln die flache, weit hingestreckte Landzunge in ein schön erscheinendes Waldgebiet, in dem nur Laute von Vögeln zu hören sind. In dieser Zeit hält man nicht für möglich, daß die Halbinsel mit ihren Ufern in einer Hölle liegt.

————————

An einem Mittag – irgendeinem im Winter – kam mir auf meinem Weg ein Mann entgegen. Es war das dritte oder vierte Mal, daß derselbe Mensch mir entgegenkam, wenn auch nicht an derselben Stelle, und da er einen Hut auf dem Kopf trug, nahm er ihn ab und setzte ihn wieder auf. Daß man sich begrüßt hatte, war nicht zu ändern, doch wäre eine weitere Bekanntschaft zu verhindern gewesen. Offenbar fehlte dem anderen wie mir selbst die Entschlossenheit, beiseite zu treten und weiterzugehen. Da man voreinander im Schnee stand, mußte mit einem Gespräch begonnen werden. Etwas anderes wäre sonderbar gewesen.

––––––––––

Wie ich gemerkt habe, sagte der andere, gehen Sie immer wieder auf diesem Weg.

So wie Sie, nicht wahr.

Ja, wie ich selbst. Es dürfte nur Ihnen und mir aufgefallen sein.

Wem sonst sollte es auffallen. Es fällt nicht auf.

Sie machen einen Spaziergang –

So kann man es sagen.

– einen Spaziergang wie ich selbst. Übrigens kommen Sie aus der Richtung, in die ich gehe, also vermutlich vom Ende der Halbinsel.

Nun ja, und Sie sind im Begriff, dort hinzugehen, obwohl ich Sie dort nie gesehn habe, man sich hier und nicht dort getroffen hat, so etwas bleibt dem Zufall überlassen.

Damit ist im Winter nicht zu rechnen, im Sommer ist das was andres –

O der Sommer, sprechen Sie nicht vom Sommer!

Warum nicht. Man braucht im Sommer keinen Stock, auf diesem Eisweg hingegen –

Wo ist Ihr Stock. Der andere blickte in seine leeren Hände.

Vergessen mitzunehmen, vielleicht verloren –

Wie ich, vergessen, vielleicht verloren –

Auf diese oder ähnliche Weise begann eine Konversation. Auf diese oder ähnliche Weise konnte sie fortgesetzt worden sein, aber das weiß ich nicht mehr, ich habe nicht darauf geachtet. Man spricht, und wenn man nicht selber spricht, spricht der andere, man hört zu oder nicht, während man die Nasenlöcher vor Augen betrachtet. Das Gesprochene bleibt in der Luft hängen und löst sich schnell oder langsam auf, es löst sich in Luft auf. Jedenfalls verschwindet es wieder. Daß ein Gespräch in der Luft hängen geblieben wäre, scheint noch nicht vorgekommen zu sein. Man hat sich dem anderen nicht vorgestellt, weder vor dem Gespräch noch im Anschluß daran, während des Redens war keine Zeit. Namen sind gleichgültig. Sein oder mein Name spielt unter diesen Umständen keine Rolle, ob er einen hat oder nicht, er wird wie fast jeder einen haben. Hätte ich seine Bekanntschaft in Mailand gemacht, hätte ich ihn Mailand oder Mailänder genannt, nur um etwas zu haben, woran ich mich orientiere, wenn es sich um eine unbekannte Person handelt. Da wir Bekanntschaft auf der Halbinsel machten, nenne ich ihn Perlesöd, und ich bin überzeugt, daß auch er mich, zu seinem privaten Gebrauch, Perlesöd nennt. Mit diesem Namen ist die Person für mich – er ist kein Herr, er ist kein Bursche –, ist der Mann für mich unverwechselbar, wie ich für ihn. Auf diese Weise hat man den eigenen Namen nicht mißbraucht, nicht schon wieder abgenutzt.

Was soll ich sagen. Ich habe meinen Spaziergang an diesem Tag abgebrochen und den neuen Bekannten auf seinem Spaziergang zurückbegleitet, bin also sehr viel kürzer als gewöhnlich unterwegs gewesen, diese Ausnahme kann ich mir verzeihen. Wir trennten uns an meinem Wagen, nachdem er abgelehnt hatte, höflich dankend, von mir an eine gewünschte Stelle oder nach Hause gefahren zu werden. Ich weiß auch heute nicht, wo er wohnt, und er kennt meine Adresse nicht. Er kann sich meine Autonummer gemerkt und über sie Erkundigungen eingezogen haben, aber so weit geht sein Interesse nicht, das ist sympathisch, mein Interesse an ihm jedenfalls ginge nicht so weit, mir seine Autonummer zu merken oder hinter seinem Rücken zu recherchieren. Es ist und bleibt eine Frage, ob wir ein Interesse füreinander haben, das heißt mehr Interesse als wir zeigen. Ich weiß es nicht. Er wird es sowenig wissen wie ich.

Von diesem Tag an machten wir unseren täglichen Spaziergang gemeinsam, ohne uns verabredet noch auf andere Weise verständigt zu haben, gleichsam automatisch; gingen wir auf dem Weg zur Spitze der Halbinsel, blieben dort stehen und blickten über das Wasser. Wir vergewisserten uns, daß sich hier nichts Wesentliches verändert hatte – ich spreche nicht vom Abfall, er wird nicht weggeräumt und nimmt noch zu –, kehrten um und gingen denselben Weg zurück, an meinem Wagen trennten wir uns. Wenn ich mich früher mit dem Gedanken herumschlug, ein Fürst der Hölle habe mich ausgedacht und auf diese Spaziergänge geschickt, damit er was zu lachen hat, so dachte ich dies nun in bezug auf uns beide, sprach den Gedanken aber nicht aus, denn so gute Bekannte sind wir nicht, so gute Bekannte wollen wir gar nicht sein, daß es uns gerechtfertigt erschiene, persönlich zu werden, für Intimität gibt es keinen Grund. Und falls er – Perlesöd – diesen Gedanken oder einen ähnlichen im Hirn bewegt, wird er ihn für sich behalten, so gute Bekannte sind wir nicht.

Sind wir nicht. Wir haben unsere Stöcke, jeder hat seinen, unsere Kopfbedeckungen, nicht unbedingt Hüte, und unsere Schuhe. Jeder macht seine Schritte auf dem Weg, er macht die schnelleren, kurzen, obwohl er größer ist, ich also kleiner bin als er, was weder ihm noch mir etwas ausmacht. Im Sommerhalbjahr kommt er mit der Fähre, ich hole ihn auf dem Landesteg ab, und er bringt mich später zum Wagen zurück. Daran hat sich in den Jahren nicht viel geändert, auch nicht daran, daß wir einen Tag in der Woche auslassen, nicht immer denselben, so kommt etwas Abwechslung in die Spaziergänge. Was er – Perlesöd – an diesem Tag macht, was er mit ihm anfängt oder nicht, weiß ich nicht und will ich nicht wissen, ich kann es mir auch nicht vorstellen, sowenig wie er sich vorstellen kann, wie ich mit dem Tag zurechtkomme oder nicht. Ich kann mir den Inhalt seiner Taschen – Manteltaschen im Winter, im Sommer Jackentaschen – nicht vorstellen, frage mich auch nicht, was das für Inhalte sein könnten, wenn es mehrere Inhalte gibt, wenn es überhaupt einen Inhalt gibt, außer Schnupftüchern hat er den Taschen nichts entnommen. Ich stelle mir in bezug auf ihn keine Fragen, so wie er sich in bezug auf mich sowenig wie möglich den Kopf zerbricht. Was für Fragen sollte man sich stellen, ausgesprochen oder unausgesprochen. Man stellt keine Fragen, was den anderen betrifft. Das ist das Verläßliche an den Spaziergängen, eine Garantie, es hält sie zusammen, es gibt ihnen Zukunft.

Unsere Unterhaltungen drehen sich, sie drehen sich immer um dieselben Ansichten, wir erfinden nichts. Er – Perlesöd – hat nie etwas gesagt, das auf ihn aufmerksam gemacht, einen Verdacht, eine Neugier auf ihn gelenkt hätte. Im Grunde hatten wir mit der ersten Unterhaltung unsere Möglichkeiten umrissen, den Vorrat an Mitteilung erschöpft, was er und ich – wir beide zu gleicher Zeit und zu gleichen Teilen – ohne Widerspruch, mit einer gewissen Genugtuung auf sich beruhen lassen. Was immer der eine mit sich bringt, der andere akzeptiert es – schlechte Laune, Erkältung, falschen Schlips und nachlässige Kleidung – oder geht wortlos, blicklos darüber hinweg. Daß wir uns nichts vorwerfen, nichts Wesentliches mitzuteilen haben, gibt jedem von uns, gemeinsam oder allein, die Möglichkeit – wo wäre sie sonst zu haben –, sich im Unwesentlichen aufzuhalten, über Nebensächliches und Fernliegendes den anderen wie sich selbst zu verständigen. Aber VERSTÄNDIGEN ist nicht das treffende Wort. Wir verständigen uns nicht, denn eine Verständigung brauchen wir nicht, sie brächte uns bloß durcheinander, ihn und mich selbst, gemeinsam oder allein. Was wir brauchen, ist schon vorhanden, es befindet sich in uns und zwischen uns, es muß nicht herbeigeführt werden, weder von uns noch von anderer Seite. Offenbar haben wir alles, wir haben alles.

Täglich tauschen wir unsere Ansichten über die Witterung und das Klima aus, über den Zustand der Wege, die sich bei heftigem Regen in Schlammrinnen verwandeln, und weisen uns auf die verschiedensten Sachen hin. Sehen Sie dies und sehen Sie das, einen Fischreiher zum Beispiel. Im Verlauf unserer Spaziergänge habe ich Hunderte von Reihern gesehn, aber ihn – Perlesöd – nur beim ersten Mal auf diesen Vogel hingewiesen. Reiher, Möwen und Kormorane sind eher häufig als selten zu sehen und rechtfertigen nicht einen wiederholten Hinweis auf sie, vor allem nicht nach so vielen Spaziergängen. Ein Kanonenboot auf dem See ist etwas anderes, und ein im Wasser treibendes totes Pferd ist ein starker Anblick, es lohnt sich, darauf hinzuweisen, darauf hingewiesen zu werden.

Es kommt immer wieder vor, daß Spaziergänger – Männer – stehenbleiben und hinter uns herblicken, als überlegten sie, sich uns anzuschließen, es scheint nicht viel zu fehlen und sie tun es, aber sie haben Frauen und Hunde und gehen weiter. Ich überlegte, was geschehen würde, wenn sich weitere Personen – Spaziergänger – uns anschließen würden mit ihren Brillen, Regenschirmen, Überschuhen, mit ihren Ausdünstungen, ihren Stimmen, so daß man als eine Gesellschaft von Spaziergängern – sieben, fünfzehn, achtundzwanzig Männer – täglich auf der Halbinsel wahrgenommen würde, als Verein oder Club in Erscheinung träte, e. V. oder nicht, das ist unerheblich – aber diese Befürchtung hat sich als voreilig herausgestellt, sie war wohl privater Natur oder übertrieben, der andere – Perlesöd – wird sie ebenfalls verworfen haben, so daß man sie nicht zur Sprache brachte. Sie ist unerfreulich; ich lasse sie fallen. Wir sind immer zu zweit unterwegs, wobei man sich mal auf der linken, mal auf der rechten Seite des anderen aufhält, was sich ändern würde, wenn der eine oder der andere auf einem Ohr schwerhörig wäre, bisher ist das nicht der Fall. Wir sind gut bei Kräften, wenn ich das sagen darf. Ich habe, wie Perlesöd auch, keinen Zweifel an den Spaziergängen der Zukunft.

––––––––––

An einem Regentag im April geschah das Unerwartete: der andere blieb fort.

Erstaunlich daran erschien mir, daß dies bisher nicht vorgekommen war, und daß ich selbst keinen Grund gehabt hatte, den täglichen Spaziergang auszusetzen. Was war passiert. Es gab darauf eine Antwort am folgenden Tag, am übernächsten Tag oder Tage später, wenn Perlesöd wieder zum Spaziergang erschien. An diesem Tag machte ich den Spaziergang allein. Es regnete, ich hatte keinen Schirm. Ich legte die Strecke ohne Interesse zurück, ohne Vergnügen, ohne Aufmerksamkeit, und konnte mich, als ich durchnäßt im Wagen saß, nicht erinnern, wo ich gewesen war und auf welche Weise ich den Spaziergang erlebt hatte.

Perlesöd kam nicht auf die Halbinsel zurück, tauchte nirgends auf, ich wartete an der Fähre umsonst. Da ich nie erfahren hatte, wo er wohnte – wo er sich aufhielt, wie er lebte –, und er meine Adresse nicht kannte, war nichts zu machen. Für seine Abwesenheit gab es keine Erklärung. Nach ein paar Wochen gab ich ihn auf. Nach zwei Monaten begann ich, ihn zu vergessen. Ein Jahr später war mir sein Name entfallen. Mir war entfallen, daß ich den Namen – Perlesöd – mit ihm geteilt hatte.

Ich machte die Spaziergänge wieder allein, Tag für Tag ohne Unterbrechung, und versuchte nicht, daran etwas zu ändern. Der Weg und die Strecke waren dieselben, die Himmelsrichtungen, die Anlegestelle, das umgebende Wasser. Sie hätten eine Gewißheit darstellen können, wenn eine Gewißheit mir glaubwürdig erschienen wäre. Ich hatte keine Antwort auf die Frage, wo ich mich befand, und an welcher Stelle im System des Gehirns Perlesöd zu vermuten war.

An einem Herbsttag, auf dem Rückweg zum Wagen, erschien eine Frau vor mir auf dem Weg. Sie ging mit gleichmütig langsamen Schritten, schien in Gedanken, und ich glaubte zu sehen, daß hier ein Begleiter fehlte. Ich holte sie ein, wir gingen ein paar Schritte nebeneinander, als ich eine Bewegung wahrnahm. Ein Tier brach durch das Gestrüpp auf den Weg und folgte uns im Abstand von zwanzig Metern. Es war ein großer Schäferhund mit spitzen Ohren, und da dieses Tier nicht allein herumläuft, mußte ein Besitzer in der Nähe sein. Ich sah, die Frau hatte mit dem Tier nichts zu tun. Ein Besitzer zeigte sich nicht, und der Hund lief weiter im Abstand hinter uns her.

Als sie vor einem Kahlschlag stehenblieb, um den See zu betrachten – das Wasser lag ruhig, ein reines, schimmerndes Blau, das die Abfälle in ihm wie Zierstücke erscheinen ließ –, sah sie das Tier. Es stand mit offener Schnauze auf dem Weg.

Was ist das! Die Unbekannte neben mir schrie.

Das ist ein Hund. Gehört er Ihnen –

Nein.

Das ist kein Hund!

Ich sagte: ein gewöhnlicher Hund, ich habe solche Hunde hier schon gesehn, er hat sich verlaufen.

Niemals –

Die Erscheinung des Tiers war grau, massiv, elastisch. Hohe Beine, scharf blickende Augen, ein auffallend großer fremder Hund. Ich versuchte sie zu beruhigen: sehen Sie doch, es ist ein Hund, er ist stehengeblieben, er hat Angst.

Wenn das ein Hund ist, was sind dann Sie!

Mir fiel auf diesen Satz keine Antwort ein.

Sie packte meine rechte Hand – auf eine Berührung war ich nicht gefaßt – und zog mich auf dem Weg durch den hellen Tag immer schneller zur Fähre hin, unter diesen Umständen eine atemberaubende Strecke. Sie flüsterte: es ist ein Wolf. Das Tier folgte uns in gleicher Entfernung und verschwand, als ich mit ihr zum Wagen lief, im Ufergebüsch.

Sie fiel in den Wagen, ihr Atem ging schnell, sie sah mich nicht an. Eine Hand hielt den Kragen des Mantels zusammen. Bringen Sie mich von hier weg. Ich fragte nach einer Adresse, sie schüttelte den Kopf. An einem Taxistand stürzte sie von mir fort in den Rücksitz des einzigen Wagens und sah sich nicht um.

Als ich am Tag darauf nach Perlesöd kam – mein Parkplatz ist immer leer –, stand dort ein Mädchen mit einem Leiterwagen. Im Wagen saß ein Junge, älter als sie. Ich sah das dicke, stumpfe Gesicht, die herausquellenden Augen und wußte, der Junge war krank. Der kranke Junge ging mich nichts an, da kam das Mädchen zu mir und fragte, ob ich der Mann sei, der hier immer spazierengeht.

Der war ich, der bin ich.

Sie habe, sagte sie, eine Frage. Ob ich den Jungen – sie zeigte auf den Wagen – beim Spazierengehn mitnehmen kann.

Ich war wohl nicht freundlich, ich sagte: warum soll ich das tun, warum ich.

Er muß Bewegung haben, aber wir haben niemand, der mit ihm geht.

Kann er denn gehn?

Er kann gehn, wenn einer mit ihm geht und ihm hilft – dann kann er gehn.

Ich sagte, das kann ich nicht.

Das Mädchen war klein, es steckte in einem dreckigen Hosenanzug, hatte helle Augen und kaputte Zähne. Der Junge im Wagen schaukelte hin und her. Sie war zu klein, um mit ihm zu gehen.

Ich sagte noch einmal: das kann ich nicht.

Die Leute sagen, ist ja egal, ob die Wildschweine ihn fressen, aber er ist gut, er tut nichts.

Ich konnte es nicht.

Und wenn Sie zurück sind, können Sie ihn in den Wagen setzen. Er setzt sich selbst hinein, ich hol ihn später ab. Und wenn es regnet, das macht ihm nichts aus, wenn er naß wird.

Ich konnte es nicht. Ich sagte, ich kann ihn nicht mitnehmen, es ist zu weit. Ich kann ihn nicht festhalten an jeder Pfütze, ich kann ihn nicht tragen.

Aber er tut nichts!

Bitte, ich kann es nicht.

Das Kind schwieg. Es zog den schweren Wagen langsam fort. Ich fuhr weg, ohne den Spaziergang gemacht zu haben.

———————

Nach zehn Tagen habe ich die Spaziergänge auf der Halbinsel wieder aufgenommen. Eine Begleitung fehlt mir nicht, ich gehe allein. Das Mädchen mit dem Leiterwagen ist nicht wieder aufgetaucht. Ich kenne alle Wege auf Perlesöd, es ist ein Labyrinth, in dem sich ein Mensch nicht verirren kann, nachdem ich mich einmal verirrte, das war im Winter. Die Geheimnisse sind nicht dort, sie sind draußen im Raum und vielleicht im Wasser.

———————————

Perlesöd. Ich weiß immer noch nicht, wo ich bin.

INTERVIEW MIT EINEM UNTOTEN

(Nummer oder Name des Mannes sind der Redaktion nicht bekannt. Am Wortlaut wurde nichts verändert)

(...)

Als ich hörte, daß mir was eingesetzt werden soll, machte ich, daß ich von meiner Adresse wegkam. Wo soll man hin. Der sicherste Untergrund ist die mittlere Zone, weder nah am Haus noch zu weit weg. Ich kenne in der Gegend ein Möbellager, von dort kann ich sehen, was bei mir passiert. Bisher ist nichts bei mir passiert. Aber was ist ein Möbellager, was bin ich. Ich bin nicht der einzige, dem was eingesetzt werden soll. Vom Einsetzen ist seit langem die Rede, vor allem bei denen, die glauben, daß ihnen nichts eingesetzt wird. Die machen den Mund noch auf, die andern sind still. Wer das Einsetzen hinter sich hat, sagt nichts. Wer es vor sich hat, sucht seine Sachen zusammen, der redet nicht.

(...)

Ich weiß nicht, was mir eingesetzt werden soll. Die mit was Eingesetztem rumlaufen, wissen nicht, was es ist und wie es aussieht. Beim einen wiegt es wenig, beim andern viel. Ich habe gehört, es soll ein *Zähler* sein. *Zähler* ist das Wort, das man überall hört, und ein Zähler ist ein Apparat, egal ob aus Plastik oder Leichtmetall. Der Zähler läuft, wie man hört, automatisch mit einer Batterie oder durch eine Maschine, die von außerhalb in Gang gesetzt wird. Und ich habe gehört – und andre auch –, daß danach aus dem Menschen was raus-

geschnitten wird. Zuerst was eingesetzt, dann was rausgeschnitten –

(…)

Nein, ich habe mich nicht verhört, man verhört sich nicht.
Es wird was rausgeschnitten, *operativ entfernt,* darunter stellt
sich jeder was andres vor. Was rausgeschnitten wird, ist nicht
bekannt, aber man kann sich denken, man redet darüber, daß
es nicht bei jedem dasselbe ist. Ich höre und sehe. Man kriegt
nichts zu sehn, aber was ich höre, sagt mir, daß immer mehr
Lebendteile gebraucht werden, unvorstellbare Massen von Le-
bendteilen, die warm beschafft werden, alles ist brauchbar, und
wieviel rausgeschnitten wird, ist nicht bekannt. Beim einen weniger, beim andern mehr. Als ich das hörte, machte ich, daß ich
aus dem Möbellager rauskam. Ich zog mich erstmal in den
Wald zurück, aber was ist ein Wald. Was ist ein Stadtwald,
wenn du auf der Flucht bist. Ich denke jahrelang nicht an
Bäume, was sind denn Bäume. Du kletterst den Baum rauf, bis
du oben bist, das ist nicht weit, dann hören die Äste auf, und
es geht nicht weiter. Was ist denn die Luft. In der Luft verschwindet er nicht, der Mensch, nur der Vogel verschwindet in
der Luft. Und wenn das auch kein Wunder ist, er kann sich unsichtbar machen, der Vogel, und wenn er bloß wegfliegt und
den Schnabel hält –

(…)

– ja, ein Vogel kann das, ich kann es nicht.

(…)

Das habe ich gehört, aber nicht gelesen. Auch den Vögeln
soll was rausgeschnitten werden, und danach wird ihnen was
eingesetzt, aber ungefähr so, daß sie noch fliegen, nicht lange,
nicht weit und nicht hoch. Aber sie sollen fliegen, das ist klar,
sie sollen sich bewegen, sie müssen fliegen, oder so tun, als
könnten sie fliegen. An unbeweglichen Vögeln ist kein Mensch
interessiert, ich auch nicht. Ob der Vogel will oder nicht, er

muß sich bewegen. Allen Tieren soll was rausgeschnitten und danach was eingesetzt werden oder umgekehrt, im Zug der Vereinfachung, das höre ich. Vereinfacher werden eingebaut, jedenfalls ist davon die Rede, immer wieder davon die Rede, immer wieder dieselben Wörter, *Vereinfacher, Zähler*. Ich kann hören, was gesagt wird, und mich erinnern, was gesagt worden ist. Wenn nichts gesagt wird, weiß ich, was man nicht sagt.

(...)

– ja, auch den Fischen. Die Fische werden nicht extra erwähnt, weil ja feststeht, daß auch die Fische an die Reihe kommen, früher oder später. Wenn der Wal, dann auch der Delphin, wenn der Hai, dann auch der Hecht und der Karpfen. Und die andern, die heute lachen, an denen bisher nichts vorgenommen wird, denen nichts eingesetzt und nichts rausgeschnitten wird, sollen nicht triumphieren. Ich sage, sie machen besser keine Witze, denn man kann sich ausrechnen, daß sie nicht so einfach davonkommen wie das Licht, die Steine. Sie kommen dran wie die Fische und die Vögel. Man spart sie für spezielle Vereinfachung auf. Wer damit rechnet, davonzukommen, steht mit der unbezahlten Rechnung allein da.

(...)

Woher ich das weiß. Ich habe schon gesagt, daß ich sehe und höre. Ja, es gibt Leute, ihnen wurde nichts eingesetzt und nichts rausgeschnitten, mit ihnen hat man was ganz andres vor. Und auch mit den Tieren, die dann noch übrig sind, denen nichts rausgeschnitten und nichts eingesetzt wird und die nicht verschwunden sind im Zug der Vereinfachung, in der Operation. Sie schleichen herum, die Katzen, Hunde und Pferde, die Haustiere, das ganze Geflügel, egal, was ihnen eingesetzt oder rausgeschnitten worden ist, eingesetzt, rausgeschnitten oder umgekehrt, schleichen herum und wissen nicht, was sie sind. Der Puma – ich kenne keinen, aber es wird gesagt – ist seither kein Puma mehr, und der Vorteil, nicht mehr gejagt zu werden, ist ihm egal. Kein Vereinfacher, kein Mensch interessiert sich für den Puma, für einen Tiger, dem was eingesetzt oder rausgeschnitten worden ist. Dasselbe mit den Antilopen, Wildschweinen, Elefanten und Affen, ja Affen, aber wie gesagt, ich kenne keine, weil ich nicht auf anderen Kontinenten war. Ich kenne den Fuchs und was im Zug der Vereinfachung aus ihm geworden ist. Für den Fuchs besteht kein Interesse mehr. Die Menschenfresserei hört auf, weil kein Mensch einen Menschen will, dem was eingesetzt oder rausgeschnitten worden ist. Dann hört auch die Liebe endgültig auf, und die Bordelle werden geschlossen, denn wer einen Zähler in sich herumträgt, fühlt sich nicht hingezogen zu dem, der einen Vereinfacher, einen Zähler oder sonstwas eingesetzt bekommen hat, und auch nicht zu dem, der einen Teil oder mehrere eingebüßt hat.

(…)

– ja, wie ich gehört habe, dort soll es Wälder geben, in denen man untertauchen kann, sehr große Wälder mit unbekannten Siedlungen, das heißt Leuten, die nicht vereinfacht worden sind, Urwälder über Sümpfen und anderem Wasser, und den Moskitos wird nichts rausgeschnitten, den Aasfliegen wird nichts eingesetzt, davon hätte man gehört.

(…)

– das gehört dazu, man hat davon gehört. Wer nichts eingesetzt oder rausgeschnitten bekommt oder von beidem ausgenommen ist, soll in eine Sonderklasse gehören, in eine von vielen Abteilungen! Die wissen noch nicht, daß sie gefärbt werden sollen, die lachen noch. Denn sie sollen gefärbt werden, die einen ungefähr grün, die andern rot, die schwarzen ungefähr blau und die gelben weiß oder umgekehrt, alles immer auch umgekehrt, und niemand hat bisher sagen hören, wie viele Sonderklassen es nach der Einfärbung gibt. Ein paar Leute haben sich dünngemacht, aus den Sonderklassen, weil sie gehört haben oder ahnen, daß sie eingefärbt werden sollen, und weil sie wissen: die Sache, von der noch geredet wird, kommt nach. Was heißt denn Einfärbung. Einfärbung heißt, daß eingefärbt wird, weil die Bezeichnung da ist und darauf wartet, daß eingefärbt wird. Ich kenne keine Bezeichnung, auf die nichts folgt. Noch immer, nach jeder Bezeichnung, ist was passiert. Erst ist die Bezeichnung da, dann kommt man zur Sache. Ganz ausgeschlossen, daß die Bezeichnung verschwindet, ohne daß eingefärbt worden ist, und sie verschwindet auch nicht danach. Und wer kann behaupten, er hat von der Einfärbung nichts gehört. Abends spielen die Kinder auf der Straße, sie wollen draußen bleiben, solange sie können, bis es ganz dunkel ist, bis in die Nacht. Sie laufen weg und rufen: wir bleiben draußen bis zur Einfärbung!

(...)

– es wundert mich nicht, daß Sie davon reden. Ja, wer nicht eingefärbt wird, soll entfärbt werden. Und weil die weiße Haut nicht gut entfärbt werden kann – die ist zum Einfärben, die als erste –, werden die dunklen Häute entfärbt, mit Sicherheit die schwarzen zuerst und die dunklen Haare, und man hat noch nichts davon gehört, daß die Augen vom Entfärben ausgenommen sind.

(...)

Man soll dran glauben, daß es Vereinfachungen sind. Was sind denn Vereinfachungen. Ich sage, es wäre am einfachsten, die Leute zu lassen, wie sie sind, und die Farben zu lassen, wie sie sind. So viele Farben hat kein Mensch, daß er von ihnen befreit werden muß.

(...)

– das ist erst der Anfang. Auch die Numerierung gehört zum Anfang. Bisher ist der lebende Mensch, nicht der tote, auf verschiedene Nummern verteilt gewesen – ich bin nicht auf viele Nummern verteilt –, auf die Nummern seiner Ausweise, Fahrzeuge, Wohnungen, Bankkonten, Versicherungen und was weiß ich, Clubs oder Mitgliedschaften und so weiter, das soll sich ändern. Im Zug der Vereinfachung kriegst du eine Nummer, in die alle andern eingebaut sind, oder umgekehrt, alle andern rausoperiert, und einen Zähler. Und wie ich gehört habe, wird die Numerierung auch bei denen gemacht, die fest in den Sonderklassen sitzen. Kann sein, sie haben ein Recht auf besondere Nummern, auf dreistellige oder dreizehnstellige Nummern, das weiß ich nicht, aber daß numeriert wird, steht fest für alle, die nicht in den Sonderklassen sitzen. Und ich habe gehört: es soll an sichtbarer Stelle numeriert werden –

(…)

– was das heißt. Das heißt, man hält sein Gesicht hin, wenn numeriert wird, auf den Hintern wird nicht numeriert, weil der Hintern eine unsichtbare Stelle ist – das kann sich ändern –, der Hintern ist als *nicht sichtbare* Stelle eingestuft worden. Ja, den Hintern wird keiner hinhalten, wenn numeriert wird. Man hält das Gesicht und die Hände hin. Dabei sind es die Frauen, die noch das meiste Interesse an den Vereinfachungen haben und die wenigste Angst. Nicht alle, aber nicht wenige wollen wissen, ob man sich damit sehen lassen kann, ob das gut aussieht und ob es farbige Nummern gibt, große oder kleine, und weil sie keine Antwort kriegen, hören sie auf zu fragen, und man sieht: sie erschrecken. Weil sie erschrecken, fürchten sich die Kinder. Sie fangen an zu heulen und fragen mit ihrer bescheidensten Stimme, mit ihrer verheulten Stimme fragen sie, ob sie auch vereinfacht werden.

(…)

Ja, auch im Zug der Vereinfachung. Die Bauwerke und die Städte, was weiß ich, Werften, Fabriken, Hochhäuser und Kirchen, sollen einheitlich eingefärbt oder entfärbt werden. Und was im Innern der Gebäude ist – Möbel, Bilder, Küchengeräte,

Instrumente –, wird entfärbt oder eingefärbt oder beides, im ersten, zweiten und letzten Durchgang –

(...)

Was heißt das, Sie verstehen nicht. Sie verstehen alles, Sie verstehen doch alles, weniger als alles verstehen Sie nicht. Alle Bezeichnungen werden ausgeführt, das ist erst der Anfang. Was ist der Anfang, wenn es weitergeht. Wie viele Bezeichnungen hört man, und wie viele nicht; Sie kommen von draußen. Und daß die Grün-Eingefärbten in grünen Quartieren untergebracht werden und die Gelb-Eingefärbten in gelben, und nicht in roten, weißen oder bunten, das ist nach allem klar, das steht nicht zur Debatte.

(...)

Nein. Ich habe gesagt, was ich höre und sehe wie andre auch. Mir fällt nur ein, was ich weiß. Heute weiß ich noch was und kann es sagen. Und es ist nicht sicher, es ist nicht sicher, daß ich in nächster Zeit oder danach noch weiß, was ich jetzt höre und weiß, und es sagen will. Wenn eingefärbt wird, und die Vereinfachung geht weiter, und die Bezeichnungen werden immer mehr, dann weiß ich mit Sicherheit weniger als jetzt. Dann gibt es die Bezeichnungen und was danach kommt, und ich habe keinen Grund, mich an Sachen zu erinnern, die ich mal wußte. Die Bezeichnungen sind noch zum Festhalten da. Das steht nicht zur Debatte, Sie können gehn, gehn Sie. Sie können gehn, ich kann untertauchen, Sie kennen mich nicht. Was wollen Sie noch, Sie haben das letzte Wort. Das allerletzte haben Sie nicht. Gehn Sie.

2.

NACHTSAISON

I.

Er kannte die Stadt nicht, in der er lebte, sie war zu groß. Hier war er geboren, untergetaucht wie viele, schlug sich durch mit Tricks und Täuschung, die gesetzloses Dasein nahelegte, er verabscheute Arbeit. Seine Brüder, falls es Brüder waren, lebten wie er in der Stadt unsichtbar, die Eltern waren tot, bevor er sie wahrnahm, seinen Namen, Toby, hatte er nicht von dort. Möglich, daß seine Schwester lebte, Sima, einziger Mensch, dem er Leben wünschte. Er selber brauchte ein Leben nicht, sein Wunsch war, nicht vor die Hunde zu gehn. Ich werde nicht sterben. Er hatte drei Jahre mit Sima geschlafen, in einer Nacht im Frühling war sie verschwunden, als er wach wurde, war die Matratze kalt. Er sah sie nicht wieder.

Montza war sein Teil der Welt, ihn zu verlassen hatte er nie versucht. Was andres als Montza gab es nicht. Toby war neunzehn Jahre alt, ungefähr jedenfalls, mehr wußte er nicht, ein Datum seiner Geburt war für ihn nicht da. Er konnte rechnen, lesen, schreiben und träumen, aber träumen hatte er nicht gelernt, das kam von woanders her, passierte von selbst. Stehlen und Dieb sein hatte er gelernt. Umlegen, töten, Killer sein – das konnte man, ohne gelernt zu haben, fast ohne zu wissen oder zu wollen, ohne Lust und Wut. Er hatte nichts Lebendes eben mal abgestochen, aber Menschen getötet und viele Tiere, das war in Notwehr passiert, er wäre sonst tot.

Seine Brüder, zwei oder drei, waren älter als er. Einer von ihnen, er hatte den Namen vergessen, zeigte ihm, wo er geboren war. Sie liefen den Tag lang zum Rand der asiatischen Viertel, wo die Straßen enden in Bettlerboxen, Verschlägen aus Kistenholz und Gestank. Er führte ihn über schwarze Pfützen in Hinterlöcher aus Blech und Pappe und sagte: da, wo der nackte Mann stirbt, lag die Frau. Ihn hatte ein Bruder hingeführt und dasselbe gesagt. Toby wollte sich die Durchgänge merken, für den Fall, daß er Sima mal herbringen konnte, aber Durchgänge gab es nicht. Es gab Höhlen ohne Eingang und Ausgang, verstopft von Menschen und dreckigen Eimern, in Hitze, Halbnacht, irrendem Licht. Als er danach auf die Straßen zurückkam, hatte er Beulen und rote Schrammen, war naß von Schweiß, die Augen tränten, die Zähne knirschten, der Mund war voll Staub.

Seit Sima fort war, blieb er allein. Er wußte: im Alleinsein war eine Stärke, die im Rumtun mit andern verlorenging. Er war mit seinesgleichen zusammengestoßen, Drecksack-Idolen, Schinderleben, Gnomen und Königen seiner Unterwelt; er war mit Frauen herumgezogen, jungen und alten, aber mehr als Herumleben war das nicht. Er hatte zwei Chancen, aber keine dritte: als Schlußlicht hinter den andern her, von keiner Seele bemerkt oder angemacht – und als Krachmacher laut allen andern voraus. Schlußlicht hinter den andern war ungefährlich, aber er hielt es nicht immer aus, unsichtbar mit sich selbst herumzuziehn. Er hatte beides ausprobiert und war an sich selber hängengeblieben. Einmal stand er auf einer Brücke und schrie. Sein Schrei ging durch die Luft und aufs Wasser hinunter, in Gesichter von Leuten, die froren wie er. Er machte Stimmen der Tiere nach, die er kannte, Hunde, Katzen, Krähen und so weiter, und ganze drei Typen drehten sich um, keine Frau blieb stehn.

Seit Anfang des Sommers bewohnte er mit andern eine Garage hinter dem MONDO HOTEL. Die Garage, ein Ziegel-schuppen für mehrere Wagen, hing an der Brandmauer des Hotels, zur Hälfte eingebrochen, nicht mehr gebraucht, die alte Dachpappe hielt noch dicht. Die Typen wechselten alle paar Tage und Nächte, es war normal, wie überall, daß Zufalls-gesichter kamen und gingen wie er. Der Kern der Gang wa-ren STIEFELS in seinem Alter, es waren die Jüngeren, die hier gefährlich waren, die Kleingewachsenen, Schnellen, Unter-ernährten. Einige trugen Uniformen aus Tarnstoff, andere Baseballkappen und Stiefel aus Filz. Der Chef, sein Name war CHEF, ein dünner Burmese, saß mit grauem Zylinder in der Garage herum. Der Adjutant, vierzehn Jahre alt, Buddha mit Kahlkopf und toten Augen, zog zum Essen und Pinkeln gelbe Handschuhe an.

Es kam vor, er wurde angerempelt, aus dem Weg gekeilt, an die Wand gedrückt, das war zur Probe, Warnung oder Spiel. Toby wurde in Ruhe gelassen, weil er schneller als andre zu es-sen brachte, Rasierzeug und Kleider organisierte, mit ihm war sauberes Wasser in Flaschen da. Er war hier der Typ mit dem kleinsten Gepäck, ein Koffer war sein einziges Stück, unprak-tisch, alt, doch er konnte ihn tragen, er trug ihn ohne abzu-setzen, fünf Tage und Nächte, bis er loslassen konnte, bis er Augen schließen, essen, ausatmen konnte, bis der Koffer neben ihm sicher war wie er selbst. Er war sechsmal mit Seil um-wickelt, der Griff war gerissen, aber der Schlüssel ließ sich dre-hen, wenn Toby sich auf den Koffer setzte, sich schwerer machte, als er war, er lief mit Untergewicht in Montza herum. Schlüssel, der Schlüssel, war Tobys Gott. Er trug ihn, mit Pfla-ster befestigt, unter dem Arm.

Alle paar Tage verschwand die Gang. Wenn sie zurückkam, fehlten ein paar von den STIEFELS. Andere hatten keine Waf-fen mehr, wurden in der Garage abgelegt, sie stöhnten und heulten. Es wurden Leute hergeholt, die irgendwas pinselten und verbanden, Tabletten zählten, Spritzen stachen, schnell wieder verschwanden. Nach zwei Tagen war der Typ krepiert. Toby sah zerfetzte Knochen, raushängende Augen und rohes Fleisch. Er brauchte nicht zu fragen, worum es ging. Verendete einer, trug man ihn schnell ins Freie, irgendwas Unbekanntes schleppte ihn weg. Blieb er liegen, wurde gepokert. Jeder kannte die GROSSEN LÖCHER in Montza.

Wenn die Gang unterwegs war, paßten die andern auf. Die Garage – DER STÜTZPUNKT – war unersetzbar. Die andern waren gefährlicher als die STIEFELS. Einer lauerte am andern herum. Es gab kein ruhiges Auge in der Garage. Toby hielt schlaflos den Koffer fest.

———————

Er hatte früher mehr Sachen besessen, in Plastikbeuteln herumgetragen, und was er nicht brauchte, abgesetzt, in Toiletten zurückgelassen, Bettlern und Ratten hingestellt. Er war erstaunt, was die Leute brauchten. Die nahmen ganze Schlafsäle mit, Speisekammern und Badekabinen, Haufen Geld und falsche Haare, DIENSTLEUTE karrten das Zeug in Montza herum. Er dachte an Simas Hände, immer leer.

Im beginnenden Sommer wurde ihm klar: er wollte endlich aus Montza raus. Mit dem Entschluß war kein Aufwand verbunden. Er verließ die Garage und war unterwegs.

Egal in welche Richtung er ging, die Stadt zog sich hin ohne Ende nach allen Seiten, ihr fehlte ein Weltrand wie das Meer. Seit der Fluß ohne Wasser war, zu Teilen versandet, ein alter, trockener Wasserlauf voller Steine, lagen Schrott und Knochen in Haufen da, faulten Reste von Wasser in vergrasten Kanälen, hingen Laufstege hoch von den Ufern herunter, Touristenschiffe zerfielen im Sand. Die großen Wasserschiffe kamen nicht mehr. Die nächste Wasserstelle, für Schiffe erreichbar, lag fünfzig Kilometer entfernt im Norden. Dort holten Container-Fahrzeuge das Wasser her, Konvois der gefüllten und leeren Container, Container nach Montza hinein und aus Montza heraus, überfüllte Autobahnen und Auffahrunfälle, Wasser lief über die Fahrbahnen in das Land. Er hatte davon gehört, da wollte er hin.

Er ging auf neuen Fährten im Fluß nach Norden, und wenn er an Wasser kam, weiter auf Treppen und Brücken. Die Trampelpfade waren überfüllt. Wer hier langkam, sparte Kraft und Zeit. Er hatte kein Geld für die teuren Tickets der Stadtbahn, besaß kein Fahrzeug und keinen Chauffeur, aber alte Schuhe und feste Knochen. Abgerissene Typen auf schräger Tour, die, wie Toby, grundsätzlich die Checkpoints umgingen – er kannte die Geisterwege drumherum –, Passierschein nicht kauften, Kontrollen entwischten, ohne Stempel lebten.

Eintritt zahlen, Austritt quittieren, nicht für Sima und nicht für ihn. Die lokale Menschenwelt lachte bloß, fünfzehn Millionen wurden nicht erfaßt. Wenn Helikopter im Fluß aufsetzten, gepanzerte Polizei in Erscheinung trat, Sperren improvisierte, Fotos schoß, war das ein Witz für die Wegewandrer im Flußstaub. Toby ging weiter in der eigenen Spur. Über den Ufern sah er die Skyline der City, Türme der Banken und Grandhotels, Geflimmer von Propaganda, Flutlicht – Paläste, gigantische Flipperkästen im leeren Raum. Krähenschwärme kreisten über den Schluchten. Er verstand ihr scharfes, wildes Krah wie die eigene Stimme.

Als der Abend dunkel wurde, kroch er in eine verlassene Badeanstalt, die auf zwei Schiffen errichtet war. Trockene Duschen, leere Pools, Müll und Urin unter brüchigen Treppen. Egel und Wasserratten gab es nicht mehr. Toby sah Leute, die an Feuern saßen, tranken und rauchten, irgendwas murmelten, irgendwas kauten. Schlafende ohne Decke, mit offenen Augen, Youngsters, spielend mit Radios, Gitarren, Flöten, Viertausendtageleben bekifft, betrunken, undeutliche Kindergesichter, dösende Bärte. Junge Frauen, halbnackt, ohne Alter und Schönheit, in Begleitung von Männern mit Hunden und Kindern. Toby kannte hier kein Gesicht. Er war froh, unter Leuten und allein zu sein.

Es war der erste Tag seiner Wanderung. Er war müde. Auf der Bank einer Badekabine schlief er ein, Kopf auf dem Koffer, die Hände zwischen den Schenkeln. Die Nacht zwischen vielen Leuten war still wie die Luft, ihm und dem Koffer passierte nichts. Am frühen Morgen verließ er das Bad, stieg auf schiefen Treppen aus dem Fluß und trabte auf großen Straßen weiter nach Norden. Er kam durch Teile von Montza, die er kannte. Hier war er durch Höfe und Lagerhallen geflüchtet, durch leere Straßen um sein Leben gerannt. Im Park am Wasserturm hatte er gelebt, da war Sima weg, und es war ihm egal, was er machte, was er erinnerte, was er vergaß, aß oder trank, er aß nichts mehr. Es war ihm egal, ob er atmete oder erstickte, er bewegte sich nirgends, ohne Traum und Schlaf. Schon möglich, daß er kein Mensch mehr war, kein ganzes Leben zusammenbrachte, Haut- und Knochenfortsatz eines Irren, was an Blut und Wasser drin rumging, war gut für nichts. Verschwinde. Hau dir eine rein. Aber er sah noch wie er selber aus.

An diesem Morgen, fand Toby, ging es ihm besser, es war der zweite Tag seiner Tour. Nicht schnell, nicht langsam, mit erwachsenen Schritten, ging er an den alten Plätzen vorbei.

Er kam in Städte von Montza, die er nicht kannte, Stichstraßen ohne Ende der Nase nach führten immer tiefer nach Montza hinein, weite Prospekte ohne Bäume und Brunnen, für Paraden, Aufmärsche, Demonstrationen, Kampf und Abschlachtung aller Art, dahinter Himmel im Gegenlicht, der von Qualm verschleiert über Brandmauern aufstieg. Brandmauern überall und dazwischen Schächte, Schattenverliese für nichts und drei Dutzend Leute, neunzehn Mülltonnen, einen Baum. Kinderspiele unter Stadtbahnbrücken, kleines Geschrei im

Schall der Güterzüge, alles in allem nichts Neues für ihn. Was an Teilen von Montza zu Montza dazukam, gab seiner alten Gewißheit recht, daß Montza zu verlassen unmöglich war. Er trabte durch Ödgebiete der Mietskasernen, dreihundert Plattenbauten an einem Stück, die gesetzt worden waren, um Leute fertigzumachen, im Unrecht sitzenzulassen und weg damit. Die Überzeugung, mit der er nicht alt werden wollte: daß ihm zu atmen nur möglich war im kalten selbstbestimmten Draußensein, war sein erster und letzter, sein einziger Jubel, als er durch diese Abart von Friedhöfen ging. Von einer Grabwelt in die nächste, tiefer runter und nie wieder raus. Drinsein und Draußensein waren seine Wörter, es waren die Wörter, die für ihn stimmten, die er gefunden hatte und brauchen konnte. Ihm war oft genug passiert, daß ein Wort vom andern nicht zu trennen war, Drin und Draußen nicht zu unterscheiden. Wörter waren nicht gut für ihn. Er lebte allein mit seinen paar Wörtern, und es erfüllte ihn mit kalter Freude, in der Hölle Montza geboren zu sein, um in ihr woanders und ein andrer zu sein.

Am Abend klaute er zwei Jacken von Garderobenhaken einer Kantine, fand Geld in den Taschen und kaufte Zigaretten, Bier und Brot. Feuerzeug hatte er für alle Fälle, weil er für alle Fälle Kerzen besaß. Er schlief auf der Tischtennisplatte eines privaten Sportclubs, in den ihn ein Hausmeister einschloß, ohne zu fragen. Nicht gefragt zu werden, und nicht nach sich selbst, war für ihn das höchste Haupt- und Nebengefühl, etwas wie Luxus. Der zweite Tag seiner Tour nach sonstwohin ging vor dem Fernseher des Clubs zu Ende. Während eines Films über Tunnelbau in Estland schlief er ein.

Als ihm morgens aufgeschlossen wurde, fiel langsamer, trüber Regen auf Montza herunter. Er besaß eine Kappe aus rotem Leder, Geschenk von Sima, einziges Ding aus ihrer Hand, das nicht abhanden gekommen war, sein Stolz wie der Koffer und der Schlüssel dazu. Regen, der Regen war ihm egal. Um tropfende Bäume machte er einen Bogen. Seine Schuhe waren kalt voll Wasser. Die schwarzen Pfützen spiegelten nichts.

Es war der Tag, als er zum erstenmal ein Pferd sah. Es stand in weiter Umzäunung und sah ihn an, schwarzes Lebewesen mit schwarzer Mähne, ein Tier allein. Pferdeneger, rief Toby, komm her! Das Pferd sah aus tiefer Ruhe zu ihm hin, bewegte sich nicht. Also ein Pferd, schon mal ein Pferd, dachte Toby, wo ein Pferd im Gras steht, hört Montza auf und die Gegend fängt an. Er wußte nicht, was Gegend war, aber er wußte – er hatte gehört –, daß man dort durch die Häuser hindurch- sah, Fenster ohne Läden, Gardinen, Gitter, unverschlossene Türen in der Nacht, steckende Zündschlüssel in den Wagen, der Mensch ging hin und bediente sich. Zwischen Straßen, Häusern, Bergen und Bäumen war Zwischenraum weit und grün wie der Armstrong-Park. Vogelschwärme zwischen den Türmen in Montza, Füchse auf Fußballplätzen und saubere Schweine, das war aus den Gegenden nach Montza gekommen. Er sah am Pferd vorbei nach Norden und fiel fast um: hinten im Regen stand die nächste Skyline, breit und hoch wie jede andre in Montza. In drei Tagen war er nicht weit gekommen. Montza! Montza! Er steckte wie eh und je in dem Teufelskreis fest. Es hatte sich Hoffnung bei ihm eingeschlichen, die gab er an das Pferd und den Regen zurück. Kalte Füße in nassen Schuhen, das blieb vom Tag des Pferdes übrig für ihn.

Der vierte Tag war naß wie der dritte, das fremde Montza in Rauch und Nässe erstickt. Der fünfte Tag war wieder trocken, die kleine weiße Sonne wärmte nicht. Ein Typ sei- nes Alters nahm ihn mit zu Kaffee in HANSYS BESTE BAR. Es deprimierte ihn zu hören, daß er zu Fuß, mit Koffer, in schlechten Schuhen, nach vier Tagen im Norden aus Montza rauskommen konnte. Aber du gewinnst einen Tag, wenn ich dir meine Abkürzung zeige, persönliche Luftlinie sozusagen, kennt kein Mensch. Toby erfuhr, daß der andere LOTSE war, sein Name war Weeler Borolski. Ein Traumjob, sagte er, du kannst ja mal mitkommen, drei, vier Tage und ich führ dir vor, wie die Sache gemacht wird, das hast du schnell raus. Ich bring dich mit Kollegen zusammen, Lotsen alle, wir sind wie die chinesische Großfamilie, bei uns wird keiner umgelegt und keiner verhungert. Das ist die friedlichste Mafia von der Welt, kein Sklavereibetrieb, kein Kopfgeld, und es gibt keine Schläfer unter uns. Die Rattenlinien der Unterwelt sind uns bekannt, fünfhundert Kilometer im Unsichtbaren, wir nehmen sie in Anspruch für unsere Kundschaft, wenn die Klappen zu sind. Du riskierst nichts, wenn du bei uns mitmachst. Die eine oder andre Polizei lernt dich kennen, die klammheimlichen SICHERUNGSDIENSTE, Privatwachen, Tag- und Nachteulen, Schlüsselbündler und wie die heißen, aber du wirst dort nicht dokumentiert. Was du brauchst, kannst du dir verschaffen, oder wir besorgen es. Du brauchst ein oder zwei Handys, einen guten Kompaß für alle Fälle, zuverlässig, isoliert, staubfrei, wie ich sage, und du brauchst alle Stadtpläne von Montza und Umgebung, Telefonbücher, Fahrpläne, Branchenverzeichnis; du brauchst Listen von allem, was auf eine Liste gesetzt wird, und du brauchst auch die alten von vor fünfzehn Jahren. Das Papierzeug veraltet wie italienische Schuhe, alle paar Monate kommt was Neues raus, Ergänzungen, Korrekturen, Extrablätter zu Verkehr und Technik, wir besitzen das alles, Fotokopie und Internet, unser Spezialbüro bezahlt zwanzig Leute, ich habe am Anfang ganze Adreßbücher mit der Hand abgeschrieben. Wir begleiten jeden, der gelotst werden will oder muß, zu Fuß und im Wagen, außer Totschlägern, Raubmördern, Schleppern und Schändern. Wir sind, wie Abdul, der Koch, sagt, kreuzbrav und redlich wie alte Hunde, Blindschleichen mit Falkenaugen. Wir begleiten montzafremde Ästheten und ganze Vereine in Omnibussen. Für jede Etappe, Teilstrecke und Gesamtstrecke gibt es MONETA nach festen Sätzen. Die Sätze sind bekannt, tricksen oder bescheißen kannst du nicht. Aber du kannst zielsicher, zuverlässig und zeitsparend arbeiten, dann hast du dein Trinkgeld. Das Schlimmste, was in dem Job passiert: daß du an Endstationen der Stadtbahn rumstehst und Leute abpaßt, die einen Lotsen brauchen.

Mich hatte einer eingelernt, sagte Weeler Borolski, der seit fünf Jahren IN DER DREHTÜR war und, was ich nicht wußte, was keiner wußte, im Job seine grauen und schwarzen Geschäfte machte. Er hieß DER SENKRECHTE AL. Nachdem wir zwei Wochen lang alle möglichen und unmöglichen Typen normal gelotst hatten, abgeholt und hingebracht, wieder abgeholt und zurückgebracht – wir sind nicht bewaffnet – , sagte Al: du und ich, wir haben heute einen älteren Herrn, der was darstellt, weil er Geld hat, du erkennst es nicht, aber ich weiß es. Wir nehmen ihn mit auf seinen Weg, auf die gewöhnliche, nette Art, er kennt das schon, und sorgen dafür, daß er nicht ankommt. Ich frage Al, was das heißt. Und er: das heißt, wir erleichtern ihn und schaffen ihn ab. Ich sage: er wird also umgelegt. Was heißt UMLEGEN, sagt Al, er kommt bloß nicht mehr vor; Nebensache, er wird nicht gefunden. Das garantiere ich, sagt der SENKRECHTE AL.

Was fange ich in der Situation mit ihm und mir selber an. Bringt er ihn allein um, wenn ich verschwinde. Toby sagte: du bist abgehauen. Ja, ich hab ihn auf der Stadtbahntreppe weitergehn lassen und bin in die andere Richtung weggerannt. Und? Er hat unsern Kunden nicht umgebracht. Er wollte dir auf den Zahn fühlen, sagte Toby. Nein, er wollte mich anheizen, unsern alten Kunden – und so weiter.

Weeler Borolski brachte ihn durch die NEUE ZONE. Toby hatte Fotos vom Terror gesehn, aber der Raum auf den Bildern war unscharf, die Farbe falsch, er hatte keinen Kater gekriegt. Beim Anblick der Trümmer, hautnah und immer noch stinkend, war der Kater da. Die Leere drumrum, die Böden und Schächte voll Schlamm, zerrissener Stahlbeton, verrußte Mauern, verwandelten den Kater in großes Miauen. Er trottete sprachlos neben dem Lotsen, noch nie war der Koffer so schwer gewesen. Toby erkundigte sich nach den Toten. Es hatte sie gegeben, nicht zu knapp.

Hat man die Toten gezählt. Man zählt sie doch.

Was willst du da oben im Norden, fragte Weeler. Toby wollte bloß raus aus Montza, raus aus Montza. Überleg dir das mit dem Job. Keine Ahnung, ob ich saubere Arbeit machen kann. Saubere Arbeit, sagst du, ich bring sie dir bei. Ja, die Toten wurden gesucht und gezählt wie immer, ob alle gefunden wurden, wußte kein Mensch. Es gab ein paar Massengräber irgendwo. Nicht jeder kannte die GROSSEN LÖCHER in Montza.

Weeler brachte ihn zu einem Kollegen, stellte Toby als UNSEREN BENJAMIN vor. Toby schlief auf zusammengeschobenen Sesseln, traumloser Totenschlaf war seine Chance. Am frühen Morgen war er unterwegs. Weelers Freund, ein Schwarzer aus Montzas Süden, erklärte ihm, wo es langging, direkt nach Norden.

Die folgenden Tage – sechster und siebter Tag seiner Tour – ermüdeten ihn, er war bloß noch erschöpft. Die Beine, die Arme und Kopf und Augen, der Koffer, die Schuhe, die Hände erschöpft. Keine Hoffnung, Montza lebend zu verlassen, die endlose Lauferei kam ihm schwachsinnig vor. Aber er hatte sich eingelaufen, die Schritte schleppten ihn weiter, was konnte er tun. Die Endstationen der Stadtbahn lagen zurück, auf großen Straßen, rauf und runter, verkehrten Omnibusse und alte Taxis. Im Fluß, den er ein paarmal durchquerte, fuhren Fahrzeuge aller Art auf spurlosen Pisten, schwere Bulldozer ebneten die Böden, ebneten seit Jahren das endlose Flußbett, schoben neue Fahrwege in den Norden. Der Fluß war für Last- und Warentransporte gesperrt, aber das Verbot wurde nicht kontrolliert. Schwertransporter, Staubwolken ziehend, schütterten aufeinander zu, schlingerten knapp aneinander vorbei, die Luft war voll Staub, die Sonne im Staub verschwunden. Er kam durch Parkviertel ohne Eingang und Ende, ruhig, gepflegt, zum Umkommen öde. Hier waren Konsulate und Sanatorien, Luxuspaläste in verschlossenen Gärten, elegante Friedhöfe, teure Tennisclubs. Er sah Patrouillen der Geheimpolizei und bewachte Parkings. An Geruch und Farbe merkte er, daß die Luft im Norden besser war. Die Luft hier draußen war Privatbesitz, Eigentum der pfeifenden, flitzenden Vögel.

Am Abend war Montza nicht mehr da. Toby sah einen Hügel am Horizont. Der Hügel lag frei in der Gegend, grün, voller Bäume, und war kein Schuttberg, keine Mülldeponie. Vereinzelt standen Häuser im Land, von großen, schnellen Kettenhunden bewacht. Sie zeigten Gebisse, bellten dem Fremden entgegen, erwarteten Antwort, knurrten hinter ihm her. Toby blieb stehn und schaute sie an, er schaute jeden Kettenhund an und hielt sich von Zäunen und Zufahrten fern. Verwundert, und ohne Erleichterung stellte er fest, daß Toby auf einmal woanders war.

Er war zum erstenmal aus Montza raus.

Ein paar Tage trabte und trödelte er von einer Gegend in die andre. Er ließ sich Zeit, weil er rauskriegen wollte, was es ihm ausmachte, nicht in Montza zu sein. Er war zum erstenmal nicht in Montza, Montza. Er war in der Gegend, in nichts als Gegend, das bestätigten seine Beine und Hunger und Durst. Einen Tag verschlief er unter hängenden Ästen eines großen alten Nußbaums, allein im Land. Ihm gefiel der Schatten, in dem er lag, gefleckt von Sonnenlicht, das Gras war warm. Aber Alleinsein ging ihm auf die Nerven, die Art Alleinsein war neu für ihn. Er war in der Gegend immer allein und immer und überall von weitem sichtbar. Leute, die er sah und die ihn bemerkten, waren nichts, worauf er sich einlassen wollte. Sie starrten ihn und den Koffer an, blieben stehn und blickten ihm nach. Sie staunten, als sei er der Clown Kaminke mit zwei Wasserköpfen auf einem Bein. Toby kam sich bescheuert vor, unsicher, nackt. Restlos sichtbar wie noch nie.

Vor einem Schuppen voller Schafe saß ein alter Mann und winkte ihn her. Toby setzte sich neben ihn auf die Bank. Nach langem Schweigen sagte der Mann: seit fünf Jahren sehe ich, wie der Holzstoß verfällt. Er zeigte auf einen flachen Haufen morscher Holzstücke neben der Zufahrt. Der war mal zwei Meter hoch. Aha, sagte Toby, er geriet in Panik. Was wollte der Alte von ihm, warum sagte er das. Toby sah ihn scharf von der Seite an. Das Gesicht des Mannes war normal, braun und faltig ohne Bart und Narbe, alte Augen blickten ihn ruhig an. Toby merkte, es ging nicht um den Mann, es ging um ihn, er selbst war daneben. Die Gegend war, was sie war, nichts gegen die Gegend und was in ihr herumflog, Wespen und Gänse, nichts gegen die Häuser und Bäume, die Leute und Tiere. Sie waren da, wo sie hingehörten. Auf einmal war seine Panik weg. Er war hier falsch, er gehörte nicht hin.

Die Erleichterung machte ihn gesprächig. Er erzählte dem Alten, was ihm einfiel, von Montza. Zwölftausend Restaurants in Montza, das muß man sich mal überlegen, nicht gerechnet die Imbisse auf den Straßen, und die Bars, in denen er Sandwich mit Cola vertilgte. Er hatte nie im Restaurant gegessen, aber Sandwich zentnerweise in Bars verdrückt. Der Alte brachte ihn in den Anbau des Schuppens, lud ihn ein zu Käse und Brot. O Montza! Montza! Toby schlief auf dem Heuboden über den Schafen, Tiergeruch und Wärme betäubten ihn. Am frühen Morgen ging er fort, der Alte war wach und gab ihm zu essen mit.

In fünf Tagen lief Toby mit seinem Koffer ins Zentrum von Montza zurück. Da er die Fährte nach Norden nicht wiederfand, folgte er seinem Instinkt, fand andere, fremde Verkehrsadern durch den Koloß. Mehrmals durchquerte er den trockenen Fluß. Es ging ihm besser von Tag zu Tag, von Nacht zu Nacht, von einer Stunde zur andern. In den verstreuten Löchern seines Lebens – das machte ihn unschlagbar, und machte ihn froh – war er immer weniger zu erkennen, und verschwand, von niemand bemerkt, im Maul von Montza.

2.

Seit seiner Rückkehr wohnte Toby im MEMLING PLAZA, Grandhotel, zweihundert Betten, im Zentrum von Montza. Es stand seit sechs Wochen leer, nicht freigegeben zum Abriß, und war in der Zeit von GESINDEL ausgeraubt, dann ausgeweidet worden. Strom, Gas und Wasser waren abgestellt, die Lifte verschlossen. Was vom Verkauf des Inventars zurückblieb, war nach wenigen Nächten nicht mehr da – Türen und Fenster ausgehängt, Kacheln und Spiegel von den Wänden gebrochen, Wasserhähne, Türklinken abmontiert. Die vergoldeten Zimmernummern waren weg, die Namen der Konferenzräume noch vorhanden – NEAPEL, DAMASKUS, REYKJAVIK. Unbrauchbare Reste in allen Räumen: Tapetenfetzen, Glasscherben, krumme Nägel. Er hatte verschiedene Zimmer ausprobiert, bevor er die Suite 1/2/5 entdeckte. Sie befand sich in der zwölften Etage – Tür mit Riegel, vier Fenster, ein Balkon –, darüber die Dachterrasse, sie war leer. Vom Balkon aus sah Toby die Skyline des Zentrums, und Brandmauermassen, Türme und ihre Schatten, Ruinen und Trümmer und Schornsteine alter Fabriken. Er sah in dunkle leere Höfe hinunter, auf einen verrammelten Spielplatz ohne Schaukeln. Das PLAZA roch nach nassem Zeitungspapier, in geschlossenen Räumen staute sich, süß und bitter, Gestank von tausendmal Fäulnis und Exkrement, die Clubräume standen geruchlos leer. Toby hatte den Abfall durchsucht, mit zerbrochener Gardinenstange gedreht und gewendet und einiges Brauchbare noch gefunden: Wasserglas, Seife, Bleistift und Kamm, und ein Tischbein zum Zuschlagen, wenn es ums Leben ging. Er wunderte sich, daß der Kasten nicht voll war von Leuten, die Nomaden waren wie er und dem Zufall folgten. Er zählte mal zwanzig, mal dreißig Typen, die auf die Etagen verteilt in den Zimmern hausten, sich gegenseitig in Ruhe ließen, im Treppenhaus grüßten oder nicht. Wer hier abschleppen wollte, kam nicht weit. Ein paar Türen waren mit Brettern und Balken verrammelt. In Fluren und Bädern qualmten offene Feuer. Lärm in den Räumen störte nicht, das waren Leute mit ihrer Musik, Fluch, Schrei und Gelächter in allen Tönen. Irgendwo keifte ein kleiner Hund. Abschlachten, murmelte Toby und schlief ein.

Es war eine goldene Zeit bis zum Abriß des Plaza, das hieß bis zum Rausschmiß irgendwann, das konnte dauern. Ortswechsel war kein Problem für ihn. Aber er wollte ungreifbar sein, keinem Ordnungsfanatiker ins Netz gehn, keinem BE-AUFTRAGTEN vor die Füße fallen, kein Militär, kein Priester, kein hungriger Hund. Unter Leuten leben, aber allein. Viele Leute waren gut, sehr viele besser, die unübersehbare Menge war ideal. Eigener Traum, eigene Kasse, alle Rauswege offen.

Als Sima verschwunden war, wurde alles, auch Montza, weniger für ihn, undeutlich, farblos. Er war, allein, nur ein schwacher Teil von sich selbst, der starke war mit Sima auf und davon. Zusammen mit ihr waren tote Tage nichts, was ihn oder sie oder beide umwarf. Schafsmucken wie Geldnot, Hunger, Fieber, damit wurden sie fertig, ohne drin hängenzubleiben. Nasse Kleider im Winter, halb so schlimm. Es gab eine Frage, die er für sich behielt, die ihm allein gehörte wie seine Augen, die er vor Sima geheimhielt, die Frage war: konnte das weitergehn mit ihr und ihm, allein und zusammen. Mußte er nicht, zunächst für sich selbst, irgendwas ändern an seinem Leben in

Montza, immer wieder Vor und Zurück in Montza. Montza war alles, was er besaß. Es gehörte ihm, Toby, mehr als Sima, sie verlangte von Montza nicht alles, wie er. Toby wußte schon als Kind, daß Sima ganz andere Sachen gehörten, die er nicht anfassen konnte und nicht zählen, ihre Sachen hatten keine Namen. Jetzt war Sima allein mit ihnen, und er lief allein in Montza herum. Keine Ahnung, wo er Sima finden, wo er in Montza nach ihr suchen konnte. Da er und sein Zwischenleben kein Handy besaßen, fand er sie sowenig wie Sima ihn. Jeder unsichtbar, allein ohne Spur. Sima, das wußte er, ging ihm nicht aus dem Weg. Es konnte sein, sie ging in derselben Straße, und er erkannte sie nicht unter tausend Leuten.

Durch Zufall war Toby zum Fremdenführer geworden, ein reisender Pole hatte ihn ausgesucht. Er wurde auf Englisch von ihm angesprochen, ob er bereit sei, ihn durch das Zentrum zu führen. Toby verstand, wenn auch nicht durch die Wörter, was der Tourist von ihm wollte, und stellte klar, daß er Englisch weder verstand noch sprach. Der Pole sah darin kein Hindernis. Keine Ahnung, was er ihm zeigen sollte. Von Museen und Kirchen verstand er nichts. Er wußte, wo sie waren und wie sie hießen, aber nicht, was in ihnen wertvoll war. Ein paar Denkmäler hatte er selbst entdeckt, in Parks und Alleen, und fremde Namen entziffert. Er unterschied Kaffeehäuser und Privatclubs, kannte alle Stationen der Stadtbahn und ihre Treppen, und ein paar Aussichtsterrassen auf Türmen und Centern. Der Touristenmensch war nicht anspruchsvoll, aber froh, nicht allein durch Montza zu ziehn. Er sah normal aus mit dem karierten Hut, kein Ring am Finger, kein ausgeschlagener Zahn, es konnte sein, er war ein verkleideter Wolf. Er ließ sich von Toby vor Standbildern fotografieren und neben dem Eingang des Polnischen Konsulats, fotografierte Toby vor der Ruine des ABBA, lud ihn zum Bier ins HALCYON ein und steckte ihm gutgelaunt fünfzehn Dollar zu.

Toby war zufrieden mit sich. Wenn er so leicht zu Geld kam, warum nicht. Ein Spaziergang durch Montza war nicht Arbeit für ihn. Er besorgte Schnellrasierer und feste Schuhe, stand vor Tourist-Hotels und Stadtbahnhöfen, wehrte Angebote von Freiern ab und ging mit fremden Gesichtern auf GROSSE Tour. Man gab ihm, was man ihm geben wollte, sein Job hatte keinen fixen Preis. Später konnte er nicht erklären, wie es ihm, Toby, gelungen war, mit vierzig Wörtern Englisch sein Montza zu zaubern. Sein privates Pidgin, sein Montza-Akzent – Toby ahnte, daß er barbarisch war –, wurde gern von der Kundschaft für möglich gehalten. Die Leute merkten, daß er von unten kam und mehr von Montza wußte als jeder GUIDE. Die haben mein Trinkgeld-Englisch geglaubt. Toby war stolz.

Noch einmal fiel er zurück in die Zeit, als Sima und er wie die Räuber lebten. Er klaute einen Pelz, um ihn zu verhökern. Ein Verkäufer des Kleidergeschäfts beobachtete ihn. Toby packte den Pelz und rannte los. Der Verkäufer, älter als er, blieb hinter ihm, bis Toby in den Schwarzen Vierteln verschwand. Hinter der Brettertür eines Schuppens stand er, geräuschlos atmend, und wartete ab. Der Verkäufer konnte dasselbe tun, ohne Bewegung drei Türen entfernt, aber er hörte weder Schritt noch Atem. Nach zehn Minuten gab er auf. Er ließ den Pelz am Nagel hinter der Tür, verschwand in Montza.

———

Er ging jeden Tag und alle paar Nächte auf eigenen Wegen durch das leibeigene Montza. An einem Tag im Herbst passierte was. Er geriet in die Nähe uniformierter Youngsters, Horde bewaffneter Babygesichter – das war der Rattenprinz mit seiner Gang. Das war morgens um neun auf dem CORSO DES NEUNTEN DEZEMBER. Sie sahen geladen aus, bewegten sich langsam, verhielten sich still. Die hatten ein Schlachtfest hinter sich, oder hatten was vor. Die Passanten wichen zurück in die Galerien, verschwanden in Hauseingängen, im Supermarkt, der Corso war leer bis auf die parkenden Wagen. Toby erkannte den Prinz und seine Miliz, als der Prinz, von bewaffneten GIRLIES begleitet, in einem zerschossenen Laden verschwand. Die Miliz stand draußen herum, sie wartete ab. Er starrte über Kappen und kahle Köpfe, als er am Handgelenk berührt wurde. Er schnellte herum, um zuzuschlagen. Sima stand vor ihm.

KOMM WEG, LANGSAM. Es war das Geflüster ihrer Stimme, ihm blieb keine Zeit, sie anzuschauen. Sie hielt ihn leicht an der linken Hand, zog ihn in den Schatten der Galerien. Für die Miliz nicht sichtbar, immer noch langsam, gingen sie Hand in Hand durch die dunklen Bogen. Sima zog ihn in ein Treppenhaus, durch unbewohnte Höfe und weiter, durch eine Hinterstraße voll rostiger Tonnen, Katzen und Fledermäuse nie gesehn. WOHIN? Toby wußte nicht, was er empfand oder dachte, etwas Rasendes war in ihm, das bewußtlose, wilde Gegenteil einer Wut. Er flüsterte KOMM, ergriff ihre Hand. Eng beieinander, mit schnellen Schritten, liefen sie, hakenschlagend für alle Fälle, durch die hintersten Straßen, die sie kannten, und waren nach einer Stunde im PLAZA unsichtbar. Auf den Hoteltreppen wurden sie nicht bemerkt. Der Türriegel klappte geräuschlos zu. Als Toby ruhiger atmete, sah er Sima. Sie blickte ihn an.

Es war der Augenblick, wo er nichts von ihr wußte, und nichts von sich selbst. Ihre Bluse war bis zum Hals geschlossen. Sie war mal fünf Knöpfe weit offen gewesen für ihn, und er sah, wie sich ihre Brüste bewegten. Sima sah ihn an mit flackernden Blicken und blickte an Toby vorbei. Er strich das Haar aus ihrem Gesicht, schwarzes, langes, wirres Haar, schönes kostbares Haar verdreckt und trocken, legte den Arm um ihre Hüfte, schmale Hüfte, vollkommene Hüfte, und drückte sie, daß er den Körper, den einzigen, spürte. Sie standen Mund an Mund in ihrem Atem. Lust auf Sima betäubte ihn, er fiel fast um. Beide taumelten, als er sie losließ.

Toby faßte sie an den Fingerspitzen. Während er sie zu den Fenstern führte, warf sie schnelle Blicke in die Suite, auf die Decken am Boden und auf den Koffer – KOFFER! –, sie lachte das Wort, erkannte ihn wieder und verstand im Augenblick: Toby lebte allein. Die Gewißheit, Toby spürte sie, war ihr Glück. Sima umarmte ihn und wollte küssen, aber er erkannte nicht ihren Duft, den dauernden, tollen Duft von früher, etwas wie Regen auf Blättern im Frühling, der Duft war weg. Wie riechst du denn, seine Stimme war still. Sie zog ihn herunter auf die Decken, öffnete ihre Bluse, warf sie ab, griff nach seinem Gürtel und hakte ihn auf. Sie erkannten sich mit einer Wildheit, die so alt wie neu war, vor allem neu. Erschöpft, sie blieben liegen bis in den Abend, im Wachtraum, im Halbschlaf, in tiefem Schlaf.

Als sie zu sich kamen, war die Dämmerung da. Sie nahm langsam zu und war am schönsten, wenn die Luft voller Vögel war und lange blau blieb, bis die Dunkelheit auf Montza herunterfiel, Nachtschwärze ohne Farbe und ohne Duft. Sima ging zum Balkon, sah hinaus und kam wieder, ihre Nacktheit war undeutlich hell im Zwielicht, aber ihr Umriß deutlich für ihn. Er besaß eine halbe Kerze und machte Licht, küßte Sima, atmete ihren Geruch und fand zwischen Nabel und Bauchhaar einen Fleck, rund wie eine große Münze, eintätowierter schwarzer Kreis, der die Buchstaben P und S umschloß.

Was war das.

Toby erschrak, er schwang sich auf die Knie. Sima versuchte zu lachen, sie konnte nicht. Verzweifelt sah er, daß Sima nicht lachte, und daß sie zu lachen versuchte, bebend, verletzt.

Laß es doch. Die Bitte war ein Hauch.

P – wer ist das.

Bitte laß es doch. Sie fing an zu frieren. Toby, du weißt es. Sie drehte sich auf den Bauch und weinte.

Er erinnerte sich, wo er Sima getroffen, wo Sima sein Handgelenk berührt hatte. Der Prinz, sein Flüstern schüttelte sie. Rattenprinz. Keine Antwort von Sima.

Sie lagen nebeneinander, entgeistert, sprachlos. Spät in der Nacht, im Halbschlaf, im Schlaf, krochen sie zueinander und schliefen, wie sie als Kinder geschlafen hatten, in einer Wärme, die nur sie selbst sich gaben. Derselbe Atem, Mund an Mund.

Toby wurde älter in dieser Nacht. Er wachte auf mit dem Willen, älter zu werden, stärker zu sein als der WACKELNDE TYP, der er war. Wie Sima nachts von seiner Seite verschwand, war sie am Tag von der Seite des andern verschwunden, mit Toby weggelaufen und untergetaucht.

Sima –

Sie bewegte zwei Finger der linken Hand.

Bleibst du hier? Seine Stimme zitterte nicht.

Ich bleibe hier. Ihre Stimme klang fest.

Gut. Er sah sie ruhig an. Hast du Geld –

Sie griff in die Taschen ihrer Jeans und hielt ihm, was sie fand, auf den Handflächen hin. Es war mehr als genug für sie und ihn, und mehr als zuviel für das, was er wollte. Er erzählte ihr von den Leuten und Typen im PLAZA, erklärte, wo sie Wasser und Seife fand, und ließ sie allein.

Er dachte: gut für sie, eine Stunde allein. Sie schaut sich um wie die Katze im Dunkeln, lernt das PLAZA kennen und seine Suite – unsern Doppelpalast, wenn sie will – und ein paar von den Typen. Sie sieht, das sind keine Menschenfresser, keine Apostel vom Rattenprinz und keine Sklaven. Sie fängt schon mal an, Vertrauen zu zaubern, und stellt sich vor, im PLAZA zu leben mit ihm. Sie bleibt, sie will es, sie hat es gesagt.

———

Warum war er in eine Suite gezogen, die zu groß für ihn war. Für ihn allein hätte ein Zimmer genügt, in der dritten Etage nach hinten raus, ein großes Eckzimmer im Parterre. Hatte er im Bauch, im Hinterkopf, an Sima gedacht und daß sie zurückkommen könnte. Hatte Toby, zermürbt von der Zeit ohne sie, in Traum und Tagtraum alle Teufel beschworen, ihm Sima zurückzubeschaffen, so oder so. Für so oder so war er alt genug. Zukunft, das Wort war wieder da, Sima war da.

Nach zwei Stunden kam er mit einer Tüte zurück, stellte sie neben die Türe, Sima war weg. Auf den geglätteten Decken ein Stück Papier: Hole meine Sachen, ihre Schrift war wie früher, krumm, stark, seltsam. Er wußte nicht, sollte er fluchen oder heulen. Wo waren die Sachen. Wenn sie weiß Gott wohin zum Rattenprinz ging, in seinen Höhlen zusammenpackte, konnte alles schiefgehn mit Zukunft und ihr und ihm. Die Knie versagten, ihm wurde schlecht, er setzte sich hin.

Sima kam mit zwei Taschen am Mittag zurück. Sie kam ihm leicht vor, ausgelassen wie nie. Sein Schwesterleben triumphierte, er sah und hörte ihren Stolz. Ich hab fast alles rausgekriegt, bloß ein paar Kleider und Schuhe nicht. Ich hab den Schmuck und das Geld. Versteckt, keine Ratte wußte wo. Sie breitete ihre Sachen am Boden aus. Im weißen kleinen Karton war der Schmuck und das Geld.

Woher soviel Geld –

Sie blickte weg. Frag doch nicht, was willst du denn wissen. Frag nicht. Toby lachte, so gut er konnte. Ich kann es versuchen.

Sie verteilte ihre Sachen in beiden Räumen, und zeigte Toby, was sie besaß. Zwei schöne Blusen weiß und grau; Lederjacke, Regenmantel und Jeans aus Leder; Kämme und Bürsten, ein gelber, schwingender Hut; Mütze aus Wolle, Edelkappe aus Filz; Wäsche genug und ein Gürtel mit Klunkern aus Glas. Toby wurde nicht fertig damit. Das war mehr als alles, was sie früher besaß, und besser, schöner als alles, was er ihr schenkte. Der weiße Karton stand im Koffer, der Toby gehörte.

Was war in der Tüte neben der Tür.

Er hatte eine Schachtel Pflaster gekauft. Das Pflaster kommt auf ihren Bauch, wird alle paar Tage ausgetauscht, die Pakkung reicht für ein halbes Jahr. Simas NEIN! war ein Schrei, unwillig, ratlos, amüsiert. Nach einer Jagd an den Wänden entlang erwischte er Sima auf dem Balkon. Er zog ihr mit zwei Griffen die Jeans vom Bauch. Sie biß und krallte, aber der Bauch war nackt. Das erste Pflaster verfing sich im Bauchhaar und schmerzte. Sima gab nach, sie lag auf den Decken still.

Zart, aber entschlossen plazierte Toby das zweite Pflaster auf dem Tatoo.

Noch was war in der Tüte drin.

Er zog ein gerolltes Seil heraus, entrollte es vor Sima auf dem Parkett. Sie verstand nicht – ein Seil?

Damit du nicht wieder wegläufst, drei Meter lang. Ein Ende kommt um dein Handgelenk, das andre hab ich.

Du fesselst uns zusammen –

Nein. An das Seil kommst du.

Simas Entgeisterung war nicht gespielt. Sie lief zur Balkontür und sah hinaus, vor ihr war vogelleere Luft über Montza. Tobys Herzschlag begann zu rasen.

Sima! Sie gab keine Antwort.

Er hatte einen verdammten Fehler gemacht, machte den Fehler immer noch. Sieben Sekunden Zeit, ihn zu korrigieren. Mit einem Lachen schaffte er ihn aus der Welt. Sima, das ist unser Spiel.

Es ist kein Spiel.

Ich will, daß du hierbleibst.

Es ist kein Spiel. Ich weiß, daß es kein Spiel ist. Das Pflaster kann ich verstehn.

Es ist ein Spiel. Aber ich gebe zu, es war keins. Als ich das Ding besorgt habe, war es kein Spiel. Jetzt ist es eins.

Er rollte das Seil zusammen, steckte es in die Tüte zurück und stellte die Tüte auf den Balkon.

Es dauerte einen halben Tag, bis Sima ruhig geworden war. Es ging ihnen besser, nachdem sie eingekauft hatten – bescheiden wie gewöhnliche Leute – und aßen und tranken auf dem Parkett, die Kerze brannte.

Sima bemerkte am nächsten Tag, daß die Tüte weg war.

———————

Nachts waren sie gern auf den Straßen und Plätzen von Montza. Die Nächte waren gefahrloser als die Tage, sicher war keine. Marodeure und Diebe waren unterwegs, die illegalen und die legalen Gangs, aber an Liebenden nicht interessiert. Attentate und Selbstmordanschläge fanden am Tag statt, in Stadtbahnhöfen und Banken, im Stoßverkehr, auf Airports und Massenversammlungen aller Art, Toby und Sima kamen dort nicht hin. Neben dem PLAZA, im Tunesischen Haus, ging einmal morgens eine Bombe hoch. Sie schliefen nicht weiter, blieben liegen, liefen nicht hin, die Toten zu sehn, wie die Typen im PLAZA. Der Anblick von Toten war ihr Teil und Anteil, vom Anfang ihrer Zeit bis zur letzten Nacht.

Erste gemeinsame Nacht in Montza, duftende Sima im Arm ihres Bruders, sorglos, als wären sie nie auseinandergeraten. Toby verstand jetzt, was ihm fehlte, in den Tagen und Nächten allein in Montza. Es war nicht nur Sima und ihr Zusammensein. Es war alles, weil er alles ohne sie sah, in der Enttäuschung nicht erkennen konnte, blind, taub und totalbehindert nicht wahrhaben wollte. HANGOVER schloß alles aus und schloß alles ein, ihm schmeckte nicht das im Globus geklaute Bier. Es schmeckte ihm wieder, er hortete Flaschen und Büchsen, und konnte bezahlen wie früher nie, für eine Zeit war eine

Kasse da. Er hatte SIMA und GELD nie zusammengebracht. Die Sorte Luxus und das Vergnügen daran, auch wenn seine Herkunft dreckig war.

Die Nacht war früh, sie tranken nicht viel, sie brauchten nichts. Die letzte Detonation war zehn Stunden her. Auf dem Coburg-Rondell war was im Gang, viel Publikum war zusammengekommen, Leute standen wie auf dem Friedhof da, rempelten auseinander und drängten weg, wo der Newman-Prospekt nach Süden ging. Sima und Toby kannten sich aus. Nach fünf Minuten Nachtweg durch Treppen und Höfe standen sie am Prospekt zwischen wenigen Leuten und sahen die Ankunft einer Prozession.

Langsam und schwarz, ein Schweigen kam ihnen entgegen, lautlose Fortbewegung gedrängter Menschen, die etwas an Stangen in die Höhe hielten. Was auf den Stangen steckte, war nicht zu erkennen, das konnten Reklamen sein, Transparente, Drachen. Was Stille zu sein schien, aber Schweigen war, wurde geisterhaft immer genauer hörbar, je näher mit kurzen, geräuschlosen Schritten etwas furchtbar Lebendiges den Prospekt entlangkroch. Sima konnte sehn, daß dort Kinder gingen, Raupe mit kleinen Gesichtern und wimmelnden Beinen. Die erste Reihe der Kinder kam vorbei. Auf schwarzen Stangen hingen schwarze Laternen, kein Licht glomm in ihnen, sie waren leer. Verschlossene Gesichter, zu Boden gerichtete Augen, Stirnen und Haare mit schwarzen Kappen bedeckt. Es waren Tausende, die vorbeimarschierten, und nur ein paar Hunderte, die den Prospekt flankierten. Die Sommernacht war warm, aber Sima fror. Toby wollte wissen, was hier passierte, er erhielt keine Antwort. Niemand schien zu begreifen, was er sah. Toby wußte, das war keine Friedhofsparty, das war Revolte, ein Himmelschrei – stillste aller Revolten, die er je sah. Der

Laternenzug war nach dreißig Minuten vorbei. Ihm folgten Kinder mit schwarzen Mützen, sie zogen kleine Wagen voller Laternen, schwarze Stofflaternen, Ersatzlaternen, schwarze Mützen, schwarze Stangen. Zuletzt kam ein schwarzes Maultier an schwarzer Leine, die am letzten schwarzen Wagen befestigt war.

Plätze und Boulevards standen unter Licht, die Nebenstraßen waren seit Jahren dunkel. Die Lichtanlagen, zerstört oder abgestellt, wurden nicht repariert. Dunkel der Straßen war Gewohnheit für beide, Dunkelheit eines Winters ohne Schnee, graue, blinde des Regens im Herbst, widerhallende, wenn geschossen wurde, Herzklopfen jagendes Dunkel der Schreie und Flüche. Dunkelheit aller Jahreszeiten, die Lichtschein aus Fenstern an Wänden und Brandmauern auffing.

Sie gingen spät in der Nacht ins PLAZA zurück, aus der offenen Tür einer Nachtbar fiel Musik. Sie tanzten allein im Dunkeln, an geparkten Wagen entlang auf dem Asphalt. Sima war froh, sie war bloß noch froh, und flog in Tobys Armen mit Toby dahin. Toby war sentimental wie ein schlechter Clown und fand in Ordnung, zu sein, wie er war, im TSCHATSCHATSCHA vergaß er die Prozession. Sie hatten als Kinder miteinander getanzt, auf Rummelplätzen im Süden Montzas, in den Schwarzen Vierteln Jazz und Soul, auf Tombolas, Karnevalsfesten, Straßen im Regen und wann und wo sie wollten, in Stiefeln und barfuß, und hatten auf Partys im Flußbett viel Staub hochgewühlt. In der GUERILLA tanzte niemand mehr. Man sprang und hopste im Rausch herum und blieb, wenn man umfiel, liegen, wo man lag.

Hatte sie mit dem Prinzen getanzt? Sima verneinte. Er tanzt nicht. Wo er feiert, wird nicht getanzt.

Wann hatte sie zum letztenmal getanzt –

Im Winter mit Toby, in dicken, alten Pullovern. Sie hatte vergessen wo, vielleicht im SESAM – und er?

Er behauptete, nie mehr getanzt zu haben, und verschwieg eine Nacht mit einem fröhlichen Flittchen. Er war eine Zeitlang mit ihr herumgezogen, dann in ihrem Treppenhaus aufgewacht, allein mit zehn Katern. Er bewegte sich ohne Tanzschritt im Dunkeln weiter. Sima tanzte allein aus seiner Nähe, summte den Song mit, der aus der Nachtbar kam. Sie tanzte, als mache sie Seilspringen ohne Seil, wie vor zehn Jahren, zehn Jahre alt. Sie tanzte zu Toby zurück, er sah ihr entgegen, sie hob ihre Arme, die Hände winkten ihm zu, ihre Brüste sprangen für ihn, ihr Blick war froh, sie ließ sich gegen ihn fallen, ihr Duft war da.

Dann schien sie zu weinen, aber sie weinte nicht. Sima war still.

———————

Toby erzählte ihr sein halbes Jahr, mit dem eigenen anfangen wollte sie nicht.

Er war mal, morgens im April, einem Wildschweinhaufen im Fluß begegnet. Das waren zwanzig schwarze Monster, dicht beieinander wie Fässer, Kohlesäcke. Als sie ihn sahen, rannten sie weg, standen dann auf der Piste und horchten auf ihn. Er war froh, daß es keine Wölfe waren, wilde Hunde.

Er wußte nicht, was er ihr sagen und nicht sagen sollte. So viel Zeit, ein halbes Jahr, hatte Toby noch nie zusammengepackt, weder ihr oder andern noch sich selbst erzählt. Sima hing an seinem Mund, sie sah und hörte Wort für Wort. Er hielt es nicht aus vor ihren Augen und Schenkeln, warf sich auf Sima und liebte sie. Als er loskam von ihr und sie von ihm, ging es besser mit dem, was er ihr erzählte.

In den ersten paar Stunden dachte er, Sima kommt wieder wie immer, sie ist bald da, alte Gewißheit, sie hatte ihm immer gehört. Toby fluchte, die Gewißheit war weg, er krachte in sein schwarzes Loch ohne Boden. Was für ihn übrigblieb, war hoffnungslos: Sima war fort. Toby, du weißt, sie kommt nicht zurück. Ihre Sachen waren fort wie sie. Es waren noch ein paar Sandalen da, gottverdammte Sandalen, grüne Sandalen. Warum Sima fort war, wußte er nicht.

Sie hausten in einer Ziegelhütte des Griechischen Viertels. Was sollte er in der Hütte ohne sie. Sie war voll von Sima und ihrer Abwesenheit, was andres war in der Hütte nicht mehr drin, er mußte weg. Er vermachte die Hütte an einen, den sie kannten, Pob Ami, der Türke, er freute sich. Seine Freude war für Toby nicht zu ertragen. Er warf sein Zeug in den Koffer und ging weg.

Naja, sagte Toby, dann bin ich drauflosgepilgert. Er lebte locker von einer Chance zur andern, von einer Wut in die andre und machte sich falsche Hoffnung. Er war zum erstenmal ohne Sima, aufgeschmissen ohne sie, er war so ehrlich, das laut zu sich selber zu sagen. Selbst in der Guerilla-Zeit war sie immer nah, sie wußten voneinander bei Tag und Nacht. Sie richteten geheime Stellen ein, wo sie schnelle und langsame Nachricht versteckten – Mauerritzen, Grabsteine, Löcher in Bäumen. Toby wußte, sie kommt und sucht seine Briefe, und wenn nicht heute, dann in fünf Tagen. Als Sima fort war, ging er wieder hin. Einige waren verschwunden, die andern leer.

Er hatte weitergemacht und weiter gemardert, geklaut, getrunken, gekifft und – naja, sie war fort. Er war in Lagern der STIEFELS untergekrochen, in Containervierteln und wo ein Loch für ihn war. Er hatte auf Autofriedhöfen geschlafen und auf den andern, Menschenfriedhöfen, gewohnt. Die Nähe der Toten machte ihm nichts aus. Er hatte sogar mal Arbeit versucht, es war ein totales Desaster gewesen: auf einer Baustelle Bretter schleppen, nein. Sima wußte, wie übel ihm war.

In dieser Zeit fing er an, zu verstehn, was Zeit war. Es gab die Zeit, das Gegenteil gab es nicht. Alles, was da war, war in der Zeit, die Zeit war in allem, was es gab. Außerhalb der Zeit, das passierte nicht. Sie hatten nie an Zeit gedacht, von Zeit und was Zeit war nicht gesprochen. Seit er allein war, war er allein mit der Zeit. Sie kroch um ihn wie ein alter Hund, kreiste ihn ein und ließ ihn nicht los, sie ließ ihn in keiner Sekunde allein. Zeit, die Zeit war ein Riesensack, voll von Menschen und Tieren, Stein und Wasser und jeder Art und Abart von Montza. Die Hauptsache in dem Sack war Tod, der Tod. Mit der Knarre unterm Arm war Tod eine Sache, war der Tod aller andern dieselbe Sache, die andern starben, er selbst starb nie.

Er sprach von der Wanderung raus aus Montza, und von der Sache, bescheuert für ihn: zum erstenmal in der Gegend allein. Damit klarzukommen war Glückssache oder Trick. Mit Bäumen und Hügeln war Toby allein, mit Menschen nie. Er hatte Leute getroffen noch und noch, wenn er allein war, passierte das schnell. Sie hatten ihm ihre Leben erzählt, wie sie jedem ihre Leben erzählten, betrunken, mit Vorsicht und Bitterkeit, lautstark, tonlos. Ein paar von ihnen hatte er wiedergesehn, er hatte auch ein paar Frauen wiedergesehn, und er fragte, woran es lag, daß er mit Kindern nicht zusammenkam. Er kannte in ganz Montza nur drei oder vier. Gingen sie ihm aus dem Weg, sie gefielen ihm doch. War etwas in seinem Gesicht, das die Kinder erschreckte. Er wußte es nicht.

Kinder haben vor dir keine Angst, sagte Sima.

Und wenn er allein schlief, durch Montza trabte – er war unter Leuten nie allein.

Das wußte er, als er den Hügel sah. Er blieb stehn und dachte: Hügel, was soll ich da. Ich seh doch, was dort wächst, das Gras und die Bäume, Gras und Bäume, dieselben wie hier. Hügel war nichts, wo Toby hinkommen mußte. Er lief um ihn herum zu den Häusern und Straßen.

Ich wäre auf den Hügel gegangen, sagte Sima, und hätte von oben nach unten geblickt und in jede Richtung. Hinten im Himmel hätte ich Montza gesehn, auf der andern Seite den

Fluß und das Meer. Mit ihr wäre Toby dort oben gewesen. Ich zeig dir den Hügel, sagte Sima. Irgendwann klettern wir auf einen Hügel.

3.

Sie konnte nicht sagen, warum sie Toby im Stich ließ. Sie hatte es vergessen, vielleicht nie gewußt. So ein Moment konnte kommen und ging vorbei, weil er nicht vorbeiging, mußte sie weg. Das war, was sie sagte. Ihre Sachen paßten in eine Tasche. Sie nahm ein Feuerzeug aus Tobys Tasche, damit sie etwas von ihm behielt. Sein Feuerzeug gehörte ihr noch, einziges kleines Ding, das von früher da war.

Sie war die ganze Zeit in Montza geblieben. Ihr halbes Jahr war schlechter als seins, sie war nie allein in der ganzen Zeit.

In den ersten paar Tagen und Nächten war sie allein. Sie lief wie er in Montza herum und kam gut durch, aber sie hatte Angst, allein zu schlafen. Sie schlief in Missionen und Asylen, ein paar Nächte im Haus für geprügelte Frauen und Kinder. Sie war kein Kind und keine geprügelte Frau, sie gehörte nicht in das Haus, doch was sollte sie machen. Sie zeigte ihr Stempelpapier von vor drei Jahren und bekam einen Schlafplatz und warmes Essen am Tisch. Nach den acht Tagen war nichts mehr gut. Sie wußte noch: es war am neunten Tag.

Ein paar Kids vom Rattenprinz hielten sie fest, verdrehten ihre Arme, schleppten sie ab. Sie trampelte um sich wie ein Tier, und die schlugen drauflos, egal wohin. Sie warfen sie in ein Auto mit dreckigen Polstern, stießen sie zu dritt in den Keller hinunter, in einer Gegend von Montza, wo ich nie war, wo du nie warst. Der Keller war trocken, kühl und groß, Zimmer mit Fenster zum Hof einer toten Fabrik, sie hatte das Wort KARTONAGE gelesen, es standen alte Maschinen herum.

Es war die Zentrale vom Rattenprinz, die Kaserne seiner privaten Gang, BOYS und GIRLS, zwölf Jahre alt und älter, Kindergesichter mit Panzerfäusten, Messern, Revolvern, Kalaschnikows. Es waren zehnmal mehr Waffen als Leute da. Und es gab separat ein paar Frauen, mal zwei, mal drei, die waren Privatbesitz vom Prinz. Sie tätowierten Sima mit Vergnügen, trugen das Brandmal an derselben Stelle, zeigten ihre Bäuche und lachten sie aus. Sie wischten ihr Blut mit dem Lappen weg und hatten kein Jod. Es passierte ihr in der ersten Stunde, sie wurde gefesselt und tätowiert.

Das war der verdammte Moment in dem halben Jahr. Es war der Bruch mit ihr und ihrem Leben. In dem Quartier war kein einziger wirklicher Mensch. Das waren Kinderkopfgreise, hartweiche Killer, du kennst sie, schlagwütige Gnome, Brüllaffen ohne Zähne, aber kein Sonnengesicht und kein Rebell. Die Frauen waren verkommene Puppen, für die sie eine willkommene Feindin war. Jede Frau, die dazukam, war Feindin und blieb es, bis eine neue in Erscheinung trat. Dann verschwand eine von den alten, unbekannt wo. Einer der Kids hatte Sima gesehn, auf ihren Wegen allein durch Montza, die Beschreibung gefiel dem Chef, und man holte sie her. Jede der Frauen hieß MALAMOUR. Sima wußte nicht, ob das ein Name war. Es konnte sein, sie hieß selber so. Eigene Namen behielt hier kein Mensch.

Sima war in den Händen der Frauen. Sie wurde ausgezogen, herumgestoßen, abgetastet, gewaschen, mit Fett eingerieben und eingekleidet nach Wünschen des Chefs. In einem Hinterraum voller Kleider – sie hingen an Nägeln, häuften sich auf Tischen – wählte sie aus dem, was dem Chef gefiel. Die Garderobe, das wußte sie später, war in Jahren von der Gang zusammengetragen, Ergebnis berüchtigter Beutezüge in Montza. Für die Kids war der Zugang zum Kleiderraum frei. Sie liefen herum wie Idioten im Karneval.

Sima verstellte sich mit Erfolg. Sie erschien phlegmatisch, ließ geschehn, was geschah, hielt ihre Kräfte zurück und dachte an Flucht. Sie war Eigentum vom Rattenprinz, das schützte sie vor dem Zugriff der Gang, die Tätowierung gab ihr Sicherheit. Ihr Stempelpapier verschwand mit der Tasche, ihre Kleider tauchten nicht wieder auf, außer Tobys Feuerzeug besaß sie nichts mehr. Sie schob es in eine Bodenritze, mit dem einzigen Ring, den sie besaß. Das Feuerzeug fand sie wieder, der Ring war weg. Er war in die Ritze hinuntergefallen, sie kam mit keinem Finger hin.

Der Rattenprinz war noch nicht in Erscheinung getreten. Sie blieb tagelang, nächtelang im Besitz der Frauen, sie machten mit Sima, was ihnen selbst passiert war. Der Raum, in dem sie allein blieb, zu ihrem Glück, war kahl und grau wie eine Gefängniszelle, Steinboden, Fenstergitter, verschlossene Tür, zwei Eimer, ein Handtuch, ein Eisenbett. Daß die Zentrale nicht aufflog, war schleierhaft, und daß sie in Montza stand wie ein Supermarkt. Der Prinz schien Macht zu haben und Einfluß, Geld. Der Teufel wurde geschützt und protegiert.

Sima verbarg drei Tage lang ihre Angst. Sie flackerte in ihr, gefährlich wie Fieber. Sie war von der Angst geschwächt, und das war gut, sie lag im Halbschlaf auf dem harten Brett, erlaubte sich nicht, an Toby zu denken, hoffte weiter auf Zufall und Glück. Ich werde nicht sterben. Kein Mensch konnte wissen, wo sie war, unmöglich, daß Toby mit einem Revolver erschien. Zweimal am Tag wurde Essen gebracht, sie erhielt zerlesene Zeitschriften, frisches Wasser, wurde abends in eine Dusche geführt und nach kurzer Zeit in den Raum zurück.

Das besorgte eine Soldatin der Gang, schwarz, vierzehn Jahre alt, ein zernarbtes Gesicht. Mit ihr war was angestellt worden, sie war kein Kind. Und Sima stellte fest, sie war keine Ratte, in ihr war ein Rest von Fürsorge, kleine Wärme, sie wollte Sima helfen und lachte gern. Ihr Name war Vela. Sie hatte ein blaues Tuch aus der Tasche genommen, in ihrer Pritsche für Sima versteckt. Ob das stimmte, erfuhr sie nie, sie hatte ein blaues Tuch in der Tasche gehabt. Das konnte ein Trick sein, Sima zu täuschen, die gute Vela konnte Spionin sein. Der Verdacht verwirrte Sima, sie hatte Angst, es gab für Vertrauen keinen Grund.

Nach drei langen Tagen, am dritten Abend, kam eine der Frauen mit einem Seil. Sie fesselte Sima an das Bett. Das Seil bestand aus geflochtenen Drähten, es verband zwei Ringe aus Metall. Ein Ring wurde an das Bett geschlossen, der andre schnappte um Simas Arm.

Sie unterbrach sich. Toby starrte sie an.

Wollte er, daß sie weitersprach. Wollte er so was von ihr wissen. War es nicht besser für beide, wenn sie schwieg – Toby, ich weiß, es ist besser für uns. Aber er war in ihrer Geschichte drin.

Der Rattenprinz war eine Legende in Montza, wer ihn nicht kannte, hielt ihn für ein Gerücht. Kein Typ in Montza war verrufen wie er, die Vorsteher andrer Milizen zählten nicht, kein Polizeichef wurde so gehaßt. Es gab Vereine, die ihn umlegen wollten, Besessene suchten und verfolgten ihn. Wenn er plötzlich erschien – das war seine Methode –, lief jedermensch weg, am schnellsten verschwanden die Kinder. Er kam nach allen Verhaftungen frei, zu Verhören und Prozessen erschien er nicht. Er hatte seine Quartiere oft gewechselt, so schnell und spurlos verlassen oder vernichtet, daß niemand erfahren konnte, wo er war. Geräuschlos wie er verschwand seine Gang, und verschwanden die Frauen. Daß der Prinz existierte, war der finsterste Witz. Niemand wußte, wie alt er war, aber älter als Toby war der nicht. Er war untersetzt, ein starker Bauch, gekleidet wie ein Pirat in Falschgold und Leder. Der runde Kopf war kahl rasiert, weiße Glatze mit Stirnband aus schwarzer Elastik. Daran waren Rattenschwänze mit Klammern befestigt, wie Skalpe an Gürteln der Indianer, sie schleiften am Hals und wurden ersetzt, wenn sie stanken. Die Gang erfüllte den Auftrag mit Knüppeln und Schüssen: Schwanz von der Ratte, zur Not von der Maus. Seine sauberen Hände fielen auf – er hatte Seifenstücke in allen Taschen –, sie rochen nach Veilchen wie die Hände von Damen. Von Verbrechen und Morden des Chefs sprach jeder in Montza, aber wenige hatten seine Stimme gehört. Der Name vom Rattenprinz war unbekannt. Das wußte Sima, bevor sie im Keller verschwand.

Sollte sie weiterreden. Toby nickte. Er war beruhigt, Sima war hier und nicht dort.

Am Morgen stand der Prinz im Raum, er war allein. Sie saß am Drahtseil auf dem Bett, schluckte ein Frühstück, das man ihr morgens brachte, Schwarzbrot mit Schwarztee, Zwieback mit Milch. Daß sie vor Angst nicht aufsprang, erstaunte sie. Daß sie nicht hinter das Bett lief, daß sie nicht schrie, daß sie unbewegt sitzenblieb, machte ihr Mut. Der Prinz hatte einen Stuhl dabei, stellte ihn vor Sima und setzte sich hin. Er sah aus wie die Beschreibungen, die sie kannte, Imitation seines Steckbriefs an Montzas Mauern. Sein Blick lief über sie und das Drahtseil, prüfte ihr Aussehn und das seiner Kleider an ihr, ob sie erschien wie von ihm gewollt. Seine Blicke waren grau und kalt.

Gut. Er zog einen Ringschlüssel aus der Tasche, machte ihr Handgelenk frei, ohne es zu berühren. Sie hatte nichts gesagt, er begann zu sprechen.

Keine Angst, ihr passiert nichts. Die Hauptsache ist, sie sieht gut aus, er erwartet von ihr, daß sie macht, was er sagt. Er verlangt, daß sie da ist und da bleibt, in seiner Nähe, wenn er sie sehn will und als Teil des Betriebs. Wenn er genug von ihr hat, kann sie wieder gehn. Wenn sie abhauen sollte, geht es ihr schlecht. Er findet Abhaun nicht gut, sie schafft es auch nicht. Und wenn sie es schafft, er findet sie überall. Er stellt Montza auf den Kopf, bloß um sie zu kriegen, er ist DER JÄGER NUMMER EINS in Montza. Er findet auch Sabotage nicht gut, die haben er und seine Miliz nicht verdient, die Gang ist gut, konkurrenzlos die stärkste in Montza. Und er sagt es gleich, er schläft nicht mit ihr, er hat mit keiner der andern geschlafen. Schlafen mit Frauen ist nicht sein Spiel.

Seine Stimme war rauh, die Lautstärke zu ertragen. Sie dachte, er spricht wie der Arbeiter auf dem Bau. Der Prinz war einen halben Kopf kleiner als sie.

Hast du mit ihm geschlafen. Toby lehnte sich an die Wand.

Nein, sagte Sima. Aber ich mußte ihn anfassen, wo er wollte, es war nicht oft, aber Anfassen war sein Spiel. Die andern Frauen mußten es auch, es war das einzige, was wir mußten. Eine faßte ihn gern an, die andern nicht. Er zog mich am Drahtseil durch die Fabrik, die Miliz sah zu und die Frauen auch, sie lachten und klatschten, das hatte er gern.

Er hat nicht mit dir geschlafen –

Ich hatte seine Kleider an. Die nahm er manchmal in die Hand, mich nicht, er sah bloß die Kleider.

Er hat dich nicht angefaßt!

Nein, nicht berührt. Kein einziges Mal.

Aber irgendwas ist passiert, rief Toby. So einer läßt doch dich nicht in Ruhe –

Es sind andre Sachen passiert. Aber er hat niemand angefaßt, keinen von seiner Gang, auch die Jungen nicht. Eine Frau war enttäuscht. Sie zeigte ihm ihre Brüste, schöne Brüste, aber der Rattenprinz schaute nicht hin. Er sagte leise: mach den Vorhang dicht, sie hat ihn nie wieder aufgemacht.

Das stimmt nicht, sagte Toby.

Der Prinz faßt keinen Menschen an, er hat auch Tiere nie angefaßt. Angefaßt hat er die Halbtoten und die Toten. Er hat Kratzer und Bisse abgekriegt. Blutige Hände.

Toby war erleichtert wie nie. Sima sprach weiter.

Sie mußte am Anfang jedesmal mit, wenn der Chef unterwegs war, mit oder ohne Gang. Die Gang – DIE MILIZ – war ein dreckiger Haufen, Raubmörder, Brandstifter, Schlächter, sonst nichts. Was sie anstellten, war kein Job, der erledigt wurde, es war mit ihm oder ohne ihn die totale Vernichtung, gezielt und schnell, ein kalter Rausch. Sima wußte, der Prinz führte Aufträge aus, die Schinder im Hintergrund sah sie nie. Er ging auch im eigenen Interesse los, einen Unterschied zu den Aufträgen gab es nicht. Zu den Alleingängen nahm er nur Sima mit. Der erste Totalschlag, den sie mitmachen mußte, ging in eine Großtankstelle am Murnaupark. Sie fuhren im gestohlenen Wagen hin. Sima ließ Sprit einlaufen und ging bezahlen. Als sie zurückkam, saß er schon wieder im Wagen, nach vier Minuten ging die Bombe hoch. Sechs Fahrzeuge waren verglüht, zwölf Leute verbrannt, Tankstelle mit Umgebung war nicht mehr da.

Der Prinz verlangte von Sima nie zuviel. Was er ihr überließ an ACTION und aufzwang, war für ihre Nerven keine Last, das schien er zu glauben, sich zugute zu halten. Der Prinz betonte gern: DER PRINZ IST KLUG. Was wußte ein Rattenleben von einer Frau. Ihre Seele war taub, die Hoffnung leer, sie war einfach weg.

Sima sprach von sich aus nicht mit ihm. War es unumgänglich, ihn anzusprechen, hielt sie ihn in Distanz mit SIE. Es sollte ihm zeigen, daß ihre Beklemmung vorbei war. Ihr SIE war das einzige SIE in der Gang. Der Prinz fand Simas SIE ganz groß, ihr wurde danach kein HEY und DU erlaubt. Die Frau hatte was begriffen, er freute sich.

Obwohl der Prinz sie in Ruhe ließ, war kein Tag für Sima erträglich und keine Nacht, kein Augenblick frei von Angst und Wut. Wut, ihre Wut war, was ihr allein gehörte, an sie in ihrer Wut kam kein Mensch heran, keine Ratte, kein Killer, kein Chef, kein Prinz. Die Wut und sie in der Wut waren unangreifbar. Aber die Wut erschöpfte sie. Sie lag still und weinte und fiel in Schlaf.

Alles, was Prinz war und seine Miliz, rief Verzweiflung und Abscheu in ihr wach, so wach war sie früher nicht und so ratlos nie. Sie hörte scharf und sah genau, damit sie später wußte, was ihr passiert war, was überhaupt los war in diesem Loch unterm Abgrund. Sie war reich geworden an Wörtern wie Lump und Bestie, Bluthund, Elend, Höllenzirkus, die stellten sich von selber ein. Die Gang respektierte Sima, das hoffte sie, aber wenn der Prinz sie mit Witzen verhöhnte, lachte die Gang und feierte ihren Chef. Der Prinz war ein Zombie in Menschgestalt, kein Mensch, der lebte. Er verdiente kein Leben. Der Fisch, noch der kleinste und dümmste, war reicher als er, verständlicher, wärmer, auch wenn er bissig war. Schweine, das Wort war zu schwach für die Typen der Gang, Laus und Stinktier zu fein für die. Ohnmacht, ihre Ohnmacht verletzte sie.

Ihm war mal ein Hund vor die Füße gelaufen. Sima sah, wie er ihn zermanschte.

Und wenn der Prinz tot umfiel, was war dann. Dann war erstmal Ruhe. Der Rattenprinz mußte weg.

Sima wußte, das konnte sie nicht allein. Sie schaffte nicht einen Mord, und nicht im Traum. Und Toby. Er konnte es nicht allein. Er schaffte den Mord nicht, aber vielleicht mit ihr?

Sie hatte Menschen erschossen, ohne zu wollen, das passierte im Krieg, und Montza war ein Schlachthaus. Schönreden wollte sie nichts, und nicht sich selbst, aber Montza war bloß noch ein Blutbad gewesen. Das Blutbad war ausgetrocknet, die Angst war noch da, und der Tod, ein Tod für sie, konnte jederzeit kommen.

Schlimmer war rumliegen mit zerfetztem Bein.

In der Kellerzeit mittendrin stellte Sima fest, daß Vela nicht mehr gekommen war. Sie fragte nach ihr, aber nicht den Chef, und konnte nur erfahren: die Frau war weg. Sie hatte nichts gesagt und nichts hinterlassen, außer der Knarre war nichts von ihr da. Was das bedeuten konnte, erfuhr sie nicht. Krankheit, Unfall, Mord oder Flucht, alles war möglich. Immermal wieder stieß ein Kind zur Gang, lernte schnell und blieb dabei, nach ein paar Tagen war seine Herkunft weg. Es verschwand auch die Malamour, die den Rattenprinz liebte, sie war wie Vela nicht mehr da, niemand gab Auskunft, Gleichgültigkeit. Da drin war die kälteste Finsternis.

Dann wollte der Rattenprinz eine neue Frau. Sie wurde nachts in den Keller gestoßen, die Frauen nahmen sich ihrer an. Sima vollzog an ihr, was ihr selbst passiert war, und sorgte dafür, daß ihr nichts geschah, ließ halblaut wissen, was ihr bevorstand. Das hatte keine der Frauen für sie getan. Die Frau war ihre Chance im Betrieb der Miliz, einziger Mensch, der für Sima infrage kam, solang er nicht verdreckt und gebrochen war. Durch sie gewann sie ein Stück von sich selbst zurück. Das erlaubte ihr, besser als übel zu sein, erträglich für sich selbst und die andre, Gefühl zu empfinden, vielleicht zu lachen. Kein andrer Mensch gab ihr Grund, auf was Schönes zu hoffen. Tiere gab es im Keller nicht. Die Frau war jung oder alt wie sie, schöne Französin mit schwingendem Gang, schlafenden, stillen Augen und schwerem Haar, man sah solche Frauen im SPLENDID am Prager Platz. Wie alle Frauen war sie nicht freiwillig hier, Sima verhinderte mit Fäusten und Tritten, daß der Frau die Haare geschoren wurden. Sie starb, nachdem der Prinz sich präsentierte. Es gelang ihr, sich mit dem Seil zu erhängen. Der Rattenprinz tobte, ein Hotel ging zu Bruch, ein paar Leute verschwanden.

Sima entdeckte die eigenen Träume. Es war der Wachtraum, der ihr Kräfte gab, und es waren Wörter wie Rose und Meer. Sie kannte das Meer nicht, aber Rosen, die Rosen, mehr als Gras und Unkraut war Rose ihr Eigentum. Mit dem Wort Vogelschwarm kam sie weit herum. Es ersetzte die Vögel, die sie nicht mehr sah, sie flog mit ihnen durch Gärten und Parks von Montza, aus Montza raus zu den Bergen, wo Sima nie war. Von den Vögeln kam Morgen und Abend, Herbst und Frühjahr, Regen und Wind. Schnee war ein Bild und ein Wort, das ihr Ruhe gab, wenn Rotzen und Kreischen der Kids sie unglücklich machten.

Der Rattenprinz wußte von Wörtern nichts, und nichts von ihren Wörtern, er hatte keins. Tod, das Wort war bewußtlos in ihm. Toby, das wußte sie, hatte eigene Wörter, Zeit, die Zeit gehörte ihm, wo er die herhatte, wußte sie nicht. Sein Hauptwort war Montza. Sie hätte ihm gern ein paar ihrer Wörter geschenkt, aber sie spürte, er brauchte sie nicht. Er war unter Bäumen allein wie sie unter Leuten, sie war mit Bäumen und Vögeln nie allein. Was Sima froh machte, langweilte ihn.

Toby fragte: was langweilt mich.

Was du gesagt hast – die Gegend, die Hügel, Pflanzen und Tiere, der Regen. Was ich brauchen kann, was mir gefällt, das Wasser, die Vögel. Ich sehe und höre sie auswendig, seit ich beim Rattenprinz war.

Wir gehn auf den Hügel, sagte Toby. Er verschluckte sich an dem Wort, wiederholte den Satz. Wir gehn auf den Hügel.

Und in einen Fluß, der helles Wasser hat.

Und Toby: versprochen.

Im Keller, wenn da die Gang mit dem Rattenprinz war, konnte Sima nicht schlafen, sie hatte den Schlaf verlernt. Sie kam aus der Schlaflosigkeit zerschlagen zu sich und wurde nicht wach. Dicke, verklebte Augen, krankes Tier. Das wollte sie wieder lernen, schlafen können, zusammen mit Toby und allein, immer und überall schlafen, gern und leicht. Toby fand, sie war auf dem besten Weg. Hier oben im PLAZA schliefen sie gut, auch wenn Montza ein Schießplatz war, die Sirenen heulten. Ruhig atmen, Augenschließen – sie kam allein und mit ihm in den Schlaf zurück. Sie lernte schlafen zum erstenmal.

Hundertundsechzig Tage. Zeit, die ihr allein und mit Toby fehlte. Sie hatte im Wachtraum an Tobys Hände gedacht, sie hoffte auf seine Hände, die Augen, die Stimme, sie hielt alles fest, was Toby war. An dem Morgen war der Prinz mit der Gang unterwegs, sie mußte mit. Er verschwand mit zwei Kids im zertrümmerten Laden, da erkannte sie Toby. Er stand vor den Galerien des Corso selbstvergessen und sah, was passierte, alle andern Passanten waren weg. Keiner der Gang behielt Sima im Auge, das passierte ihr zum erstenmal. Die drehten die Köpfe zum Laden, erwarteten ACTION, und daß irgendwas brannte, durch die Luft herumflog. Toby erfuhr nach vielen Tagen, ein alter Arzt war gekidnappt worden, der ein Kind im Laden am Leben hielt. Das Kind war tot am selben Tag, der Arzt lag nach zehn Tagen erschossen im Fluß. Sima ging langsam zu Toby hin, er stand an der Stelle einmal in hundert Jahren. Es gab kein Herzklopfen, nicht für sie, sie hatte lange genug von Flucht geträumt. Langsam ging sie mit Toby ins Unsichtbare, zurück in ein Leben.

4.

Sima war zwei Jahre älter als Toby. Das stand auf den Stempelpapieren, die sie besaßen, aber die Daten waren falsch. Sima hatte sie aus der Luft gegriffen, das hieß erfunden. Wer ohne Papier unterwegs war wie sie, legte sich andere Namen zu, erfand eine Herkunft, fälschte seine Geburt. Die halbe Menschheit, in Krieg und Frieden, hielt sich in spanischen Schlössern auf. Tobys Stempelpapier war ein rissiges Blättchen, Schrift nicht zu entziffern, Stempel verblaßt. Simas Papier war im Keller des Prinzen verschwunden.

Die frühe Zeit war für beide ein schwarzes Loch, eine Kindheit hatten sie nicht gehabt. Drei ältere Brüder, falls sie Verwandte waren, Tobys oder Simas Brüder waren, ließen sie machen, was sie wollten – vegetieren, krepieren, Geld beschaffen, Hunger lernen und Bettelkind spielen. Aber sie spielten nicht, sie konnten nicht spielen. Sie hatten von Geburt an nur sich selbst, Sima paßte auf Toby auf.

Es gab für Toby wenig Erinnerung. Er wußte noch von fremden Häusern, heruntergekommenen kalten Sälen, wo er mit vielen schlief und aß, von Sima getrennt war. Es war zuviel Krach in den Sälen, Dreck und Schweiß. Er ging Sima suchen, fand sie nicht, irrte klein, allein und verfloht durch Montza, wurde eingefangen, zurückgebracht und von starken alten Frauen mit Prügeln versorgt. Die Umgebungen dieser Häuser waren kahl, platt – und leergetreten von tausend Kindern, ihren Schlägerspielen, Jagden, Messerkämpfen. Tobys Erinnerung waren die kahlen Böden. Er hatte rausgefunden, wo Sima war, und kam in ein Haus, kahl und kalt wie seins, es gab dort nur Frauen. Sima war krank, sie lag im Bett, still und heiß unter dreckigen Decken. Er kroch zu Sima unter die Decken, wurde entdeckt, verhört, zusammengeschlagen, dann lag er vor ihrem Haus und wußte nichts mehr.

Toby wurde immer mal etwas älter, er wurde größer und stärker und wußte nicht wie. Seine große Zeit kam, als er zurückschlagen konnte. Davor war nichts, was er brauchte für heute und morgen. Niemand hinderte ihn, das Haus zu verlassen, rumzulaufen allein mit Traum und Wut, froh, daß niemand ihm folgte, kein Mensch ihn vermißte, es ging ihm überall besser als in dem Haus. Ihre Häuser lagen zehntausendmal auseinander, dazwischen lag Montza mit geheimen Wegen. Sie kamen zusammen im Fluß, in Parks und Kirchen, froh, bloß froh zusammenzusein, woanders als in den Häusern alleinzusein, zu heulen, zu fluchen, zu lachen soviel sie wollten, das geklaute Mitgebrachte gemeinsam zu essen, mit Löffeln und Messern, die ihnen gehörten. Sie legten sich zueinander, sooft sie konnten, wo Platz war für zwei Kinder, die küssen lernten, sich zu umarmen versuchten, nackt anfassen wollten. Sima war fünfzehn Jahre alt, Toby schon dreizehn. Nachdem sie sich liebten zum erstenmal, und erlösten – heiße, feuchte Menschentiere mit alten Augen, jungen Händen –, gingen sie nicht in die Häuser zurück.

Sima war schön. Seit sie miteinander schliefen, sah er, daß Sima schön war wie keine andre, nichts machte und brauchte, um schön zu sein. Ihr Haar war schwarz wie seins, ihre Haut war hell, ihre schlanken Hüften gehörten ihm. Wochenlang lief er durch Montza, benommen von Sima. Ihm war schwindlig von ihr und allem, was sie war, was sie für ihn und ohne ihn war. Schwindlig vom Duft, der ihre Kleider durchdrang, an seinen Händen haftenblieb, was Bittres, betäubend. Toby wußte, es war die Liebe, aber er brauchte dafür kein Wort, Sima brauchte dafür kein Wort, ihrer Benommenheit fehlte nichts. Er wußte, sie war für immer bei ihm, er wurde nicht fertig mit dem Hunger auf sie. Angst und Enttäuschung änderten nichts. Sima war sein erstes und letztes Wort.

Ihr Zuhause war Montza und jedes Loch, in dem sie allein zusammen waren, nicht vertrieben wurden, erfroren, Kopfgeld zahlten. Sie brauchten nicht viel außer Wasser in ihrer Nähe, eine Wärme, ein Licht, eine Trockenheit. Sima besorgte Spiegel und Lippenstift. Kleider fischten sie aus den Boxen der unbekannten Firma HEILSARMEE. Zusammen sahen und hörten sie Sachen, die einer allein nicht für möglich hielt. Die Zeit, in der Welt zu sein, war für beide da. In Bombenanschlägen war nichts, was sie selbst betraf, wer da hineingeriet, hatte Pech. Um die sichtbaren Toten machten sie einen Bogen, an die unsichtbaren dachten sie nicht. Uniformen und Waffen gingen sie aus dem Weg. Niemand dachte daran, sie ins Unrecht zu setzen. Für Schlägereien war Toby nicht hart genug.

Das änderte sich in einer Nacht. Miliz ohne Uniform

blockierte die Straße, als sie von einem Basar in ihr Nacht-
quartier gingen, in Basare kam man immer hinein. Kindersol-
daten, jung wie sie, gingen im Kreis um sie herum, Maschinen-
pistolen zu Boden gerichtet, ohne Gemeinheiten im Gesicht.
Einer sagte: ihr könnt weitergehn, ihr macht, was ihr wollt,
aber wenn es nichts ausmacht, kommt ihr mit uns. Ihr kommt
zu uns und hört uns zu, danach könnt ihr machen, was ihr
wollt.

So harmlos wie seine Stimme konnte die Sache nicht sein.
Das waren nicht Schläger des Stadtkommandanten, es waren
die andern. Wenn eine Horde für Sima infrage kam, dann eine
der andern. Die Miliz ging voraus in eine Tiefgarage, man kletterte in die Box eines Kombi, wurde weder bedrängt noch angefaßt und runtergefahren in die Nacht. Eine Stunde später
verließ man den Kombi, stieg durch ein Treppenhaus drei Etagen hoch – Taschenlampen, geräuschlose Schritte, gestrichene
Fenster, verhängte Türen – und blieb vor einem Schreibtisch
mit Lampe stehn. Auf dem Schreibtisch lag nichts, das rote
Licht war gedämpft. In ihm das Gesicht eines alten Kindes,
lächelte Sima und Toby zu, er war gereizt. Was war hier los
verdammt noch mal, doch er konnte nur flüstern: raus hier,
weg. Sie saßen auf nahgerückten Stühlen, tranken lauwarmen
Tee aus gebrauchten Bechern, die Soldaten saßen um sie herum,
es war keine Waffe im Raum.

Das Gesicht im Schein der Lampe sagte: du kannst jederzeit
weg, aber hör erstmal zu. Eure Namen brauchen wir nicht.
(Aha, dachte Toby, es fängt gut an, ohne Namen.) Ihr legt euch
andre Namen zu, wenn ihr mitmacht. (Das regeln wir selber,
nett von euch, dachte Toby.) Ihr gehört zusammen? Ungefähr,
ja, sie waren zusammen. Wo kamen sie her. Nirgendwoher aus
der Mitte von Montza. Geschwister? Eltern? Beide hatten
weder Geschwister noch Eltern. (Bescheuert, das zuzugeben,
dachte Toby, wir hätten doch eine Mutter zaubern können.)

Wie alt. Kann Ihnen egal sein, sehn Sie doch. Das Gesicht im Schein der Lampe nickte. Und sonst, Verwandte? Keine, nicht daß sie wußten. Keine? Keine, das konnte er glauben oder nicht. Gesundheit? Sie hatten keine Probleme damit. Und was war mit den Augen? Augen, Ohren, Beine, Finger, Haare, Zähne und Bauchnabel gut, riechen und schmecken ganz normal. Daß niemand lachte, kam Toby sonderbar vor. (Der Chef in der Lampe will sichergehn, dachte Toby, wir hätten ein paar Erzieher zaubern sollen.) Beide wußten, was hier vor sich ging. Falls jemand nach ihnen fragte, man kannte sie nicht. Sima, Toby, nie gehört. Gab es nicht, gab es nicht bei uns. Man konnte Typen wie sie verschwinden lassen, ohne daß jemand davon erfuhr. Adresse? Adresse hatten sie nicht. Ihr müßt doch irgendwo schlafen, zu zweit, allein. Stimmt im Prinzip, ging ihn aber nichts an, sagte Toby. Wir hätten nicht mitkommen sollen, Sima schwieg.

Das Gesicht lehnte sich zurück. Der Mund verschwand aus dem Lichtkreis der Lampe, die Stimme sprach aus dem Dunkel weiter. Sie sagte, was Sima und Toby bekannt war: es gab eine Opposition in Montza, gegen den Stadtkommandanten, seine Clubs und Gangs. Gegen Razzia, Korruption, Personenkontrolle, Hausdurchsuchung, Folter, Maulkorb. (Maulkorb, was war das, überlegte Toby, wer da drinsteckt, kriegt das Maul nicht auf?) Gegen Entführung, Erpressung, Schlachtung, Tortur. Gegen das Verschwinden von Kindern in Montza, gegen falsche Anzeige und Verrat.

Wir wissen das, sagte Sima.

Wir sind dagegen, sagte die Stimme im Dunkel. (Na bravo, Sima und ich sind auch nicht dafür, da sind wir zu dritt eine halbe Miliz.) Wir tun was gegen die Leute und Hinterleute. Uns fehlen Menschen, wir brauchen jeden. Jeder ist willkommen, der mitmachen kann, Transportmittel zur Verfügung stellt, Wohnung, Waffen und natürlich Geld.

Willkommen, sagte Toby. Wir haben kein Geld.

Wir erwarten kein Geld von euch. Aber wenn ihr mitmacht –

Nein, sagte Toby, und Sima: ich weiß nicht.

Ihr kriegt von uns Kleider und Waffen, Essen, Quartier. Manchmal gibt es Geld, das ihr für euch in Sicherheit bringt. Euch selbst bringt nichts und niemand in Sicherheit. Wenn ihr dabei seid, seid ihr in der Aktion. Ihr seid in den Kämpfen solange, bis wir da durch sind und die andern weg.

Weiß nicht, sagte Toby.

Ihr fangt mit einer Ausbildung an. Wir haben Camps im Untergrund. Das dauert zehn Tage, zwei Wochen, ihr werdet trainiert, hart und sauber vorbereitet auf alles, was passiert und nicht passiert. Ihr seid die Miliz der Befreiung. Die eine Hälfte Montza will euch zertrümmern, die andre Hälfte sind Sympathisanten, sie sind da, wenn ihr Unterstützung braucht, wenn ihr abtauchen müßt, und so weiter.

Sima und Toby tauschten schnelle Blicke. In ihnen war, was sie wußten und was auf dem Spiel stand, beide allein und zusammen und ihr Leben. Sima wußte, die Blicke wurden bemerkt, es war ihr egal. Sie verstand im Bruchteil des Augenblicks, daß für beide, allein und zusammen, ein Tod und ein Weiterleben in Aussicht war. Weiterleben war ihre Sache gewesen, wir werden nicht sterben, jetzt hing es zehntausendmal mit Menschen zusammen. Toby kannte Simas Augen, er wußte, was sie in Sekunden entschied. Ihm wurde schlecht. Es war zu spät.

Dann wurde ihm besser, er setzte sich aufrecht hin. Wir unterschreiben kein Stück Papier.

Man ließ sie nicht fort. Ihre Sachen wurden hergeschafft, sie sahen in andrer Umgebung schäbig aus. Das alte Kind, eine langsame, dicke Gestalt, schloß Toby und Sima in der Wohnung ein, das Fenster war zugenagelt, keine Luft. Schlaflose Nacht in ihren Kleidern, zum erstenmal war Nacktheit ein Angstbild für Toby. Wenn Sima nackt war, konnte ihr was passieren, er ließ sie nie wieder aus ihren Kleidern raus. Sie flüsterten viel und wußten nichts mehr. ABWARTEN hieß das Wort, ein flüchtiger Halt und ein Zweifel. Abhauen können wir immer noch – sie ahnten, daß das nicht immer möglich war. Sima war zu schön für Angst und Flucht, Sima war einzig. Das konnte so bleiben für ihn und sie. Es konnte so bleiben.

Mit verbundenen Augen brachte man sie ins Camp, die Zeit war noch dunkel. Ihre paar Sachen trugen andre, sie saßen mit ihnen in der Box des Kombi. Blind, damit ich nichts sagen kann, wenn ich dran bin. Er hätte, um mit Sima zu sprechen, eine unbekannte Sprache gebraucht. Die Fahrt zog sich hin durch Geräusche, Gerüche und Kurven. Sie war zehnmal an kein Ende gekommen, als der Wagen stoppte, der Motor ging aus. Das Camp – DIE ENDSTATION – überraschte sie nicht. Eine zugemauerte, hohe Lagerhalle, die sie von außen nie erblickten. Sie wußten nicht, wo in Montza sie waren, aber sie waren in Montza, das stand fest, eine ENDSTATION außerhalb wäre Selbstmord gewesen.

Sie bestand aus Kellergeschoß und zwei Etagen. Luken und Fenster waren dicht, Treppen und Hallen isoliert, woher hier die Luft kam, war schleierhaft, sie war aber da. Mit andern VÖGELN, so nannte man sie, hausten sie, Männer und Frauen getrennt, auf Säcken in Holzverschlägen der ersten Etage, da paßten zwölf Stück Leute hin, sie waren zwanzig, manchmal mehr. Es gab zuverlässig zu essen und Zeit für Schlaf, das hatten sie früher nicht gekannt. Montzas Stadtplan wurde vertraut gemacht. Sie lernten mit Waffen hantieren, laden und zielen, sie gingen mit Handgranate und Sprengstoff um. Sie lernten Sprung und Absturz auf Hart und Weich, Frost und Hitze ertragen und austricksen, foltern, ohne Bewegung stehn und liegen, Geräusche erfinden und Geräusch vermeiden, Menschen fangen, entwaffnen, fesseln, unsichtbar sein wie die Ratte und Toby in Montza. Toby schaffte das leichter als Sima, sie ging lässiger damit um.

Toby war in dem Training stärker geworden, Sima war schweigsam wie nie zuvor. Ihre Schönheit war nicht verschwunden, aber sie strahlte nicht mehr wie in früheren Nächten. Er behielt ihre Schönheit, wie sie war, als er zum erstenmal mit ihr schlief. Stolz auf sich selbst und den andern war keiner von beiden. Sima weinte, Toby schwoll an und fluchte. Sie saßen nachts umarmt in der stockschwarzen Halle, von der Wache in Ruhe gelassen, verschwitzt, betäubt, flüsterten VIELLEICHT und dachten NIE WIEDER. Ihre Kompagnons waren faire Leute, für die Sache entschieden wie für sich selbst.

Sie schlugen sich zwei Jahre im Untergrund durch. Toby holte sich einen Schuß ins Bein, als er mit andern in ein Treppenhaus rannte, schleppte sich selbst ins Dunkel weg, lag lange auf einem Klappbett bei fremden Leuten. Ein kleines Mädchen kam zu ihm, schaute ihn an und sagte nichts, ging nicht wieder weg, wurde weggeholt. Sima kam zu ihm, sooft sie konnte, ihr Hin- und Rückweg allein durch Montza war Lebensgefahr ohne Schutz, unerträglich für Toby, aber er war froh, daß sie zu ihm kam. Nicht sichtbare Wunder halfen, zu überleben, sie glaubte daran wie an Blume und Licht. Da einer in des andern Nähe blieb, fiel beiden keine Veränderung auf, nicht am andern und nicht an sich selbst. Sie hatten zu rauchen angefangen, Toby trank Bier mit andern und allein. Sie liebten sich weniger oft als früher, zum Kleiderausziehn und Träumen war keine Ruhe, es war kein Bett und kein Zimmer da. Im schnellen Lieben, im flüchtigen Vögeln mit andern, kam Toby sich unbeholfen vor. Er verschwieg die Affären. Sima wollte ihn und seine Nähe, er konnte ihr glauben.

Toby lernte Motorräder fahren, Leichtmotoren, schwere Maschinen, und machte WEITE RUNDE als Kurier. Er fuhr immer allein. Alleinsein auf der Maschine machte ihn froh, es gelang ihm, auf langen Strecken sorglos zu sein. Er war auf Motorrädern nie beschossen worden und nie verunglückt. Da er wußte und ahnte, wo die Kontrollen standen, kam er unerkannt an den Fallen vorbei. Daß er sich weigerte, Uniform zu tragen, in Stiefeln rumzulaufen und Tarnanzügen, hatte ihm oft das Leben gerettet, er wollte es glauben, Sima war überzeugt. Sie machte ihre Kurierwege mit der Stadtbahn, von Frauen ihrer Miliz begleitet, unerkannt, anonym wie Toby, neutral gekleidet, hübsch wie jede andre. Sima und Toby wurden nie geschnappt, nie verdächtigt und nie denunziert, ob das ihr Verdienst war, wußten sie nicht. In keiner Kleidung, keiner Tasche befand sich ein Hinweis auf sie und den Job, falls das ein Job war, was sie da machten. Job, ein Job war ungefährlich, gewöhnliche Arbeit normal bezahlt, aber sie sprachen von UNSERM JOB. Job, der Job ging beiden an die Nieren. Sie transportierten keine Waffen, im Notfall mal einen Revolver, ans Bein geschnallt. Sie brachten und holten, in Eile und langsam aus Vorsicht, Codes in Zeitung verpackt und angestrichen, OP-Instrumente, Geld und Alkohol, Brillen, Prothesen, Aspirin. Sie konnten nicht wissen, was in der Verpackung war. Sie hatten Sprengstoff geliefert und nichts geahnt.

Sie lebten mit Toten wie mit fremden Leuten. Sie waren zu viele und wurden mehr, die der eigenen Milizen und die der andern. Sie hatten falsche Namen und hatten keine, und waren schnell aus dem Leben weg. Nichts Schnelleres als der Sturz in gewaltsamen Tod, ein Schuß und fertig. Was danach herumlag, stank und bedeutete nichts. Tod war was andres, wenn man Sterbenden zusah. Sterben war langsam, immer zu langsam, als schleiche einer auf Umwegen aus sich fort. Mit Verwundeten fertig zu werden war bitter für Sima, nicht leicht für Toby. Die hingestreckte Schwäche, das Krückenhüpfen, Ohnmacht, Verzweiflung und Wut waren zuviel für Sima, sie wollte weinen und weinte nicht. Sie hätte mit Toby gewettet, vor einem Jahr, die Starke in dem Schlamassel zu sein, stärker als er mit seiner Motorradtour. Mit den Toten leben gehörte zum Job.

Es hatte für beide damit begonnen, die Toten anzufassen und wegzutragen. Man befreite sie von Amuletten und Stiefeln, zog Patronengürtel aus ihrem Blut, nahm aus den Taschen privaten Kram und gab ihn in einer Zentrale ab. War nichts Privateres als Kaugummi da, behielt man den kleinen Wert oder warf ihn weg. Toby warf mehr als Sima weg.

Sima gewöhnte sich nicht an die Sachen der Toten, egal ob sie Männern oder Frauen gehörten. Sie schreckte zurück, es kam ihr wie Diebstahl vor. Schlimm für sie waren persönliche Sachen, Fotos, Würfel mit Zahlen, Schlüssel und Steinchen. Sie wußte, da waren Geheimnisse drin. Der Wert eines Strohtiers war stärker als ungeheuer, kleines Faustpfand großer Liebe, egal ob das Freunden oder Gegnern gehörte. Es gab einen GLÜCKSGOTT, der wollte das haben, sie hatte das Wort im Transistor gehört.

Dann verlor sie ihre Befangenheit. Sie ging mit andern ihrer Gang durch zerschossene Kammern eines Waffendepots (das eigne Versteck lag zwei Höfe weiter, Saal ohne Fenster im Souterrain). Im Schutt auf dem Boden fand sie ein Medaillon, an zierlicher Kette, in Silber gefaßt, streckte die Hand aus und nahm es mit. Das war heimlich gemacht, weil sie HEIMLICH MACHEN gewohnt war. Sie lebte im Krieg und wußte, sie war kein Dieb, wenn sie was Verlorenes an sich nahm. Es blieb wochenlang bei ihr. Sie vermißte es nach einer schnellen Flucht. Der Richtige muß es finden, dann ist es gut.

Man konnte sehn, daß Montza durchlöchert war. Das Zentrum war ein altes Gebiss voll von Lücken und halben Zähnen. Spuren spritzender Querschläger, hohle Fenster, ausgebrannte Dachböden, offene Keller. Verglühte Fahrzeuge lagen herum. Unbekannte Milizen tauchten auf, Diebe in Haufen rudelten durch Montza, durch alles, was stand und zusammenhielt, private Schlägerbanden des Kommandeurs, die machten nieder, was vor Augen kam. Kinder, aufgehängt in Massen, an Fenstern, Laternen, Resten der Bäume. Häufiger passierte auf beiden Seiten, daß Gangs von den eignen Leuten vernichtet wurden, für Toby ein Zeichen, daß es zu Ende ging. Er hatte seit Wochen kein Motorrad mehr. Das letzte wurde ihm geklaut, als er Morphium aus einer Klinik beschaffte. Er fühlte sich elend, schlimmer im Kopf als in Bauch und Gliedern. Sima war müde, bloß noch müde, auf sanfte, sehr stille, immer stillere Art, die Toby reizte, mehr noch bedrückte. Schlaflosigkeit. Kein Hunger mehr. Seine Hand lag ohne Empfindung auf ihrer Brust. Die Guerilla kontrollierte das Zentrum, die westlichen Satellitenstädte, zwei Zonen Industrie, weite Strecken der Stadtbahn. Die großen Ausfallstraßen gehörten ihr. Um Fernsehstationen wurde gekämpft.

Das Beste im Krieg für Toby war, in den Sperrstunden Plätze und Straßen zu sichern, mit der Order, auf alles zu schießen, was sich bewegte. Wenn der eigene Hochsitz sicher war, klopfte man Karten, trank Bier und schlief. Ratten schießen war kein Vergnügen mehr. Es kam vor, ein Panzer rollte auf den Platz, machte kehrt und verschwand. Das Überwachen der Orte war nicht geheuer, was Unsichtbares kroch in der Leere herum. Er stellte sich auferstandene Tote vor, Geisterfahrzeuge, schlafwandelnde Frauen, und nichts, überhaupt nichts war passiert. In Sperrstunden hatte er nie einen Schuß abgegeben. Aber was machte er, wenn eine Frau erschien, und er sah, die Frau war Sima, sie suchte ihn. Er mußte verhindern, daß geschossen wurde. Als liefe ein Geist auf Wasser, kam Sima langsam, mit kurzen schwebenden Schritten vor das Haus, in dem er mit andern der Gang postiert war. Sie schien zu wissen, wo Toby sich aufhielt. Er stand am Fenster, winkte mit beiden Armen. SIMA! SIMA! WEG VON DER STRASSE! SCHNELL! KOMM HER!

Es fiel ein Schuß, er wurde wach. Auf dem Valenti-Prospekt vor ihm drehte sich eine angeschossene Katze in rasender Bewegung.

Man ließ ein Tier aus dem Haus, um zu sehn, was passierte. Man schickte eine Frau in die Stille hinaus, ein Großvaterleben, ein taubstummes Kind, und wartete hinter dem Fenster auf einen Schuß. Ein Fußball rollte über den Platz, und man sah, daß ein Schuß ihn in Stücke riß. Der Krieg ging zu Ende, der Kommandant war verschwunden. Seine Kumpane waren vermißt oder tot, die Miliz verwildert. Lastwagen rasten durch Montza mit Ladung von Menschen, bewaffnet, entwaffnet, uniformiert, Zivilisten in verwahrlostem Zustand, sie winkten und pfiffen. Der neue Stadtkommandant war unterwegs, seine Parolen schallten durch Montza, seine Mannschaften stiefelten durch die Städte Montzas, stellten neue Qrdnung oder bloß Ordnung her. Toby und Sima hatten ihr Teil getan, den neuen Zustand möglich zu machen, der neue Stadtkommandant war ihr Chef. Die Guerilla richtete Küchen und Schlafplätze ein, es wurden zivile Büros errichtet, Vorläufer kommender Bürokratie, dort wurden Ausweise improvisiert. Sie gingen hin, standen in der Schlange, ein Aushilfsschreiber am Blechtisch befragte sie, sie diktierten Namen und Daten und unterschrieben. Sie wurden beglaubigt durch einen Stempel, nur der Stempel war wichtig.

Hungernde taumelten durch die Straßen, verfallene alte Leute mit Kinderaugen, vergessenes Lächeln im Gesicht, Bettelkleidchen mit leeren Pfoten. Sima sah solche Gestalten nicht gern, kam aber nicht drumrum, ihnen zu begegnen. Sie war in der Rattenprinzzeit verletzbar geworden. Wo kam das Gefühl her, wenn sie Schmerzmenschen sah und wußte, das Elend auf Beinen hatte sonst nichts. Das Gefühl machte unglücklich, ratlos, rebellisch. Toby ging es ähnlich, doch sagte er nichts. Er brachte kein Wort raus, wenn es um SOWAS ging. Er kam von dort, das reichte ihm. Toby ging zu den Musikanten, hörte Rock auf dem Schlagzeug, Blues auf der Flöte, Geschrammel von Bands aus Montza und Bumbobaly.

Sie stellten fest, daß Montza stank. Tobys Koloß stank aus allen Löchern. Das quoll und dunstete durch die Straßen, stand in grauen Glocken über den Plätzen, staute sich um Kamine und Türme und war nicht der Smog der Vorkriegszeit. Wie konnten sie atmen, ohne zu ersticken. Gestank war die Folge der Verheerung, die auch durch sie erreicht worden war. Der Gestank war an allen Ecken verschieden, ein Grundgestank von Fäulnis war überall, Montza roch zuerst und zuletzt nach Aas. Es war die Ausdünstung der Toten, der nie gefundenen, nicht mehr gesuchten, und die ihrer Tiere, Vögel, Hunde, Katzen. Holzrauch, Bratfett und Kerosin, verglühtes Eisen, verkohlter und nasser Stoff, Parfüm und Abwasser aller Art, sie rochen es einzeln und durcheinander, fühlten sich dreckig, atmeten schlecht. Kam Wind aus West, entstanden freie Zonen, aber man war nie dort, wo es besser roch.

Weiter schallten Explosionen durch Montza. Langsam vollzog sich der Wechsel im Untergrund. Die Guerilla von gestern trat ins Licht, die Milizen der Altmacht tauchten ab. Während die neue Lobby sich präsentierte, kam Betrieb der Heckenschützen in Gang. Briefbomben, Sprengstoffanschläge, gezielte Morde. Toby ahnte, daß das nie anders war. Seine Miliz fiel auseinander, man blieb weg, verschwand, kam nicht wieder vor. Nach Toby und Sima wurde nicht gefragt. Der neue Stadtkommandant war korrupt wie der alte. Er organisierte

Groß-Gangs von Schlägern, die Tag und Nacht durch Montza streunten, plötzlich auftauchten, spurlos verschwanden, Soldateska der Killersportler und Milchzahn-Monster, räubernde Frühtrottel, rammelnde Kids. Sima schaute nicht mehr hin, Tobys Erbitterung nahm noch zu, er beschloß, eine Waffe mußte her, das konnte nur ein Revolver sein. Keine Waffe, flüsterte Sima, keine Waffe zwischen uns, aber Toby bestand darauf. War denn kein Ende mit den Totenspielen. Ich muß keine Waffe haben. Wir brauchen eine. In der Verzweiflung war sie außer sich, sie schlug ihre Faust in sein Gesicht. Was ihm passierte, wenn er fassungslos war – er setzte sich hart auf den Hintern, blieb lange sitzen, wußte nichts mehr. Sima ging zu ihm. Zum erstenmal nach der Kriegszeit liebten sie sich, wie sie sich liebten vor dem Krieg, ohne Rückhalt, hemmungslos, sie lagen erschöpft und schliefen ein. Ein Revolver wurde nicht angeschafft.

Sie lebten in zwei Zimmern eines Spitals. Um die Ecke war ein Park mit See, sie gingen manchmal hin, um die Schwäne zu sehn. Die Zimmer hatte ein Arzt zur Verfügung gestellt. Toby hatte sein Leben gerettet, das behauptete der Arzt. Er lag, von Trümmern verschüttet, vor einem Haus. Toby sah und ergriff eine warme Hand, zog den bewußtlosen Mann ans Licht, die andre Hand hielt eine Tasche fest. Für Toby und Sima begann eine andre Zeit. Sie hatten noch Beutegeld aus dem Krieg, und Geld, dessen Herkunft sie lieber vergaßen, aber der Reichtum stimmte, das Geld war echt. Sie brauchten keinen Job, und es zeigte sich, daß Toby damit nichts anfangen konnte. Er mußte raus aus der weichen Hülle, vor allem in der Nacht, vor allem am Tag, irgendwas drehn, unternehmen, beschaffen, irgendwas tun. Sima gewöhnte sich an eine Ruhe, die hell für sie war wie kein Leben davor. Sie war froh für beide, ließ Toby machen. Sie war gern, doch nicht oft mit ihm unterwegs. Er wollte keine Waffe mehr.

5

Das MEMLING PLAZA befand sich im Zentrum von Montza.
Da es leere Gebäude in Mengen gab, Rohbauten, Abrißhäuser,
Kasernen und Kirchen, war das PLAZA erfreulich unterbelegt.
Dreiviertel der Zimmer standen leer. Was im PLAZA an Leu-
ten zusammenkam, war ein Haufen von Querschnitts-Typen,
sagte Toby, die versuchten, sich nicht auf die Nerven zu gehn.
Der eine war vom andern zu unterscheiden, man kannte Ge-
sicht und Stimme nach kurzer Zeit. Was an Namen im PLAZA
herumflog, an einzelnen ohne ihr Wissen hängenblieb, war
der Einsilbenname Bob und Pit, der Zweisilbenname Mascha,
Mimi, Mitzi, und der tönende Vielsilbenname Lederkopf-
Marschall, Pierre Peter Haltestange, Cakewalk-Madonna. Wie
Toby und Sima genannt wurden, wußten sie nicht. Sima und
Toby waren für sie genug, die Typen im PLAZA respektierten
sie. Toby war egal, was man über ihn dachte, Sima sorgte für
WARME TEMPERATUR.

Man lebte wie Maulwürfe nebeneinander, ließ in Ruhe und
wurde in Ruhe gelassen. Raubüberfälle gab es nicht. Wenn etwas fehlte, war einer von draußen gekommen. Es gab Typen,
die Waffen und Rauschgift versteckten, sie waren die stillsten
Apostel im Haus. Es kam vor, daß ein Mensch sich in die Suite
verirrte, spät in der Nacht, wenn Toby mit Sima schlief, aber
nochmal passierte das nicht. Zur Balance im PLAZA trug jeder
bei, wer einzog, stellte für alle ein Risiko dar. Das war in sechs
Wochen einmal passiert. Ein randalierender Teufel zog in das
Haus, plazierte sich zentral in der dritten Etage, wummerte
Partys in sieben Zimmern, soff und fluchte, pinkelte auf die
Treppen, behauptete, bestohlen zu werden, und fuchtelte mit
dem Messer vor harmlosen Nasen. Ein paar Leute im PLAZA
kamen zusammen, darunter Toby. Man verprügelte diesen
Menschen nicht. Er wurde in der Nacht überrascht, höflich ge-

fesselt und aus dem PLAZA getragen, drei Blöcke weiter in einen Park versenkt. Toby trug ihm sein Zeug hinterher. Pferde mit Rattenfleisch füttern, es gab solche Leute. Toby hatte ihm Lappen ins Maul gestopft. Man sah ihn nicht wieder.

Im Untergeschoß neben dem Heizkeller wohnte ein Inder, stichäugig, schweigsam, undurchschaubar. Seinen Namen erfuhr man nicht. Eine Schlafmatte und ein Rucksack gehörten ihm. Was er brauchte, fand er im Rest des Hotels und erhielt es von Leuten aus dem Haus. Wer was loswerden wollte, nicht mehr brauchte, dachte an den Inder und brachte es hin. Er nahm zurückhaltend an, was man brachte, fünf Löffel, ein Buch, eine alte Matratze, gebrauchte aber die Sachen nicht. Eine Mauer noch brauchbarer Sachen umgab seine Matte. Man schlug ihm vor, einen Shop zu eröffnen, aber er wollte nicht, er lächelte bloß.

Man wohnte im PLAZA irgendwo, keiner lebte mit andern Wand an Wand. Irgendwo wohnten auch zwei ältere Leute, die einzigen hier, die verheiratet waren. Falls sie, wie sie behaupteten, Flüchtlinge waren, hatten sie Zeit für ihre Sachen gehabt. Ein kompletter Schneiderbetrieb zog mit ihnen ein, Stoff und Nadel, Knopf und Kreide, Nähmaschine, Bügel, Schere. Unfaßbar heitere Leute, fliegende Seelen, sie erschreckten keinen, standen nicht im Verdacht, der Schneider sang alte Lieder, die Frau sang mit, er krähte mit ihr, sie zwitscherte ihm zu. Sima kam oft in die Schneiderei, nahm von der Heiterkeit, was sie kriegen konnte, und brachte sie Toby nach oben mit. Man trug seine alten Kleider hin, und der Schneider machte neue Gala nach Maß. Frohe Augen wie die, das gab es sonst nicht. Soviel Harmlosigkeit auf einmal und ununterbrochen war für Toby ein Wunder wie im Film.

Schwere Leute, hängende Schultern gab es in Montza genug und auch im Hotel. Keine Frau im PLAZA lebte allein. Allein war weder für Sima noch Toby gut. Toby wußte, was Alleinsein war, er ging zu Sima und küßte sie. Einfach so? Einfach so. Der Kuß machte sorglos den ganzen Tag.

Der Marschall war gern mit Toby zusammen, er hatte ein altes Motorrad im PLAZA stehn. Ihm gefiel, daß Toby Motorrad fuhr, als Kurier der Guerilla, ein junger Rebell. Wenn sie Geld für Benzin beschaffen konnten, fuhren sie auf der schweren Maschine durch Montza, sehr langsam, sehr schnell, bis der Stoff verbraucht war. Wenn der Marschall Sima zum Mitfahren einlud, wurde Toby wild, lief ziellos durch Montza, verirrte sich in den Höfen und wußte nichts mehr. Sima kam froh zurück in die Suite. Wenn sie ihn küßte, war Toby wieder normal. Sie küßte ihn immer.

Es kam vor, daß man Unbekannte im PLAZA versteckt hielt, tagelang, wochenlang, Toby konnte es riechen. Wer davon wußte, stellte sich ahnungslos, darüber gesprochen wurde nicht. Man konnte sich auf das PLAZA verlassen, Schandmäuler gab es im PLAZA nicht. Jeder wußte, hier wurde nichts Falsches versteckt.

So viel guter Frieden war neu für Sima. Er beschränkte sich auf das PLAZA und ihre Suite. Aber der Frieden war nicht alt, so was wie FRIEDEN mußte älter sein. Toby fand nicht, daß er im Frieden lebte, solang Idiotengangs durch Montza streunten, der Prinz im Taglicht seine Undinger drehte. Was überhaupt hieß Frieden, FRIEDEN IN MONTZA, so was wie Frieden gab es in Montza nicht, außer dem Wort war kein Frieden da. Toby jaulte dagegen wie ein Hund. Es gab im PLAZA nicht viele Kinder. Sie spielten still in leeren Zimmern, rannten durch Korridore und Treppen, man hörte ihr helles Geschrei und nachts ein Weinen. Sima war froh, daß Kinder im PLAZA lebten. Sie gehörten zum Frieden.

Es passierte, daß Mister Timm aus dem PLAZA verschwand. Er wohnte zwei Etagen tiefer, großer, grauer, schneller Schatten, der über die Treppen eilte, vorbei ohne Blick, an Sima vorbei ohne aufzuschaun. Er lief durch Montza wie durch die leere Luft, als wollte er Montza und der Zeit entkommen, Timm lief dem PLAZA und sich selbst davon. Niemand im PLAZA hatte ihn kennengelernt. Es war Zufall, daß Toby sich in sein Zimmer verirrte. In einer Schüssel schimmelte Brot, der Mensch schien schon lang verschwunden zu sein. Verfaulte Banane. Toby rief ein paar Typen des PLAZA zusammen, sie schauten sich in Timms Zimmer um. Was Timm besaß, lag auf dem Boden, es gab keine Möbel und kein Bett. Sie fanden Computer auseinandergenommen, Comics, Campingkocher, verbrauchte Kleider, er schien auf Kleidern und Schrauben geschlafen zu haben. Ob etwas fehlte, konnte niemand wissen. Geld und Dokumente gab es nicht. Niemand hatte ihn zuletzt gesehn, von Entführung und Überfall keine Spur. Polizei im PLAZA kam nicht infrage, Timm war weg, und man konnte nichts tun. Ein Mensch, nicht zurückerwartet und nicht vermißt. Man ließ Timms Raum, wie er war, und schloß ihn ab. Niemand dachte daran, Timms Raum zu plündern. Was faulen konnte, warf Sima weg.

Toby wußte nicht immer, was Sima machte, wenn sie in Montza allein unterwegs war. Tigerte sie durch Montza wie er, auf der Suche nach allem und nach nichts. Traf sie Leute, die er nicht kannte, war sie verabredet, träumte in einem Park, suchte Glück und Sonne, was suchte sie. Amüsierte sie sich mit Männern, Frauen, zog sie mit Rockern und Fixern herum. Ging sie allein auf die Rummelplätze, verfolgt von Stielaugen, Tunten, Schlägern, Ganoven mit mageren Fingern, fetten Pfoten. Sima kam spät in der Nacht ins PLAZA zurück, sie ließ ihn in keiner Nacht allein. Daß er sie schlafend allein ließ, war unvorstellbar. Sie schliefen nicht immer zusammen ein, wurden aber am Morgen zusammen wach. Wenn sie zurückkam, war

Sima nicht außer Atem, nicht bedrückt, nicht gereizt, nicht ungewohnt schweigsam. Sie freute sich, wieder bei ihm zu sein. Toby spürte, es war, wie sie sagte. So war es bei ihm, und sie spürte es.

Als sie Kinder waren, erfuhren sie, daß einer dem andern nicht alles sagte, nicht immer erzählen konnte, nicht alles auf einmal, manchmal zu wenig oder nichts. Zum Erzählen und Sprechen gehörte ein guter Moment, der kam für Toby in der Nacht. Kein Morgen, kein Mittag war dafür gut. In Wut und Hunger war kein guter Moment, sie brachten im Hunger kein Wort außer Hunger heraus. Wenn Sima weit weg schien, neben ihm lag und nichts sagte, in Tobys Gesicht sah ohne Blick, wußte er, der Moment war da. Er lag still, damit nichts dazwischenkam, vor ihm zurückschreckte, in ihr zu zweifeln begann.

Sie setzte sich neben ihm auf und sagte: ein Mann war hinter mir her, aber harmlos, es ist nichts. Bloß daß du es weißt.

Toby wußte, was Sima sagte, sagte sie einmal und nur ihm.

Auf der Straße kam ihr ein Mann entgegen, vielleicht ein Herr, grüßte, ging nah vorbei und drehte sich nach ihr um. Sima blieb stehn. Sie hatte nichts dagegen, gegrüßt zu werden, sie selber grüßte Leute, die ihr gefielen. Ob sie gegrüßt hatte, wußte sie nicht.

Der hat das vorher überlegt, sagte Toby.

Der Mann war höflich, sprach russischen Akzent und lud sie ins PALETTO ein, helle, harmlose Bar gegenüber, zwei Ecken vom Albapark entfernt.

Du bist mitgegangen –

Sie war nicht angreifbar an dem hellen Tag und seit sie mit Toby im PLAZA lebte. Sie fühlte sich stark. Wenn sie sich sicher fühlte, passierte ihr nichts. Der Mann gab sich Mühe, mit ihr zu sprechen, sie betrachtete sein Gesicht und hörte zu, trank Kaffee wie er, den Kognak lehnte sie ab. Er war weder alt noch jung, nicht schön, nicht zuwider, blauer Anzug, offener Kragen, beide Hände ohne Ring, kein Ganove, kein Stinktier, ein netter Mensch, der behauptete, Chef einer Firma zu sein. Sie vergaß sein Gesicht am selben Tag. Von sich selber sagte Sima nichts. Er schlug ihr vor, mit ihm ins Theater zu gehn, oder ins Kino, wenn ihr das lieber war. Die Stimme war kühl und korrekt, die Tonart charmant. Sie fühlte, der Mann respektierte sie, sie stellte für ihn was Romantisches dar. Der war im Vollbesitz seiner Langeweile. Im Theater sitzen! Ins Kino gehen! Sima lachte, sie hatte dafür kein Kleid. Ihm machte es Vergnügen, betonte der Mann, die passenden Kleider für sie zu besorgen. Besorgen? Das hieß, ihr die schönen Kleider zu schenken. Danach kam ein Satz, den Sima kannte: GELD SPIELT KEINE ROLLE. Er vermied es, auf ihre Brüste und Schultern zu schaun. Sima dachte: dann schlägt er mir vor, in eine intime, schöne Wohnung zu ziehn. Wenn sie wollte, man konnte ein Picknick im Vogelpark machen. Picknick, sagte Sima, das Wort war neu. Beide lachten, es war der beste Moment.

Zart und mit Vorsicht, so vorsichtig, daß es ihr auffiel, fragte er sie nach Familie, Wohnung, Job. Hatte sie einen Freund, einen Lebensgefährten? Sima hatte einen Freund, sie war froh, das mit Nachdruck zu behaupten. Nach fünfzehn Minuten kam er darauf zurück. Mit jungen Männern blieb man nicht lange zusammen. Die waren davon, wenn eine Frau sie brauchte, sie war kein Kind mehr, wie alt war der Freund –

Das hätte der Mensch nicht sagen sollen. Simas Gefühle gähnten ihn an. Ihr Erschrecken wurde nicht bemerkt.

Was wissen Sie! Ihre Stimme war laut. Was wußte der Unbekannte von Toby und ihr. Hatte er sie bemerkt auf den Straßen von Montza. Sie war keine Nutte, das schien er zu wissen, was wußte er noch. War er ihnen nachts zum PLAZA gefolgt. Wartete er allein im Wagen, daß Sima allein aus dem

PLAZA kam. Sie waren beobachtet worden, allein und zusammen. War der freundliche Firmenchef ein Agent, nett und vorsichtig, wie er mit ihr am Tisch saß. Oder wollte er eine Mätresse haben, eine junge Frau, der er Eindruck machte, deren Rumtreiber-Freund ein Reinfall war. Toby, kleiner Liebhaber aus den Slums.

Ich will gehn, sagte Sima.

Durfte er sie wiedersehn? Er schrieb ihr eine Telefonnummer auf. Seine Visitenkarte gab er ihr nicht.

Rufen Sie mich an. Er bat darum.

Sie steckte die Nummer ein und verließ die Bar. Er blieb mit seinem Kognak allein am Tisch.

Ich weiß nicht, sagte Toby. Passiert dir das oft.

Es war vorgekommen, aber nicht oft. Stört es dich –

Was war mit der Telefonnummer.

Auf der Straße zerrissen und weg damit.

Wenn ich den in die Finger kriege, schlag ich zu. Der kommt nicht leicht wieder hoch.

Nicht zuschlagen, sagte Sima, vergiß ihn doch. Toby, gib ab, es geht nicht um den. Als ich wegging, war ich ihn los.

Toby wußte, es gab Geschichten, die sie nicht ihm, nicht sich selbst erzählte. Was konnte er tun. Er konnte nichts tun, nichts gegen Sima, nichts für sich selbst.

Sie wollte ihn umarmen, er ließ sie allein.

Toby sah die Zerstörung im Zentrum von Montza. Er zählte die Trümmerfelder und gab es auf. Das Foyer des ASTOR war ausgebrannt. PAN AM war in Betrieb mit allen Computern. Die Lucius-Station war stillgelegt, vorm Kartenschalter verfaulte ein toter Hund. Die Läden der Juweliere waren geschlossen, was dahinter passierte, sah man nicht. Das Denkmal des Generals, PANTANTUS hieß er, stand da wie gestern eingeweiht, auf dem Podest lagen Steine und leere Flaschen. Amalfi-Passage, unter Schutt verschwunden. Der KANSAS-GRILL war in Betrieb, durch neu eingesetztes Glas sah er kauende Leute. Er sah sich in Kirchen und Parkhäusern um, ging durch Apartments, die er nicht kannte, notierte im Kopf verlassne Fabriken und Läden.

Er erinnerte sich an einen Menschen, den hatte er gekannt in der Zeit des Kriegs. Seltsam, sehr seltsam war der Mann, was er sagte, kam ihm spanisch vor, aber sein Spanisch war neu für ihn. Er hatte ihm Briefe in die Wohnung gebracht, als er Kurier der Guerilla war. Seinen Namen hatte er vergessen. Er war der älteste Mensch, den Toby kannte, grau in grau, voll farbloser Haare, fremd in dem Alter und freundlich, warum so freundlich, er betrachtete Toby mit sanftem Blick. Das ununterbrochene Lächeln war fern und matt, die Stimme raschelte, Zeitungspapier im Wind. Woher so ein Mensch kam, war nicht vorstellbar. Milde Augen, aber er war nicht harmlos, etwas vom Gegenteil war in der krummen Gestalt. Alter Bruder eines echten Teufels, der hielt eine kalte Hölle in sich versteckt.

Er fand den Mann in seiner Wohnung, die Straße war elegant, das Etagenhaus still. Die Wohnung lag dunkel im Parterre, voll von Büchern und Bildern. Der Mann war allein. Er tat wie die Möbel und Bücher nichts, erkannte Toby, zeigte auf einen Stuhl. Er sagte: die Menschen kommen nicht mehr, man hat mich vergessen. An den Mittagen wurde ihm Essen gebracht, manchmal kam eine Hilfe und räumte auf. Er war seit Wochen nicht mehr ausgegangen, hatte vergessen, was draußen war. War er in Montza in der Textorstraße?

Ja Montza, Textorstraße, sagte Toby.

Der alte Mann hatte Tobys Namen vergessen. Er entschuldigte sich.

Den Namen hatte Toby ihm nie gesagt, jetzt nannte er ihn.

Ein guter Name, er kam von TOBIAS, aber er wußte die Geschichte nicht mehr. Eine Geschichte vor fünftausend Jahren, irgendein Wunder mit einem Fisch. Vielleicht war ein Engel dabei. Ja, dabei war ein Engel.

Toby hörte Tobias zum erstenmal, merkte sich den Namen für alle Fälle, und um ihn Sima zu erzählen.

Ich habe keinen guten Namen, sagte der Mann. Ich sage ihn nie. Der Name, den ich heute habe, ist falsch, ein Ersatz.

Sagen Sie ihn doch.

Nein.

Da kann man nichts machen, sagte Toby. Namen sind nicht so wichtig. Meiner ist mir nie aufgefallen, weder so noch so.

O doch, der Name ist wichtig wie jedes Wort.

Jedes Wort soll wichtig sein, dachte Toby.

Der Mann war wie das, was er sagte, ein Fall für sich. Halbtoten-Teufel, stillgelegter Clown.

Er sagte: ich weiß nicht, wer du bist, ob du böse oder nicht böse bist. Ich bin böse, sagte die Stimme still.

Toby blickte ihn ratlos an. Böse? Er sagte wie alle VER-KOMMEN, DRECKIG, ÜBEL, oder sauber, in Ordnung, böse sagte kein Mensch.

So hatte der Alte das nicht gemeint. Er war nicht böse gegen ihn, Toby, warum denn böse gegen ihn. Er korrigierte: gegen Sie.

Sagen Sie du wie bisher. Das Sie machte ihn verlegen, es paßte nicht. Wo Toby lebte, gab es kein Sie.

Das Böse, sagte der Mann, ist müde und traurig, das Böse ist alt. Es wird immer älter und macht weiter, es muß weitermachen, weitermachen, eine andre Chance hat das Böse nicht. Das Böse hat sich kennengelernt, es durchschaut sich selbst, ist alt geworden und trauert. Es kann in sich nichts ändern, das Böse ist böse und bleibt es.

Ich hab mitgekriegt, was das ist, sagte Toby, in der Guerilla, in Montza im Krieg – aber trauern oder was?

Nichts und niemand trauert wie das Böse. Daß es dasselbe ist und bleibt, daß es sein muß, was es nicht mehr sein will. Böse, daß es keine Pause macht. Ununterbrochen böse, das ist entsetzlich. Ich habe Bücher geschrieben, sagte der Alte, aber der Name auf den Büchern ist falsch.

Hab ich schon gedacht. Toby deutete auf die Buchregale.

Das Böse ist voll Wut gegen sich, das Böse, und gegen die Trauer. Es erträgt seine Trauer nicht. Dann geht es hin, bringt neuntausend Leute um und läßt sie liegen.

Oder es bringt einen einzigen um, langsam, gezielt, sagte Toby. Es sticht in ihn rein und sieht, wie das Blut fließt.

Ja, es will sehn, wie das Blut den Menschen verläßt.

Es gefällt ihm.

Es gefällt ihm, und es gefällt ihm nicht, aber sein täglich Blut will es haben. Ich habe das Böse gesehn. Es saß an der Straße, sah aus wie jeder Mensch und bettelte: gib mir ein Messer, Menschenbruder, ein Messer! Warum willst du ein Messer. Damit ich dich und euch alle umbringen kann. Es weinte. Ich weiß nicht, sagte der alte Mann, war das Böse entwaffnet, war ihm sein Messer gestohlen?

Haben Sie das in den Büchern geschrieben?

Es steht in vielen Büchern, nicht nur in meinen. Es steht in fast jedem Buch, in verschiedenen Wörtern und Sprachen.

Über Comics und Zeitungen bin ich nie rausgekommen, sagte Toby. Lesen kann ich, aber Sima hat Bücher gelesen –

Sie leben mit einer Frau. Das ist gut.

Ja, Sima. Sie ist unwahrscheinlich in Ordnung.

Dann kannst du nicht ganz böse sein.

War doch egal, ob er böse war oder nicht. So böse oder verkommen war er nicht, daß er Menschenfressern Futter brachte.

Der Alte bat um ein Buch aus einem Regal, schrieb was hinein und schenkte es ihm. Außen auf dem Buch stand ein fremder Name, darunter der Titel SEELE DES MESSERS. Toby wußte, da war was dran. Als er fortging, winkte der alte Mann, seine Hand war weiß und klein in dem halbdunklen Raum. Er bat: komm wieder, bring Sima mit, Toby versprach es. Zum erstenmal besaß er ein Buch. Auf der ersten Seite des Buchs stand, schwer zu lesen, TOBY – TOBIAS. Das mit Tobias wollte er Sima erzählen, sie mußte es wissen. Er war immer noch IRGENDWIE HIGH, als er Sima das Buch gab. Später wußte er nicht, ob sie es las, dann war es verschwunden. Zu dem alten Mann kam er nicht mehr hin.

Seit sie im PLAZA zusammenlebten, hatte sich keiner vom andern getrennt. Keine Nacht ohne sie, kein Tag ohne ihn. Die Guerilla-Zeit lag vier Jahre zurück, ihre halben Jahre waren lange her, fünf Monate, ein dreiviertel Jahr. Es begann für sie eine Zeit der Sorglosigkeit, sie ging immer weiter und hörte nicht auf. Sie fragten nicht, was sie leicht wie Vögel machte, ihr Übermut brauchte keinen Grund. Sima fand, sie hatten es verdient. Womit? Das konnte Sima nicht sagen. Besser, sie stellten die Frage nicht.

Sima klebte Pflaster auf ihren Bauch, wechselte es alle paar Tage und wenn sie sich wusch. Toby fing an, es zu vergessen. Es kam vor, wenn sie nackt zusammenlagen, daß seine Hand mit dem Pflaster spielte. Dann wurde ihm bewußt, was darunter war, und er nahm die Finger vorsichtig weg. Sima hörte zu rauchen auf, es war egal, ob sie rauchte oder nicht. Toby hörte zwei Wochen später auf. Dann fing er wieder zu rauchen an, weil Sima sagte, es paßte zu ihm.

Sie gingen in einer Oktobernacht von NIRGEND & ÜBERALL zum PLAZA zurück, mit langsamen, schläfrigen Schritten, wie beide es liebten. Toby hielt Sima leicht im Arm, aber so, daß die Luft, sagte Sima, nicht zwischen uns durchkann. Sie waren müde. Ihre Müdigkeit war gut, sie war willkommen und hatte keinen Grund außer laufen durch Montza und zwei Glas Bier. Viele waren unterwegs wie sie, blickten sie an und gingen vorbei. Die schwarze Nacht über Montza rauschte wie immer, wie an allen Tagen und Nächten, wie starker Wind. Montzas Straßentypen, Kinder vor allem, lagen allein und in Haufen vor dunklen Fassaden. Man hörte Gemurmel und Schnarchlaut, stille Schreie.

Hinter ihnen platzte ein Schuß, er hallte, verhallte zwischen den Mauern. Tobys Arm fiel von Simas Hüfte, er stürzte auf die Straße, lag da, blieb liegen. Sima fiel neben ihn, tastete unter der Jacke, sehr sanft, sehr schnell, fand aber kein Blut und keine Wunde. Wie kriegte sie Jacke und Hemd von ihm runter, wenn Verletzung wer weiß wo in Toby war. Sie schrak zusammen. Als nächste war sie dran, beschossen zu werden, geschnappt zu werden und weggeschafft. Ihr Atem raste durch Brust und Kopf, aus ihr heraus, in sie zurück. Sorglosigkeit. Unser furchtbares, tolles Sorglossein. Kein Mensch war zu sehn, die Straße leer. Es konnte sein, der Schuß galt ihr und nicht Toby. Als sie ihn hochzog, wußte sie, Toby lebte. Er lebte noch.

Es fiel kein Schuß. Mit einer Kraft, die nicht ihre war, Kraft wie nie, zog sie ihn durch die Straßen ins Unsichtbare.

3.

ES IST

Am Nachmittag gehn wir durch Landschaften, die wir kennen. Wir haben in ihnen gelebt, ich lebe in ihnen, sie sind uns seit Jahren vertraut, Simone sagt, daß sie unsere sind. Sie umgeben unsere Tage und Nächte mit Bäumen und Vögeln, vor allem Pinien und Raubvögeln in der Höhe, Bussarden, Sperbern, mit Straßen, Ortschaften, Weingärten, Häusern, mit Gerüchen, Farben, wechselndem Licht in nahen und weiteren Räumen, Laubschauern im Herbst und steiniger Kargheit im Winter. Die Landschaften haben sich verändert, sie verändern sich weiter und scheinen sich nicht mehr zu gleichen, obwohl die Erscheinungen weiter dieselben sind, sich kaum zu verändern scheinen, sich wenig verändern. Was schnell, immer schneller verändert wird – es verwandelt sich nicht –, sind ihre Innenräume im Bereich des Atems, in der Nähe vor Augen, ein Gebirge wird abgetragen, ein Flußlauf verschwindet. Die nicht sichtbaren Substanzen sind verbraucht, sie sind unheilbar verwüstet, nicht mehr zu gebrauchen, es kommt kein Wunder an Leben nach.

Unsere Landschaften werden andere sein, von uns nicht erkannt, nicht mehr zu erkennen, beansprucht von Leuten, die später kommen und nicht mehr wissen, nicht mehr zu wissen brauchen, was vor ihnen da war. Wir haben die Urbilder der Landschaften erfahren, die ihrer Substanzen, Formen und Farben und die der Menschen, die hier leben und arbeiten länger als wir, und es ist möglich, daß die ursprünglichen Bilder, die unseres ersten Augenblicks – als wir hierherkamen, sie für immer erkannten –, eine Weile lebendiger bleiben, widerständiger, haltbarer sind als die der Gegenwart, sie kommt und geht. Gegenwart lebt im Schutz ihrer Zukunft, sagt Simone, und wenn der Schutz weg ist, die Zukunft gestohlen wird, kommt die Zeit nicht mehr von der Stelle, sie fällt in sich zusammen, sie atmet aus. So entsteht das Märchen vom Ende der Welt. Dann ist nichts mehr da, was du den Toten erzählen kannst, nichts mehr von dem, was sie verrückt machen könnte, außer sich vor Hunger auf die Welt, aus der sie ausgeschieden wurden, die ihren Atem verneint – nicht lange her, ihre Zeit hat sich schon verloren –, die sie mit Schmerz und Wut verlassen haben, verstört, verzweifelt über den Abgang, wohin. Was erzählst du ihnen, mein lieber Lockvogel, wovon willst du sie überzeugen, womit verführst du sie, wenn die Substanzen verloren, die Erscheinungen verändert sind, nicht wiederzuerkennen die Formen der Welt; wie willst du sie in der Überzeugung bestärken, daß ihr Neid auf die Lebenden recht hat, daß sie unendlich und ohne Hoffnung im Recht sind. Was kannst du ihnen von der Erde berichten, mit welchen Bildern bezauberst du sie – die nicht Erfindung oder Legende sind –, erzähl mir, damit wir im Recht sind und wissen, was sie erfahren sollen, erfahren werden, unsere Toten und die Toten der anderen, von dir und von mir erfahren werden, von uns beiden, vor allem übereinstimmend von uns beiden – eine Liebesgeschichte? Sie haben eine Geschichte der Liebe, sie haben alles, wenn wir erzählen.

Es handelt sich nicht um die Geschichte der Toten, es geht um dich und um mich. Es ist ein Morgenregen nach Glut und Glast des Sommers. Verfinsterter Tag im September, die Bäume trinken, das Gras richtet sich auf, die nasse Elster verfängt sich im Dorngestrüpp. Die Fenster des Hauses am Berghang sind geöffnet, du bist im Haus, es ist der Augenblick zu berichten. Es geht um dich und um mich, was wirst du sagen, was sagst du mir, wenn wir allein sind, ich auf der Seite des Todes und du auf der anderen, du im Licht, in der Zeit, in den Landschaften der Erde, an den Orten der Liebe, des Schlafs und des Tagtraums, atmend mit mir und für mich. Du atmest für mich und erzählst mir, es ist der Augenblick, er gehört dir und mir, es ist

————————

Es ist der Weg auf den Berg ohne Namen. Er erscheint vereinzelt über dem Busch, breites Steinmassiv, das Land und Küste beherrscht, am Abend die östlichen Buchten verschattet, das Wasser purpurn verfinstert über den Grotten. Der Weg auf den Berg ist nicht markiert. Kein Mensch kann sagen, wo er beginnt, an welcher Stelle er abbricht, vor einem Felssturz, sich fortsetzt durch eine Senke voll Sand. Der Weg hat keinen Anfang und kein Ende, Aufstieg und Abstieg sind an verschiedener Stelle, zu Hunderten wechselnd und überall.

Zurück bleibt das Meer, die Bucht mit Resten der Uferpromenade, die Zollstation und die Landebrücke mit Postschiff und Fähre, ein leerer Supermarkt, ein versandeter Parkplatz mit wenigen Wagen, und die Garnison auf dem befestigten Felsen, Exerzierplätze unter der Sonne, Kasematten, Baracken grau in grau, Kasernen ohne Fahne, stumpfes Blinken von Fensterscherben, der Dächer aus Blech und frei hängenden Kessel des Wasserturms. Hier gehn die Schatten toter Araber um. Einzelne Gestalten bewegen sich am Ufer, Menschen, die hier leben oder zu tun haben, das erfährt man nicht. Am Ende der Bucht, unter Pinien, steht ein altes Casino zum Verkauf, das Schild à VENDRE liegt ausgeblichen im Schutt. Offene Garagen, ein Tennisplatz, ein paar Katzengeripp. Zusammengeschobene Eisentische, Rohrstühle in Stapeln, verfaulte Sessel. Gußeiserne Kandelaber längs der Terrassen und über der Zufahrt, die auf beiden Seiten von Sperrmüll blockiert ist, Waschbecken, Türen, Treppengeländern. Die hundert Jahre alten Säle sind noch vorhanden, durchbrochene Decken über verbrannten Parketten voll Abfall. Salbeigebüsch, in die Küche hinuntergewachsen, die Öfen sind fort.

Von den Garagen geht ein Fahrweg ab, nicht oft befahren, voller Steinspitzen, Löcher und Sand. Flugsand, Fülle mehlweißen Staubs, der unter dem Licht wie Glasschutt blendet, um Stiefel und Räder auffliegt, die Oliven verdunkelt, sich in Augenwinkeln, auf Lippen und Zähnen festsetzt. Die Piste ist Teil des Wegs, der wie jeder andere zum Berg führt, wie jeder andere in die Irre geht. Sie zieht durch Pinien und Krüppeleichen, weiß von Staub, steigt in weiten Kurven über die Küste und endet in einem Weiler, zwischen wenigen Gebäuden mit Blick auf das Meer, das Ufer von Inseln herüberblendet und Schaum in zerfließenden Fronten vom Ende zum Ende des Lichts. Die Horizonte, es scheinen viele, sind Schattenlinien in der betäubenden Helle, das Meer scheint zurückverlegt in den Ursprung des Lichts. Der Wagen steht im Schlagschatten einer Hauswand, die Wetterseiten zum Meer sind weiß getüncht, die Läden geschlossen. Im Innern des Hauses, in abgedunkelten Zimmern, sind Capes und Schuhe, Papier, ein Büchersack, Kleider auf Betten, Brot und Wein auf dem Tisch, gekühltes Wasser. Der taglange Mittag stellt den Augenblick still, in den Zimmern und draußen in Glut und Glast. Kein Lebewesen bewegt sich im sichtbaren Raum, ein unsichtbarer hat sich aufgetan. Vielleicht eine Schwalbe.

Der Satz heißt: hinter den Häusern beginnt der Weg auf den Berg. Er beginnt vor Tag, im Kleinen Morgen, es ist ein Weg durch Luftstille ohne Bewegung, Vogelstimmen, Flügelschläge, die Nachtluft ist leer von Wärme, Haut und Atem sind kühl. Das Meer hat seinen Raum noch nicht eingenommen, das Land liegt dunkel zusammengerückt, die Steine geben kein Zeichen.

Schritte erzählen, laut in der Stille, von Sand und Schotter und kleinem Holz. Schritte durch taunasses Gras, die brüchigen Halme.

Eine Kartause unter Pinien ist an der Bergwand befestigt, zerbrochene Bogen, Mauersteine in Haufen, hier ist kein Wasser und kein Krug geblieben, kein Tier kommt zurück. Die Weglosigkeit geht hangaufwärts weiter, Weg und Wege sind nirgends und überall, rechts oder links um den undurchdringlichen Dornbusch, vorbei am Brunnenhaus voller Steine, durch einen zweiten, dritten Pinienhain, über Nadelböden mit Sand bedeckt, Hohlwege durch Wildnis des Rutenginsters, darin die Hitze des Sommers sich sammelt, nachtheiße Fluchten.

Der Tag fängt an, es ist ein Morgen am Ende des Sommers. Ein Strahl der Sonne, waagrecht fallend, holt das Meer in den Raum zurück. Die Schattenhälfte der Welt liegt in Tintenschwärze, in der kein Gegenstand zu erkennen ist. In der Lichthälfte steht der Berg, kupferbeschlagen gegenüber der Sonne. Hinter den Schritten verfällt der Weg, verfallen die Wege, begangen, nicht begangen, sie werden kein zweites Mal in Anspruch genommen. Der Weg anderer Tage führt in den Wind, hart in die Schläge des Nordwinds, durch fliegenden, stechenden Sand, der die Hänge heraufweht. Tränende Augen, die den nächsten Stein, aber keine Küste erkennen.

Es ist der Weg, er hat langsam an Höhe gewonnen, erreicht am Mittag sein Ende auf dem letzten Felsen, ein Dach der Welt, jeder Richtung der Windrose offen. Drei Seiten gehören dem Meer, die vierte der Wildnis. Endlose Sichtbarkeit, das Vorhandene setzt sich durchsonnt an den Weltrand fort, das Auge will ihn erfinden, es sieht ihn nicht. Es ist ein Weltrand, nie von der Stelle gerückt, und es ist das Meer, Uralter des Wasserraums voller Legenden. Es ist das brennende Licht, der Schweiß in Haaren und Kleidern, der Durst auf das Wasser. Es ist

---

Es ist der Augenblick, da die Tote aus dem Haus getragen und fortgefahren wird.

An diesem Tag verläßt er das Haus, die Türe wird abgeschlossen, das Haus bleibt leer. Nach ein paar Wochen kommt er zurück. Er findet das Haus, wie er es verließ, nichts hat sich verändert außer der Stille. Die Stille schien nicht vorhanden, als das Haus bewohnt war, nicht in den Nächten und nicht im Schnee. Jetzt ist die Stille immer und überall. Sie setzt sich fest in den Zimmern und in den Sachen, in allem was sichtbar ist und Geruch hat, in Betten und Mänteln, selbst im Fensterglas. Der Blick in den Garten, auf den Sund und die Pappeln, dringt nicht durch das Fenster ins Freie. Es ist die Stille.

Es ist das Haus, und es sind die Sachen in ihm. Das Haus soll geräumt werden, heute, übermorgen, und in einigen Tagen zur Verfügung stehn. Solange teilt er das Haus mit der Stille und mit den Sachen. Es liegt an ihm, sie fortzuschaffen, er löst den Nachlaß des Lebens auf. Er teilt die Sachen in jene, die er behält, und in den Rest, den er auflösen muß. Denn alles aufheben kann man nicht, das ist doch unmöglich, die unzähligen Tuben und kleinen Flaschen, die Handschuhe, Haarnadeln, Strümpfe und was er liebt, weil es Teil von ihr und ihren Gewohnheiten ist, Notizpapiere mit ihrer Handschrift – Buchstaben, die ihn betören, nicht zu entziffern –, Lippenstifte und Honiggläser, die nichts mehr bedeuten. Ein Fernglas, OPERN-STECHER oder BINOCLE, durch das sie an hellen Tagen den Sund betrachtet, unsere Wasserstraße mit Seglern und Fähren, er behält es wie den Füllfederhalter und ihren Schmuck. Ein coelinblaues Seidentuch aus Ragaz, ein Armreif, abgeschliffen, harzgoldnes Horn, den er in einer Schublade findet, unter Rezepten für Obstwein und FELDTHALER PRINTEN. Und wenn schon nicht am Meer geboren, dann in der Nähe leben, auf alle Fälle, DASS ICH ZU FUSS AN DAS WASSER GEHN KANN. Die Stiefel im Flur, das Wettercape, der blaue Hut.

Das alles wird unpersönlich in wenigen Tagen, nach wenigen Nächten, die er ohne Schlaf auf ihrer CHAISELONGUE verbringt. Es verlöscht vor Augen, es schrumpft in den eigenen Umriß. Zurück bleiben Dinge, die niemand beansprucht, Postkarten, Zeitschriften, eine Pluderhose aus dem Sudan, ist das möglich, frivoles BAUCH- UND BEINKLEID, das sie lachend liebt, an Sommerabenden und auf Partys trägt. Kisten voll von Fotografien, die sie aufnimmt, entwickelt und in undurchschaubare Ordnungen bringt. Er behält sie, ohne sie zu sortieren – die Bücher sortiert er, Kleider wählt er aus –, nubische Motive, die er selbst nie sah, zu Tausenden einzig, vor dem Exodus dieses Volks von ihr aufgenommen, Lastschiffe, Bauwerke und Menschen, vor allem Gesichter und Körper im Licht der Wüste, Schleier, Teppiche, Stoffornamente, auf unzähligen Fotos und an den Wänden des Hauses, schön, doch wenig aufschlußreich ohne sie, es ist die Stille. Ein Lesezeichen, aus Gjellerups Versen gefallen.

Und dann die Möbel, was machst du mit den Möbeln. Möbel, die Möbel. Ein Gartentisch, jahrelang in Schnee und Regen vor ihrem Fenster. Es sind die Sonnenblumen, trockene Mohnkapseln, Minze in grauen Sträußen auf der Veranda. Ein ganzes Leben und ein paar Briefe aus Kuopio. Je t'ai vu descendre dans une étroite demeure, où il n'y a plus même de rêves. Et cependant je ne peux le croire. Es der Augenblick, da sie nackt im offenen Mantel aus dem Regen ins Zimmer zurückkommt, die Vorhänge bleiben geschlossen, die Haare duften. Ihre Haare, das heißt CHEVELURE, es ist das schwarze, lange, langsame Haar, es duftet – wovon es duftet, erfährst du nie.

Irgendwann, es ist Jahre her, verbringt sie einen Tag der Durchreise in Lyon. Der Glanz des Frühsommers ist ein Geschenk an sie, sie nimmt ihn persönlich, es ist ein glückliches Atmen. Sie kennt nicht Lyon, eine Stadt, die der Zufall ihr

schenkt. Sie liegt an einem Strom mit zwei ähnlichen Namen –
Rhône? Saône? –, sie kann das nicht unterscheiden. Sie nimmt
mit Vergnügen entgegen, was ihr begegnet, Blumenläden, Vo-
gelrufe, eine Tango-Band auf der Passerelle St. Georges, Gesichter und Augen mit Wünschen an ihre Gestalt, und der Blick
vom Quai Fulchiron auf den Quai Tilsitt. Es ist. Es ist nichts.
Es ist ein Augenblick, er weiß nichts von ihr und nichts von
sich selbst, läßt nichts zu wünschen übrig, und da sie das viele
Licht nicht länger erträgt und Augen und Füße ermüdet sind,
betritt sie eine Bar, die im Schatten liegt, in der rue Condé,
sofern sie den Namen behält. Sie streift die Schuhe ab, setzt die
Füße auf eine Stange unter dem Tisch, läßt Sandwich und Rotwein kommen, und alles ist gut. Kleine Schlucke trinkend,
langsam essend, eine Zeit vergeht, von der sie nichts weiß, einverstanden mit sich und dem Halbdunkel, das sie umgibt, den
entfernten Stimmen, die wie von Wasser getragen herüber-
dringen. An der Wand gegenüber bemerkt sie einen Kalender,
groß wie die Zeittafel einer Bahnhofshalle, dort angezeigt ist
der sechste Mai. Es ist nichts, ein leichtes Schwindelgefühl – es
ist das Datum ihres Geburtstags, wenn der Tag und die Zeit
dasselbe sind. Die Zeit ist dieselbe, sie hat den Geburtstag vergessen. Nichts, ein Herzflimmern, und sie ahnt, daß sie nie tiefer in der Zeit aufgehoben war, nie sorgloser als in diesem Vergessen. Es ist

------

Es ist ein Haus am Kastanienhang über der Ebene. Heiter erscheint das Land voller Orte und Straßen, Flüsse und Wasser-
becken, Wälder und Türme. Es setzt sich fort IN DEN AUS-
GANG DES RAUMS UND WEITER, WO DIE GRENZE VON ERDE
UND LUFT SICH VERLIERT IN SCHLEIERN DES LICHTS. Die
Ankunft am Haus ist das Gegenteil dessen, was man träumte,
an einem Oktobertag in New Haven, voll Erwartung, Über-

mut, atemlos, dann fährt man im Wagen vor und läßt ihn ent-
laden. Wintertag, schwer von Nässe, kein Vogel ruft, der Wagen bleibt in der Steigung des Sandwegs stecken, wird unter
die Kastanien zurückgefahren und bleibt dort stehn. Der Inhalt des Wagens – das Zeug für die kommenden Jahre – wird
den Hang hinauf in das Haus getragen, die Schritte finden Halt
im durchnäßten Laub, die Koffer sind schwer geworden, kein
Hausgeist hilft. Frühe Dämmerung, der Abend ist stürmisch
und klamm. Im Licht der Autoscheinwerfer und Taschenlampen, unter tropfenden Bäumen, werden letzte Taschen und
Kleider ins Haus gebracht.

Die Luft in den Räumen ist abgestanden, kalter Bettgeruch,
alter Verbrauch. Man reißt Fenster auf, um zu atmen, sucht
nach Schaltern, Schraubenziehern, Dietrichen, Messern, der
Gasherd funktioniert nicht, der Riegel des Lichtkastens
klemmt, zum Öffnen der Wasserleitung fehlt irgendwas, eine
Zange, ein Schlüssel. Man schlittert, um Werkzeug zu holen,
zum Wagen hinunter, kommt mit nassen Füßen ins Haus zurück. Das Gepäck steht in den Zimmern, man friert und ist
müde, an Kerzen hat keiner gedacht.

Nach Mitternacht sitzt man in Mänteln auf der Diele, trinkt
mitgebrachten Brandy aus Wassergläsern und ist wieder froh.
Die notwendigen Sachen sind gefunden, alles ist da, ein paar
Matratzen ohne Skorpione und Schlangen, eine Glühbirne,
grau von Staub, gibt bescheidenes Licht. In der Nacht wird
man schlafen, zu schlafen versuchen, mit nichts zu Hause sein,
und am nächsten Tag erfahren, wo man sich befindet. Das alles
ist gut, ein Aufatmen, ein Erwarten, zwischen Zeit und Zeit,
zwischen Luft und Luft.

Es ist der Vorabend aller Tage, der leichtsinnig macht. Es
sind die Vorabende seit der Kindheit, lange Abende vor den
Geburtstagen – wird es regnen oder nicht, wird man Rosi-
nenbrot im Garten mümmeln, unter die Tische stürzen, wenn

die Wetterwand aufbricht. Tage und Abende vor den Festen, vor Reisen und Abreisen, Nächte vor dem Verschwinden. Abend, einziger Abend vor der Ankunft der Fähre aus Coldou. Abend vor der Ankunft im vorbestellten, nicht vorbestellten Balkonzimmer im ISTRIA EDEN. Ankunft im Gletscherhaus, im Haus am See, im Haus am Belt, in den offenen Armen. Tage, die Simone am Zugfenster kommen und fortfliegen sieht.

Es ist der Morgen nach der Ankunft im Haus, das man am Abend noch nicht kannte. Der Himmel reißt auf, eine Wolke verbrennt im Frühlicht, die Luft ist hell bis ins Land Tazinti und weiter. Aber irgendwas war in der Nacht, dumpfer Rumor im Traum, im Halbschlaf. Es war der Gang mit der Taschenlampe ums Haus, während sie schlief, zu schlafen glaubte, Halbschlaf im Traum. Die Entdeckung einer Kellertür und tiefer Gewölbe, unzähliger Ställe mit Drahtfenstern voller Hasen, und was man im Haus oben hörte, war ihr Klopfen, hundertmal Hasenpfotenklopfen auf Holz, Hasensprache der Angst. Klopfen, das aufhörte, als er die Kellertür hinter sich schloß.

Das mit den Hasen erfährt man am Vormittag, eine Arbeiterin aus der Schlachterei ist gekommen. Alles andere weiß man nach ein paar Tagen, alles andere hat Zeit. Es ist der Tag am Anfang des Winters, es ist der Satz, aus dem Fenster gerufen: Löcher in Strümpfen, Socke und Schuh zu verschenken! Es ist der Tag und die Nacht und das Hasenklopfen. Es ist

---

Es ist ein Gebäude an den Hängen der Montagne, unterhalb der Paßstraße nach Gardiole, von Linden verborgen, von Unkraut und Schotter umgeben. Man bemerkt, vom Gebirge kommend, ein flaches Giebeldach mit grauroten Ziegeln, das bald hinter Buschwerk verschwindet. Es ist das einzige Bauwerk in dieser Höhe. Der Hang verliert sich talabwärts in

Wildnis aus Weißdorn, Akazien und Ginster, der von Mitte Mai bis in die Hundstage leuchtet, dichteste, schwerste Blüte des Sommers, Goldgestöber aus alten Ikonen, von Spinnen und Holzböcken wimmelnd. Der Busch ist von Krüppeleichen und Pinien durchwachsen, darüber die Umrisse einzelner Zedern, durchlichtetes Filigran in jeder Jahrzeit. Es ziehn sich Moosflächen durch die Verwilderung, Schotterinseln hell wie Schnee oder Meersand, heiß wie Herdplatten, dort liegen Kreuzottern unter der Sonne und gefleckte, durchscheinende Schalen gehäuteter Vipern.

Das Gebäude ist siebzig Jahre alt, erscheint aber älter, da es wie die Farmen in den Berghang gebaut und aus Bruchstein errichtet ist. In der Giebelwand nach Nordwesten, zur Straße hin, befindet sich die Tür aus gebeiztem Tannholz, in der Vorderfront gegen Südosten ein breites Fenster an schwachen Scharnieren, das nach innen geöffnet wird. In jeder Seitenwand eine schmale Luke, mit auszementiertem Vorraum nach außen und innen und Riegeln aus Blech. Unter dem Raum, der Zeughaus und Schlafplatz des Hirten war, ist der alte Stall für die Ziegen und Schafe – Platz für fünfzig bis siebzig Tiere –, ein hoher Raum mit breiter Brettertür und eisernem Schloß, es paßt ein schwerer Schlüssel mit eckigem Bart. Im Raum liegt gehäuft, was in Jahrzehnten zurückgelassen wurde, man weiß nicht von wem, morsche Obstbaumleitern, Geschirr ohne Wert und Reste des ursprünglichen Dachgebälks (die Mönch- und Nonnenziegel sind verschwunden, Ziegelscherben im Schotter verstreut). Dort hausen Siebenschläfer in Höhlen voller Nußschalen und Skelette.

Das Land gehörte dem Bauern Richaud, André. Er allein errichtete das Gebäude, Anfang der dreißiger Jahre, nach seiner Heirat, das zog sich zwei Jahre hin durch Sommer und Winter, Hitze und Schnee. Transporte von Sand und Stein im Maultierkarren, das Verladen im Fluß vier Kilometer tiefer,

Hobeln der Dachbalken, Schlagen und Meißeln der Steine. Die Fenster brachte der Schreiner aus Les Tassis, der Zement kam im Lieferwagen aus Condorcet.

Die Hänge ziehen sich durch versteppte Weide, Obstgärten und Mischwald weit nach Osten und steil zu dem nahen Felsmassiv hinauf, wo im Juni der Kuckuck ruft und im Herbst die Glocken der Jagdhunde zu hören sind. Der Blick geht nach Osten ins Rosanais, über die Bergketten um Serres und weiter in die Vorgebirge der Alpen. Vogellärm hallt und schallt an den Bergen, vor allem bei Tagbeginn, im frühen Sommer. Wenn der Nordwind kommt, ist Hundegebell zu hören, die Geräusche der route National im Flußtal, Motorräder und Maschinen, und die Sirene in Aubanas mittags um zwölf, oder wenn ein Unfall passierte, ein Feuer ausbrach. Der Verkehr auf der Paßstraße, kaum hörbar im Winter, geht schnell vorbei, Ralleys und Holzfuhrwerke sind lange zu hören, die elektrischen Sägen der Rodungen in den Bergen, die Flüge der Nordsüdlinien in zehntausend Meter Höhe und die Tiefflüge der Herbstmanöver.

Der Raum, den früher der Hirt bewohnte, wurde neu hergerichtet. Er ist leer bis auf wenige Geräte, die gebraucht werden, Tisch und zwei Stühle, eine flache Matratze auf Brettern. Die hell getünchten Wände sind leer. Neben der Türe ein Brett auf Ziegeln, darauf ein paar Sachen, die notwendig sind, Kerzen, Streichhölzer, Flaschen, Papiere, Fuchsschwanz und Messer, Reste von Zeitungen und wenige Bücher, die immer hier liegen. Ein kleiner Kamin in der Südwestecke des Raums ist gegen die Siebenschläfer mit Brettern verschlossen.

Das alles ist hell aus sich selbst, es erscheint beiläufig oder belanglos, heiter im Licht der Morgensonne und wenn gearbeitet wird, die Bücher geöffnet sind, die Papiere verstreut und Wein oder Wasser im Wasserglas schimmern. Zur Heiterkeit gehört, daß niemand im Land von der Arbeit weiß, die hier unternommen wurde und fortgeführt wird, daß niemand weiß oder wissen will, wer sich hier aufhält und was er macht.

Der Raum erscheint weit, weil er vier Öffnungen hat, und weil die Landschaften um ihn weit sind. Sie durchdringen ihn, wie Kälte und Wärme, Licht und Nacht und die Stöße des Nordwinds. Der Raum erscheint lebendig, weil nichts Unbrauchbares Platz beansprucht, keine Einrichtung von ihm ablenkt.

Wer über den Platz vor der Stalltür und weiter bergab geht, kommt nach wenigen Augenblicken an eine Quelle. Sie entspringt in einer Mulde, von Buschwerk dicht überschattet, zwei immer fließende Wasseradern unter meterhohem Felssturz. Wasser füllt lautlos ein natürliches Becken, von Moos und Minze umgeben, von Salamandern, Vögeln und Füchsen besucht, nicht zu finden von dem, der nichts von ihr weiß. Das Wasser versickert nach wenigen Metern und kommt in der Gegend nicht wieder zum Vorschein. Das Bachbett verliert sich trocken, voller Laub und Steine im Buschwerk. Die Amsel stürzt durch den Weißdorn mit scharfem Schrei, der Fuchs entfernt sich mit federnden Schritten, er flüchtet nicht.

Es ist die Quelle, gutes Wasser, die das Haus unabhängig und reich macht und die Landschaft bewohnbar. Sie ist es, die Gewißheit gibt wie das Haus, aber deutlicher als seine Materie, Stein und Holz. Aus ihr wird getrunken, weil sie es ist, in ihrer Nähe scheint sich der Augenblick zu reinigen. Es ist eine Quelle am Hang der Montagne, es ist

———————

Es ist ein Stück Grasland, schmales Plateau, das vor hundert Jahren ein Garten war.

Es liegt zu den Bergen hin auf halber Höhe, wurde aufgegeben und ist mein Teil. Vor dreißig Jahren wuchs dort Lavendel, danach geschah nichts mehr, und das Land verfiel. Ein

Nußboden – sieben alte Bäume – wird noch von Unkraut und Gras befreit, er ist vom Gebirge her mit Buschwerk umgeben, das in dreißig Jahren zusammenwuchs, dichte dunkle Verwilderung, Weißdorn, Brombeer und Hagebutte, voll von Spuren der Tiere, die nachts unterwegs sind, der einzelne Fuchs, Wildschweine in Haufen, vor allem im Herbst, wenn die Nüsse fallen, man hört von weit, daß gefressen wird, krachende Schalen in starkem Gebiß.

Wo das Grasland abbricht, zur Talstraße in die Alpen, stehn alte Quittenbäume mit schweren Früchten, man sammelt sie ein, ihr Duft füllt das Haus im Oktober, die ausgekühlten Räume sind hell von Quitten, unförmige Glocken ohne Laut. Die Erde wird nicht mehr umbrochen, im Gras liegen Steine, der Dorn wächst schnell, greift um sich in Breite und Höhe, wächst durch hängende Äste und erstickt das Holz. Schlehe und Brombeer in blauen Mengen, zehntausendmal Nessel und Gras frißt den Boden auf. Das vollzieht sich unaufhaltsam, in maßloser Unschuld, umgeben von Ödland und alten Wegen, die durch Schotter und in die Irre gehn.

Im Gras sind Bäume einzeln stehen geblieben, ein Nußbaum, ein Birnbaum, vier Apfelbäume, gesunde und tote Äste in dichtem Laub, das am Ende des Sommers von Früchten leuchtet, kleine saure Äpfel mit lachenden Backen – rote Kinderäpfel, Engelfutter –, von Würmern schwarz ausgefressen wie alle Birnen, die birngolden hell in Sonne und Nebel glänzen, wie die Quitten quittengolden in Sonne und Nebel, Frühlicht, Abendlicht und trockener Hitze. Das Leuchten, Glänzen und Schimmern der Früchte, hoch in der Luft und über den Gräsern, von Blättern verschattet, von Nordwind geschaukelt, über Nacht gewaschen vom Regen aus Süden, in Fülle nicht zählbar oder einzeln baumelnd – HANGEND wie in alten Gedichten –, beginnt im August und dauert bis in den November, wenn der Regen das letzte Laub in die Öde wirft.

Es ist das Gras auf dem Grasland, das Gras im Herbst, vertrocknet, brüchig, voll Kletten und Dornen, ein strohgrauer Filz, der den Boden dicht überwuchert, in dem sich Tierpfade, Wespen und Nüsse verlieren. Der Hagebuttenzweig neigt sich, ein grüner Bogen, und wächst in die Erde zurück. Wenn Sonne schräg in das Gras strahlt, am frühen Morgen, gibt der Tau mit kristallenem Funkeln Antwort, Millionenpartikel aus Silber, Prärie im Licht. Der Wind aus Norden trägt Geräusche her, Blutgebell von Jagden, Motoren der Straße, nicht oft, nicht lange und nicht zu sehn. Ein einzelner Jäger erscheint zwischen Bäumen, und geht vorbei, da hier kein Hase läuft.

Das Grasland ist weit von Gebirge umgeben, querlagernden Felsmassiven, von Buschwerk behangen, mit Eichenwäldern und Pinien bewachsen, voll rissiger Marnen, nach Norden und Osten offen. Von dort kommt das Klickern der Steinlawinen, die Raubvogelschreie, der scheuernde Schnee.

Es ist. Es ist nichts. Es ist ein Stück Grasland der Drôme. An das ich denke, wenn ich es betrete, sehend, hörend, riechend denke, in dem ich mich aufhalte, wie ich komme und gehe, beiläufig, ohne Absicht, in alten Kleidern, von Tau und Regen durchnäßten Schuhen, im grünen April, im Indianersommer, wenn der Körper zwischen Bäumen gehend nicht sichtbare Fäden der Spinne fängt. Es ist das Grasland, unermeßlicher Raum ohne Namen, von Falken geräuschlos überflogen, L'ESPACE einer Gegenwart ohne Grund, es ist

NACHT BLEIBT DRAUSSEN
UND TRINKT REGEN

4. SEPTEMBER

Ich schreckte aus schwerem Schlaf, drei Uhr in der Nacht, stand in Eile auf und tastete an den Wänden – Regale, Schalter, an Nägeln hängende Kleider –, zerriß ein paar Spinnwebnetze und hörte ihr Knistern. Die Nacht vor dem Fenster war ohne Laut, die Blätter der Pappel bewegten sich nicht. Tastend am Boden fand ich eine Kerze, die Zündhölzer brachen in der erschreckenden Eile. Ich zog Kleider an, eigene, irgendwelche, überstürzt und in der Gewißheit, daß etwas passiert war – ein Dieb war eingedrungen, ein Gast verschwunden, es hatten sich Tiere ins Haus verirrt, eine Reise stand bevor, eine Flasche zerschellte –, aber nichts war passiert, ich sah weder Diebe noch Tiere und fand keinen Hinweis auf mich selbst, Autoschlüssel, Papiere, Koffer – und fiel, wie ich war, in Schlaf zurück.

Als ich wach wurde, gegen Morgen, wußte ich wieder von ihr. Sie lag, das Gesicht zur Wand, unter leichten Decken, drehte den Kopf und lächelte, als ich kam, trank etwas kalten Tee mit Armagnac (sie trinkt nur Wasser oder diesen Tee). Ihre Augen sind täglich größer geworden, leuchtender, klarer, im Tagtraum, im Schein einer Kerze. Ich saß neben ihr, sie betrachtete meine Hände, nie gesehen. Dann sah sie durch die Veranda ins Bergland hinaus.

Wo willst du sein, wo fliegen wir hin, welche Jahrzeit holen wir in das Haus.

Der Gemischtwarenladen an der Straße nach Murs, Ziel ihrer Spaziergänge an den Vormittagen. Sie gehen am Rand des Dorfs an den Gärten entlang, verblichene Möbel unter Apfelbäumen, ein blaues Schaukelpferd in hohem Gras, eine Quittenallee, ein Bienenhaus, angrenzend der Fluß und das Tiefland mit Schlössern und Scheunen. Ein Kater indianert durch die Luzerne, eine Lerche jagt senkrecht in die Luft.

Weiße Luft eines Vormittags im September. Vor Popows Gemischtwaren, unter Platanen, zwei Eisentische auf zwanzig Stühle verteilt, Viviane braucht drei. Den bequemsten für sich, einen zweiten für Füße und Schuhe, auf dem dritten steht der gefüllte Sack – Weißbrot, Rosinen, Wein, eine frische Forelle, der Lokalanzeiger auf gelbem Papier. Popow ist Russe oder Pole, nein Russe, Pole, man kann ihn alle paar Tage danach fragen, und er antwortet gern, daß er Pole ist, aus Tambov. Sein Tambov wird nicht vergessen und laut betont.

Der russisch-polnische Freund und ihre Schulden, Fortsetzungs-Romanze in neunzig sorglosen Tagen. Volle Rotweinkaraffe, volle Gläser. Einer von uns wird bezahlen, aber wann. Einer von uns zaubert Geld, der andere lacht.

Wind von der Straße, ein Wirbel Staub, wenn der Lieferwagen aus Murs vor dem Laden hält. Wind, Taumel des Lichts im Platanenschauer. Ein Bussard, damit sich der Raum zu erkennen gibt.

6. SEPTEMBER

Ankunft in einer Stadt, die Viviane nicht kennt, Bahnhof Lissabon, in der Nacht, allein. Was weiß sie von Lissabon, egal was sie weiß, es ist die geflügelte Zeit vor der Ankunft, Erwartungen, die sie träumte auf langen Strecken, die Zeit verflog in einem Flug aus Schlaf. *Pereira!* Ein Wort, sie kennt die Bedeutung nicht. Sie fährt im Taxi durch eine Nacht am Wasser, Dunkelheit, vielleicht am Meer. Was sie riecht, könnte Duft von Glyzinien sein, warum nicht Glyzinien, Rosen, Oleander, in Lissabon gibt es Gärten wie überall. Die Stadt scheint nicht groß, nicht verwirrend, kein Abgrund zu sein, denn der schwarze Chauffeur hat den Namen verstanden, *Hotel Cordoso,* und fährt sie hin, vorbei an Fassaden und Brunnen und über Plätze, die sie kennen wird, die ihr gehören, in allen Tageszeiten und jeder Nacht. Sie blickt über leere Gehsteige unter Laternen, in Passagen, die sie aus Mailand zu kennen glaubt, ein Augenblick Industrie, zwei Lidschläge Wasser, belebte Cafés, das könnte Palermo sein – sie ist nicht abgeholt worden, aus welchem Grund. Dann steht ihr Koffer vor einer Treppe, wird von einzelnem Handschuh vorausgetragen, durch Portal und Spiegelhalle zum Telefon. Gewißheit, Ungewißheit, er ist nicht da, ist vor ihr angekommen, nicht angekommen – eine Nummer, auswendig, schnell gewählt –, deine Stimme, Geliebter!

7. SEPTEMBER

Morgen fahren wir an den Rand der Wüste, auf der untergegangenen Piste nach Foul-H'ado, wo der letzte Baobab im Harmattan dorrt, vor leerem Horizont auseinanderfällt. Wir sitzen nochmal in den Polstern desselben Wagens, bewährte

Limousine mit Klimaanlage, die hustend Staub und Weißglut mit Eis vermischt. Zur Miete gehört ein Chauffeur, der die Kiste beherrscht, unsere Rückkehr nach Tombac ins Hotel garantiert. Er ist verpflichtet, im Wagen zu bleiben, wenn wir heißen Tee an der Piste trinken, die Bierbüchse, die wir ihm bringen, wird ignoriert; er ist ein wagenlenkendes Monument, ein unzugänglicher Sitzgeist, wir tauschen ihn aus. Morgen chauffiert uns sein Sohn, ein lachender Schwarzer, der das Prunkstück im Schatten parkt und mit uns in die Bar kommt. Unter jammernden Luftpropellern, bei Bier oder Eistee, verbringt er mit uns den Mittag und bleibt zum Diner.

Die Mission ist das letzte Gebäude am Rand der Savanne, Wüstenstation auf zerscherbelten Steinfundamenten, geplünderte Bretterwände, verdrecktes Glacis. Es scheint hier keine Brunnen gegeben zu haben, das Wasser kam in Karaffen und Ledersäcken, von Frauen getragen, oder wir wissen nichts. Die Ruine war alt, als wir sie entdeckten, jetzt ist sie ein *vrac,* die Oase liegt unter dem Sand. Die rosige Kühle des Frühlichts verdampft, das Große Licht steigt auf und vernichtet den Raum, legt Lasten von Hitze grau auf den Horizont. Wir sind dem Tag noch voraus und laufen leicht, die Wüste liegt tief und flach in sich selber fest, sie gibt ein paar Sandkörnern Zeit, sie bewegen sich fort. Eine Schlange entrollt sich, oder wir hören falsch, eine Maus nimmt uns wahr, etwas Sand rieselt hinter ihr her. Vögel, kein Vogel, oder wir sehen nichts.

Hier wollten wir hin, dort werden wir morgen sein, im geflochtenen Strohhut, im staubweißen Schal, in luftigen Hosen, die man im *Tivoli* kauft. An unserer Stelle stand ein Unbekannter, ließ die Schuhe im Sand und ging barfuß weiter, auf gerader Spur in das Licht und verschwand in der Wüste, die alles verschlingt, was Viviane nicht kennt. Wie kam er an diese Stelle, wer war dieser Mensch *without the memory of his shoes.* Die Schuhe verfallen im Sand, von Tieren zerfressen, verschwinden neben der Piste, von Sand überweht. Zufälle, überliefert ohne Grund.

8. SEPTEMBER

Point Shellis, ein Pfad, die Küste hinunter zum Lighthouse. Es ist die Ginsterwildnis, Gold im Sturm, das von Brechern salzgetränkte Moos vor den Stufen, die Eisenleiter, die Bläue, Raum ohne Rest – erzähl mir die Bläue aus allen Tagen –

9. SEPTEMBER

Plateau de Grimone, ein Tag im Oktober, man entdeckt ohne Anlaß, daß der Herbst beginnt, unmerklich, das wiederholt sich in jedem Jahr. Was hat sich verändert. Die Dorfkirchen sind vom Sommer warm, geöffnete Türen, verstaubte Bänke, von langer Hitze ausgetrocknete Orgeln, stimmbrüchige Pfeifen, verklemmte Pedale. Eine Fledermaus verschlief den Sommer im Turmdach, flog durch zerbrochene Ziegel fort. Die neuen Winterkerzen fehlen, weil die Kerzen vom letzten Jahr noch nicht bezahlt sind. Indianersommer, Steilhänge voll Laub, Serpentinen plötzlich voll Laub wie im letzten Jahr. Die Spinne arbeitet in der Luft, sie bewegt sich an nebelnassen starken Fäden, Viviane kommt mit verklebtem Gesicht zurück. Das Frühlicht versilbert den Tau und die Spinnwebgefäße, das Moos schwillt zu orientalischen Polstern an. Nasse Schuhe, Hände in den Taschen. Es gibt ein paar Himbeeren, hart und sauer, sie sind so klein, daß kein Vogel nach ihnen sucht.

Hotel Grimone, verschlossene Garagen, eine Wellblechgarage steht zum Gebirge hin offen. Kassettenrecorder im Treppenhaus, man hört eine Suite von Skriabin, Tschaikowski,

Chopin. Jedenfalls was Slawisches, volle Seele (der Hotelbesitzer stammt aus dem Ural), das einzige Musikstück an Regentagen, an kalten Abenden endlos wiederholt.

Viviane erzählt die Geschichte von einem Verehrer, Cellist im sowjetischen Staatsquartett (man weiß nicht, wie viele Quartette der Staat unterhielt). Stalin war tot. Er lag im Kreml öffentlich aufgebahrt, drei Tage und Nächte bewacht und bestrahlt, die Nation drängte enggerückt an dem Leichnam vorbei. Uns war nicht gesagt worden, was gespielt werden sollte, gespielt oder nicht gespielt werden durfte, also spielten wir – das Risiko lag in uns – drei Tage und Nächte lang ein Prélude von Tschaikowski, in der ständigen Angst, verhaftet zu werden, sechs mal zwölf Stunden das gleiche Prélude von Tschaikowski, in wachsenden Trancen aus Panik und Übermüdung, abwechselnd allein verschwindend in Nebenräumen, eine Stunde Schlaf, ein halber Schluck aus der Flasche, drei Spieler im Halbschlaf fiedelnd so gut es ging – (Die Hotelmusik war nicht in den Zimmern zu hören. Im offenen Fenster verfing sich der Nachtwind, schwere Gardinen, schleifend am Boden –).

10. SEPTEMBER

Es gibt Fluß- und Kanalschiffe, Schiffe auf Binnengewässern, wir sind im Meerschiff unterwegs nach Brest. Im Regen ist vom Atlantik nicht viel zu sehen. Viviane ist seit drei Tagen und Nächten nackt, dabei guter Dinge und rücksichtslos. Sie will sich nicht anziehen, will niemanden sehen, lebt nackt und froh und verläßt die Kabine nicht. Die Mahlzeiten reicht mir der Boy durch den Türspalt zu. Viviane ist – wie sie verkündet – *sehr gelaunt,* sie erfüllt uns beiden einen Wunsch. Wo könnte sie tagelang nackt sein, allein mit mir. Sie sagt: es wird dir bestimmt nicht zuviel, ich weiß es, es gefällt dir, weil es auch komisch ist. Und wenn es dir zuviel wird, gehst du zum Kapitän und trinkst mit ihm drei Kognaks auf unser Wohl. Du siehst das Meer dort oben viel besser als hier. Mit einer nackten Frau im Séparée, bei einem Glas Wein, das ist doch der Wunsch aller Männer, ein schönes Geschenk, und hat mit der Nacht nichts zu tun.

Das muß eine andere Frau sein, sagt Viviane, du verwechselst mich, das Schiff und die Zeit. Oder du hast die Geschichte erfunden – für mich? Wer war diese Frau – Unbekannte Viviane.

11. SEPTEMBER

In Tlaxca endet der befahrene Weg. Ein Hotel, seit Jahrzehnten verfallend, auf brüchigen Säulen, die Dächer sind ausgebrannt, von Balkonen hängt Gras. Eine schwarze Madonna aus Gips oder Speckstein verfällt unter Ziegelschutt im Hof der Abtei. Der Weg setzt sich über den Vorplatz fort – Ruinen zweier Cantinas und mehrerer Brunnen, ein paar Autoreifen in getrocknetem Schlamm – und führt als Wildpfad in das Gebirge, durch schottergefüllte Bachbetten, baumlose Hänge, durch Ödland verwildert in Kaktus und Stein. Die Pyramide steht plötzlich da, hinterm nächsten Buschwerk erstreckt sich das Fundament, aus zerbrochenen Quadern und grob behauenem Fels. Die Gottheiten sind in Gestein und Stille verschollen. Ein schwereloser Himmel umgibt das Massiv.

Es ist Viviane, die eine Ziege entdeckt, danach eine ganze Herde, verstreut im Busch, unzählige weiße Tiere an staubweißen Hängen, keine Glocke ist zu hören, kein Mensch erscheint. Die zuerst entdeckte Ziege – ein kleiner Bock? – galoppiert Viviane entgegen auf einen Stein, beobachtet und begrüßt die Unbekannte, die ein Zuckerstück aus der Tasche nimmt und auf offener Handfläche unter den Ziegenbart hält. Der Zucker bleibt liegen, die Ziege beginnt zu kauen, und spuckt, die Minute zieht sich hin, etwas Feuchtes neben den Zucker in die Hand – es ist der Kern einer fremden Frucht –, schnappt den Zucker mit kurzen Zähnen und springt vom Stein. Dann fort von hier, denn die Herde hat was gemerkt, aus den Büschen brechen gehörnte helle Teufel, die gesamte Ziegenschaft hinter uns her –

12. SEPTEMBER

Küste von Mills, wo sie den Oktober verbrachten, der Tag ist kalt von Ostwind und stechendem Regen, sie gehen durch Moos in grasgrünen weiten Capes, Besitz anderer Leute, an Nägeln hängend im Flur, über Wasserstiefeln, Stöcken, Angelruten. Der Tag ist stürmischer als vor fünf Jahren, die Apfelbäume stehen schiefer, die Äpfel sind saurer, voll schwärzlicher Flecken, noch unreif und hart wie Holz. Das Geflecht der Weidekoppeln fällt auseinander, die Grasflächen sind versteppt, die Pferde verkauft. Auf der Straße nach Morrison Island ist wenig los, außer Lieferwagen und Meervögeln nichts zu sehen. Der Weg verläuft zwischen Felsen und Wasser, Schaum sprüht in das Gras, wenn die Brandung auf Schotter schlägt, in Sekunden zerklatscht und auseinanderfließt. Das knappe Gras bewegt sich bis in die Wurzeln, der zerfließende Schaum rauscht trocken wie Mais im Wind. Ein vereinzelter Vogelschrei fliegt an das Ohr, Mißfallen oder Jubel im klatschnassen Sturm.

Der Blick in die Wasserwildnis, der Blick in den Regen, das doppelte Schwindelgefühl hat ein drittes zur Folge – das ist wie der Flattergeist des geköpften Hahns. Als wäre ich einen Tag lang rückwärts gelaufen. Aber die Füße sind warm in den Stiefeln, die Hände warm im Pullover unter dem Cape. Das Gesicht glüht kalt, friert heiß in der pickenden Nässe. Die Sicht auf das Meer ist verhängt, die Bucht liegt unsichtbar vor Augen, mit verstreuten bunten Holzhäusern unter Föhren, verschlossenen Garagen, verpackten Booten. Im Supermarket landeinwärts ist alles zu haben, die umgebende Menschenleere ist kostenlos, wie das letzte Gold der Wälder am Wasser, das Salz in der Luft.

Wenn sie nach Stunden wieder im Bungalow sind, von tropfenden Capes und durchnäßten Stiefeln befreit, fällt die Dämmerung ohne Farbe ins Winterfenster, und wird im Gefackel der Gaslampe schwarz. Schwarz, sagt Viviane, ist die Farbe des Sumpfs und der Tinte, der ausgebrannten Sonne, des sternlosen Raums. Nacht bleibt draußen und trinkt Regen, die Zeit der Erde heißt Tag und Nacht. Mein Haar ist immer noch schwarz, grau kommt nach schwarz –

13. SEPTEMBER

Nacht blieb draußen und trank Regen, Blätter im Regen mit langsamen Schlucken, Laub im Wasser, triefende Ulmen. Das Frühlicht fiel in meine Höhle, durch das Glasziegelfenster unter der Decke – es wurde Zeit, daß sie wach war. Zeit für den Aufstieg, der Nachtregen war vorbei, der Wagen mußte kommen, aber sie schlief. Ich zog die Schlafende an, Viviane, ließ die Nacktheit in herrlichen Stoffen verschwinden, elfenbeinfarbene Seide, schwarze, graue, sie ließ mich machen. Ich hob ihre Schenkel, das Hinterteil und die Schultern, den schweren Kopf voller Träume im leichten Haar, küßte die Schlafende auf Mund und Brüste (die zuletzt unter weißer Seide verschwanden), sie ließ mich machen. Und fiel schlafend zurück auf das Bett und schlief weiter, Viviane, o Viviane!

14. SEPTEMBER

Alles in Haufen, nachts, wenn du unterwegs bist, Motten betäubt auf den Böden, zuckende Bienen – das ist der gewöhnliche Abfall, sagt Viviane –, Kerzenwachs, Kiesel und Blätter, brüchige Hölzer, und abgeworfene Kleider, zerscherbte Flaschen, Rinde des Nußbaums, Blätter des Wildweins – und man weiß nicht, was das bedeuten soll –

15. SEPTEMBER

Nacht bleibt draußen. Hell, immer heller. Es wird immer heller, aber ich weiß nicht, woher die Helligkeit – regnet es? Ich saß bei ihr. Sie sah durch die Veranda ins Bergland oder schlief. Sie schlief.

16. SEPTEMBER

– und ich vergesse meine Träume, mein Alter, ich habe die Farbe meiner Augen vergessen, das macht nichts, du kennst sie, ich brauche nichts. Erzähl mir von den Platanen am Weg nach Peronne, man kann sie von hier nicht sehen – nein? Ich denke über die Farbe nach – gelb? wie frisches Stroh, du kennst sie – als wäre ein Blatt nie verweht gewesen – aber gelb? – gelb im Oktober, grau im Regen –

17. SEPTEMBER

Auf den Treppen nie jemand gestürzt, und nicht in der Luft, keine Fledermaus, keine Elster –

18. SEPTEMBER

– verwehte Vögel, ein verwehter Kuckuck, gibt es das. Hier
in den Bergen kann so was passieren, alles möglich im Nordwind – aber wer denkt daran –

19. SEPTEMBER

Mach die Augen zu. Schlaf ein, mein Vogel –

20. SEPTEMBER

WEISSE NACHT

Später kannte er Landschaften und ihr Licht, Föhn des Südens, schwere nasse Abende in Burgund, weit stürzende Kometenschwärme in Augustnächten und Zeiten des Regens, Tage und Nächte im Bergland, schlohweiß von frisch gefallenem Schnee. Vogelflüge im schnellen Wind, Unruhe über Flußarmen voll schwarzen Wassers. Aber davor war er jung. Er war noch nicht in Paris und Asien gewesen noch sonst herumgekommen. Sein Weltwunder waren die Weißen Nächte.

Im beständigen hellen Zwielicht ging er nachts um Buchten der Insel, vorbei an Häusern, in denen man schlief, an Autos, die mit steckenden Schlüsseln am Ufer standen. Die Holzverladeplätze waren still, die Fontänen abgestellt, die geschälten Baumstämme lagen trocken, schimmernd wie Zunder. Die Seeflächen zogen sich in nicht geheurer Helle zu den Horizonten hin, waren leer und erschienen leicht. Er sah und hörte kein Lebewesen, keinen Flügel, keinen Ruf. Nirgendwo Hunde.

In den Wäldern, weg vom strömenden oder stehenden, gurgelnden oder lautlosen Wasser und fern vom Meer, waren die Nächte farblos grün, ohne vernehmbare Geräusche, die Umrisse der Kiefern und Birken aus fahlem Schwarz, die Waldböden unter Farn und Bruchholz nicht sichtbar. Fahrwege von Quellen, Müllplätzen, Badehäusern führten weithin leer zu bewohnten Gebäuden, Farmen und Schuppen und lösten sich im Halblicht der Höfe auf. Die Weiße Nacht war schattenlos. Er saß auf Steinen vollkommen still, hörte den Wind ohne Unruhe über sich, die unbewegte Nachtluft um sich herum. Es war eine Stille, die der Süden nicht kannte. Geisterhafte Schwere nördlichen Dunkels, Ohrenklingen der Weißen Nacht.

Er war in einer Juninacht zu Fuß unterwegs. Die Chausseen waren leer und trocken. Wenn ein Wagen entgegenkam oder überholte, flog hochgerissener Staub um ihn, verdunkelte die Helle für kurze Zeit, und versank in den Bäumen. Es waren Großtransporter, Containerfahrzeuge mit schweren Ladungen; es war der Volvo eines Arztes, von dem er wußte, ab und zu ein Taxi aus der Kreisstadt, in der er einmal gewesen war, nicht viel Verkehr. Staub war immer und überall trocken und grau, fast immer geruchlos. Staub in der Weißen Nacht war nicht zu erkennen, er prickelte in die Augen und in den Mund, reizte die Schleimhäute, trocknete Zunge und Hals. Er wußte, was Staub war und hatte Wasser dabei, eine volle Literflasche im Schultersack. Er ging nicht oft auf den großen Chausseen. Auf Pfaden und Fahrwegen blieb er allein, ausgefahrenen Schneisen, weiß trockenem Schlamm, er ging auf dem Wegrand daran vorbei, streifte Holunder und Birkenlaub. Solche Wege gingen am Wasser entlang, führten zu Weilern und Sandgruben, hörten vor Friedhöfen auf. Er war nachts auf Nebenwegen der Wälder an ein Holzschiff gekommen, das aufgebockt im Unterholz stand. Es war verlassen. Weiße Farbe löste sich wie Rindenplättchen der Platane. Bis auf die Silbe ORN in rauchblauer Farbe war der Name weg. Vom Ast einer Kiefer sprang er an Deck, hob den Blechverschluß des Einstiegs und kletterte hinunter in das Schiff. Das Innere des Schiffbauchs war trocken, durch zwei laubverhängte Luken mattgrau erhellt, frei von Tierleben, Moder, Übelgeruch. Das Schiff schien ausgeräumt oder ausgeraubt und danach vergessen. Niemand hatte versucht, es zu vernichten – abzufackeln, in Trümmer zu schlagen. Versteckt im Unterholz, fern vom

Wasser, war es ein Bauwerk ohne Bestimmung und Herkunft, sich selbst überlassen in heiterer Sinnlosigkeit. Ein paar Nächte später kam er zurück mit Gerät und Decke, um sich einzurichten, konnte das Schiff nicht mehr finden, irrte durch die Wälder auf vertraut erscheinenden, fremden Wegen, und ging am Morgen in sein Zimmer zurück.

Ein paar Nächte später ging er auf der großen Chaussee nach Westen, ungefähr wunschlos, ohne zu wissen, wohin. Hinter sich hörte er den Motor eines Lastwagens, schwere Ladung schütterte auf Eisen. Er kannte die Straßengeräusche und wußte, daß das Fahrzeug langsam fuhr. Ein Schwertransporter überholte ihn, beladen mit zwanzig Meter langen, geschälten Stämmen, durch Eisenketten gesichert, und blieb auf der Piste stehn. Er lief hin. Der Fahrer saß hoch über ihm am geöffneten Wagenfenster und fragte, ob er mitfahren wolle. Er kletterte neben ihn auf die freie Hälfte der gepolsterten Sitzbank, der Transporter fuhr los. Er hatte noch nie ein so großes Lenkrad gesehn, der Mann dahinter wirkte unscheinbar schwach, er schien Mühe zu haben, über das Lenkrad zu schaun und es festzuhalten. Er war seit acht Stunden unterwegs, sprach von der Gefahr der Schläfrigkeit, ein Sekundenschlaf konnte im Graben enden. Es war deshalb gut, sich zu unterhalten, Kaffee zu trinken und zu rauchen, vor allem aber zu sprechen, egal worüber, egal in welcher Sprache, notwendig laut des dröhnenden Fahrzeugs wegen. Nichts war einschläfernder als Musik, Erinnerungen, Halbschlafträume, und nichts gefährlicher als die Weiße Nacht, ihre ungefilterte Helle, Nähe und Ferne durcheinandergebracht, unbestimmte Sicht, das Scheinwerferlicht ohne Wirkung da drin. Er sagte: dem Licht der Nächte ist was untergemischt, unsichtbare Vergiftung der Augen und Nerven, die einen verrückt machen kann. Er kam aus dem Süden, und hatte sich nicht an den Norden gewöhnt.

Sie fuhren durch flaches Land, an Wasserflächen vorbei,

durch bewaldete Hügel, Kiefern und Birken standen bis an die Piste, dahinter verstreute Farmen, zu Teilen sichtbar, ein Weg, ein Gartentor, die Ziegelwand einer Fabrik. Sie sprachen laut über alles und nichts, bis der Fahrer fragte, ob es ihm etwas ausmache, auf einen Umweg mitgenommen zu werden. Es machte ihm nichts aus, er hatte Zeit – Zeit für alle Weißen Nächte, Zeit für ein Leben ohne Ende –, und es freute ihn, in Gegenden zu kommen, die er nicht kannte, deren Name ihm unbekannt war, einer der Namen war STEINIGER TIEFLAND. Der Transporter hielt, setzte mehrmals vor und zurück und verließ die Chaussee, fuhr nach Norden weiter auf ungepflasterten Wegen. Im Dröhnen des Motors, im Schüttern und Krachen des Fahrzeugs und seiner Ladung verschwand jedes andere Geräusch und die Laute von Vögeln, kein Fuchs kam zum Vorschein, kein Hund lief vorbei. An die Karosserie schlugen Steine. Er war nie so weit in das Innere des Landes gekommen. Die Wasser- und Baumhorizonte waren flach, mit dunklen Fenstern standen Häuser am Weg, er konnte sich nicht vorstellen, wer hier lebte, so unerreichbar tief im Land, weit weg von den Städten, verloren ohne Meer. Der Transporter hielt auf einem vergrasten Sportplatz in der Nähe einer Villa, ein Pfad führte hin. Der Fahrer stieg aus, er nahm den Zündschlüssel mit. Er sagte: das hier kann länger dauern, du kannst im Wagen schlafen, spazierengehn, wenn du willst, aber nicht zu weit, am besten du läufst auf dem Sportplatz herum. Er blickte in den Außenspiegel, kämmte sich, ließ sich Wasser über die Hände schütten, reinigte die Finger mit Papier. Als er auf dem Pfad zur Villa verschwand, ging Licht in zwei Fenstern an und bald wieder aus, das Gebäude stand alt und dunkel in der Nacht. Es war nicht zu hören, was dort geschah.

Er streckte sich auf dem Sitz hinterm Lenkrad aus und schlief, auf der Herzseite liegend, die Jacke über den Augen. Es war noch helle Nacht, als der Fahrer ihn weckte, er schüt

telte seinen rechten Fuß. Er sagte: sie will, daß du mit rein-
kommst, es gibt was zu essen. Er kletterte unsicher aus der
Kabine, schwankte im halben Schlaf, hielt sich lange am Vor-
derreifen fest, folgte dem Fahrer durch eine offene Tür. In einer
großen Küche voller Öfen und Stühle stand eine Frau und sah
ihm entgegen. Der Tisch war mit drei Tellern gedeckt. Im hohen Küchenfenster sah er Kiefern und Buchsbaum eines bescheidenen Parks, vielleicht war die Villa hundert Jahre alt. Die
Frau trug spitze Pantoffeln und einen eleganten weißen Morgenmantel, der geschlossene Gürtel zeigte, wie schlank sie war,
der Hals und die Beine waren nackt, die schwarzen Haare
durcheinandergebracht. Er stand vor ihrem Körper, ihren Augen und Händen und spürte im Zwielicht den reißenden Blick,
der von ihm Besitz ergriff. Der Fahrer hatte sich nicht ge-
kämmt. Er saß schon am Tisch und kaute Brot.

Der Junge saß der Frau gegenüber und schaute auf den Teller voll Suppe herunter. Die Frau stellte ein Glas Bier neben
ihn. Im Hin und Her der Hände, Löffel und Augen wurde
wenig gesagt. Sie wollte seinen Namen wissen und nannte den
eigenen, Wenda. Sie hatte ihr Leben lang Wenda geheißen
und er Joel, sie lachte, Joel? Sie kannte vielleicht den Namen
des Fahrers, sprach ihn aber nicht mit Namen an, er hatte seinen Namen nicht genannt. Es schien nicht wichtig zu sein, wie
der Fahrer hieß, ohne Bedeutumg für sie und ihn selbst. Er
hatte sich besser mit ihm, Joel, unterhalten als mit der Frau,
Wenda. Man schnitt Scheiben vom Brot und vom Käse und aß,
als sei man einander gut bekannt, und nicht ein Zufall in der
späten Nacht. Die Frau und der Fahrer waren kein Zufall,
der Zufall war er. Die Frau war im Morgenmantel nackt. Als
die Vesper zu Ende war, rauchte der Fahrer zwei Zigaretten,
allein.

Die Frau war aufgestanden und räumte den Tisch ab. Joel
saß noch an seinem Platz, er hätte nicht gewußt, wohin. Der

Fahrer nickte ihm zu und verließ mit der Frau die Küche, danach das Haus. Joel ging ans Fenster und sah in den grauen Park. Er sah in den grauen Park, als die Frau in die Küche zurückkam und sagte: er wartet im Wagen, wir haben Zeit.

WIR HABEN ZEIT. Wenda, die Frau, die Fremde, kam an das Fenster, stellte sich neben ihn mit dem Rücken zum Park und schien zu warten. Sie schien zu warten auf ihn wie er auf sie, sie schien bloß zu warten. Das Warten beanspruchte Zeit, viel Stille und Atem, sehr viel an Geduld, zuviel vom Geruch dieser Frau, es war ihre Wärme, ihr Duft, die die Nähe für ihn gefährlich machte. Er glaubte ohne Geruch zu sein wie an trokkenen Wintertagen allein auf dem Weg. Ohne Geruch war er allein. Alles Vorhandene roch stärker als er, er roch weniger als Regenwasser und Stein. Die Augen der Frau in der Nähe vor ihm – sie hatte für ihn keinen Namen mehr – waren nah, sehr nah vor ihm wie ihre Hände, wie seine Hände nah vor ihr. Ihre linke Hand faßte seine Schulter, die rechte legte sich an sein Haar, leicht und kühl, da glaubte er nichts mehr zu wissen. Seine Hände griffen in ihren Mantel, fanden die großen Brüste und hielten sie fest. Er machte, was sie wollte, sie machte, was ihr und ihm gefiel. In Augen wie ihre hatte er nie geblickt, geduldiges, sanftes Gefräßigsein, das ihn anfiel, was von ihm wollte, direkt, ohne Zögern. Ihr Kuß verwandelte sein Gesicht, übertrug Begierde und Fieber auf ihn.

———————

Der Tag war wenig heller als die Nacht. Wenda begann, sich anzuziehn. Aus den Fenstern ihres Zimmers zu ebener Erde sah Joel in den nördlichen Teil des Parks. Ein vergraster Kiesweg führte an ein Tor, es schien verschlossen, dahinter war freie Fläche, das konnte Wasser sein, Fluß oder See. Ein kleiner Regen begann zu tropfen, bewegte Buchenblätter vor den Fenstern, schlug farblos grün an das Glas. Joel hielt Wenda an der Bluse fest, die über den Brüsten offen war. Nicht anziehn! Sie sagte: wir müssen uns anziehn, du auch.

Er sagte Wenda? Zum erstenmal sprach er den Namen aus und wußte: sie merkt es.

Sie ließ die Hand, die den Kamm hielt, sinken.

Bist du meine Geliebte?

Sie lachte NEIN. Aber vielleicht bist du ein Geliebter von mir, ein Liebhaber?

Sie kämmte sich weiter, Joel sah ihre wachen Augen im Spiegel zwischen den Fenstern und undeutlich hinter ihr das zerwühlte Bett.

Ich würde gern bleiben, sagte Joel, wie lang kann ich bleiben –

Bis du gegessen und getrunken hast. Dein Freund wartet im Wagen.

Er erschrak. Das hatte ich vergessen. Wieso mein Freund – Ich nahm es an.

Er ist dein Freund. Ich weiß nicht, wie er heißt.

Freund oder nicht, ich weiß von ihm, er kennt mich nicht.

Du kennst ihn schon lange?

Er kommt und geht seit ein paar Jahren.

Sie ging in die Küche voraus. Wenda machte Kaffee für ihn. Er saß am Tisch und blickte sie an. Er sah eine leichtgekleidete Frau und ihre ruhigen Bewegungen, Anmut ihres Gesichts, ihrer Beine und Hände bei einer bescheidenen Arbeit, die ihm galt, wie sie anderen Nachtgästen – Männern – gegolten hatte, mit derselben Sorgfalt, ähnlich gelassen, in nicht faßbarer Freundlichkeit.

Sie begleitete ihn zur Tür. Sein Wunsch, sie zu küssen, von ihr noch einmal berührt zu werden, ging flüchtig und kühl in Erfüllung. Auf dem Pfad zur Straße sah er sich nach ihr um. Sie stand in der Tür, hob eine Hand, das konnte ein Gruß gewesen sein, und schloß mit der anderen die Tür.

Der Sportplatz war leer, hier wurde nicht mehr gespielt, Schutt und Büchsen lagen im Gras. Joel sah sich um, der Transporter war weg. Das im Haus dort hatte zu lange gedauert. An einem Pfosten fand er seinen Sack, er hatte nicht mehr an ihn gedacht, konnte sich nicht an den Inhalt erinnern. Er wollte mit seinem Sack zur Villa zurück, um Wenda zu sagen, daß der Transporter weg war, merkte aber nach ein paar Schritten, wie falsch es gewesen wäre vor allem für ihn, sie so bald nach dem Fortgehn noch einmal zu sehen. Er ging auf der Straße fort in die Richtung, in die der Transporter gefahren sein mußte, dort waren Gegenden, die er nicht kannte. Er wollte in Gegenden, die er nicht kannte. Nicht mehr hingehn, wo er gewesen war.

———————

Die Weißen Nächte gingen vorüber, der Rest des Sommers war klar und kühl. In den Bäumen begann der Herbst. Lichtgold einzelner Äste griff über auf alle, leuchtend stand die Akazie im grauen Tag. Joel erkannte den Herbst zum erstenmal. Langsam, auf Umwegen, ging er zurück in den Süden, fand Tagelöhner-Arbeit in Sägewerken und Farmen, ging mit dem Geld in die nächste Stadt zu Frauen, immer anderen Körpern, jungen und alten, frischen und welken. Keine der Frauen war ihm egal, doch liebte er keine, vermißte keine. In Sandwegen und Chausseen erkannte er das Steiniger Land, er war ohne Absicht zurückgekommen. Es dauerte lange, bis er die Villa fand. Er sah jetzt, daß die freie Fläche am Ende des Parks ein See war. Das Gebäude war nicht mehr bewohnt, es stand ohne Zeichen von Leben unter entlaubten Bäumen, mit geschlossenen Fensterläden, vernagelten Türen, winterfestes, leeres Sommerhaus, vielleicht für immer verlassen, vielleicht verkauft. Joel ging den ganzen Tag durch das Steiniger Tiefland, dachte an die Villa und wie es in ihr gewesen war. Wenige Fahrzeuge überholten ihn, er winkte nicht, und keines hielt. Jetzt konnte Regen kommen, das machte nichts. Schön sind Geschichten ohne Pointe, Handlungen ohne Bedeutung, man weiß nicht, warum sie erzählt worden sind.

DRECKIGER JAKOB,
FRIERENDER FRANZ

I.

Frieren im Winter, das ist normal, gewöhnliche Erfahrung des Menschen, er teilt sie mit allen, die nicht in den Tropen leben, keine gefütterten Mäntel besitzen und keine Hüte, vor allem keine heizbaren Häuser haben, Wohnungen, Küchen, Strohmatratzen, Zimmer mit Gasheizung oder Ofen, den man mit Kleingeld füttert bei Tag und Nacht. Mit hochgezogenen Schultern unterwegs, in Regengüssen, im Schnee, in Schwaden eiskalten Nebels, die Hände versenkt in Jackentaschen, leeren Taschen von Hosen und Mänteln, er würde auch einen Muff auf den Straßen tragen, der Anblick macht ihm nichts aus, wenn ein Muff ihn wärmt, überhaupt nichts macht ihm was aus, solang er gewärmt wird, egal welcher Stoff an ihm runterhängt, solang er gewärmt wird von Lumpen, von Zeitungspapier, von den Öfen andrer in guten Stuben. Was soll ein Zylinder ihm ausmachen, Frierender Franz, ein Stück Sack vor der Nase, ein Schlachterschurz vor dem Bauch – nichts stört, was dem Frieren des Menschen abhilft.

Frieren im Winter, das ist normal, gewöhnliche Erfahrung des untoten Menschen, sein Frieren ist im Winter nie aufgefallen, er kann es sich erlauben zu frieren wie jeder, obwohl er mehr friert als jedermensch, Frieren ohne Anfang und ohne Ende. Und was heißt frieren – die Art von Kälte ist nicht von

draußen gekommen, nicht in ihn eingedrungen dieser Frost. Er
verbirgt in sich Gletscher oder Eisberg, unabwendbares Frieren hat ihm den Namen gegeben.

2.

Frieren im Sommer, das ist eine andre Geschichte, er ist der
einzige im Sommer, der friert, kann keine Gründe nennen,
friert allein. Friert in der warmen Zeit, die nichts von ihm will,
in Blütenschauern, Kuckucksrufen, obwohl, es kommt schon
mal vor, daß ihm wärmer wird, dann schlägt er den Mantel auf
und bleibt stehn, steht und geht vor der Sonne auf und ab, sitzt
im Licht, von der Glut des Hundstags umgeben wie der Vogel von seinen Federn, die Katze vom Fell, und hofft, daß das
Frieren nicht in ihn zurückkommt, ihn und seine Zukunft in
Ruhe läßt. Aber es läßt sich nicht halten, läßt sich nicht halten,
er schließt den Mantel überm erwärmten Bauch, die Abküh-
lung macht sich in ihm zu schaffen, die Kälte richtet sich in ihm
ein, er friert.

Wer in der Sonne friert, macht sich verdächtig, verrückt zu
sein, krank und unheilbar, er simuliert. Wer im Sommer friert,
was soll aus ihm werden, er verbirgt sein Frieren so gut er kann,
Schüttelfrost in der Hitze, kalten Schweiß in den Haaren.
Franz, er ist frierend in die Welt gekommen, da drin zu atmen
hat er nicht verlangt, das hat er davon, kein Wunschkind gewesen zu sein. Welt, die Welt erkältet ihn Tag und Nacht, das
macht ihm keiner nach, und das glaubt ihm keiner. Ein Eis-
keller ist sein Herz, eine Ratte läuft drin herum, um am Leben
zu bleiben.

Er hat die Nase voll von gewärmten Leuten, aber ihm
scheint, er hat eine Chance entdeckt. Nachts im Sommer auf
einer Gasthof-Terrasse, drumherum ist Grasland mit Bäumen,

schlafenden Vögeln, stille Laute im Schlaf, um die Schuhe klickt Kies, er ist allein. Der Gasthof – Gasthof zur Sonne – geschlossen seit Mitternacht. Eine Weinkaraffe, zur Hälfte voll oder leer, ist auf dem Holztisch stehengeblieben. Er trinkt, das ist alles, was er macht, nimmt ein paar Schlucke vom nachtkalten Wein, vergißt sein Frieren. In der Karaffe ist Wein genug, er vergißt immer weiter die Ratte, sein Eiskellerherz, schläft ein am Tisch, schläft ohne zu frieren, wacht im Frühlicht auf und kann sich erinnern: er hat eine halbe Nacht lang nicht gefroren, das Frieren vergessen im Schlaf.

3.

Das Gefühl, weiße Haare bekommen zu haben, gestern am Morgen, vorgestern in der Nacht, und daß sie schnell, immer schneller wachsen, beim Anblick der Toten aus der Kopfhaut schießen, und wenn ein Verstummter ihm entgegenkommt, ein geprügelter Knochen und nochmal einer, Maskenköpfe aus Hohn und Verbissenheit, nichts zu machen. Struppige Mengen weißen Haars, das anfangs schwarz, dann grau, dann farblos war, dann weiß, immer weißer wurde, nun schlohweiß den Kopf verläßt. Weiße Haare gesträubt in alle Richtungen, ihr Rascheln, Schleifen, Knistern füllt beide Ohren, das knackt wie kleine Tiere im Unterholz, Vogelschnäbel im gefrorenen Laub. So kann es nicht weitergehn mit dem Anblick der Welt, und mit seinem Haarwuchs, den schlohweißen Haaren, Haare einzeln und zusammengenommen, Haar, das ihm nicht allein gehört, von Weißmachers Wut und Enttäuschung beansprucht wird. Graumacher, Weißmacher, Kahlmacher seines Kopfs. Er hilft sich selbst und seinem Haar, wird gegen Graumacher, Weißmacher was unternehmen, wenn er nicht in dem weißen Haar, in halbeignen schlohweißen Haaren verschwinden will, nicht ersticken will in Haar und abermals Haar. Mit stumpfem Messer schneidet er seine Mähne, reißt Strähnen von allen Stellen des Kopfes, kappt, was fünf Finger halten, wirft es zu Boden, weg mit dem Haar. Geht an Schaufensterscheiben vorbei, um das Haar, sein weißes Haar auf dem Kopf zu erkennen, schnell, immer schneller wachsend, dünn und schütter, in Wellen auf Schultern und Kragen fallend. Sein Haar wächst vor allem in der Nacht, im Lärm des Wachsens findet er keinen Schlaf, verdammt, das Wachsen der Haare mitanzuhören, hört er dem Wachsen des Haars zu, ohne Pause. Dasselbe mit dem Bart, und es macht ihm Mühe, die Nasenlöcher vom Haar zu befreien, den Mund und seine Umgebung haarlos zu halten, um atmen, trinken, essen zu können, Mühsal, Mühsal, und ist es soweit, für den letzten Schrei.

4.

Sie haben sich, von Passanten herumgeschoben, auf dem Allianzplatz wahrgenommen, sind stehengeblieben, aufeinander zugegangen.

Kennt man sich?

Das weiß ich nicht, sagt der Frierende Franz, kann sein, man ist sich begegnet und hat es vergessen.

Wo kann das gewesen sein –

Im Zweifelsfall Stehbiertisch in Bahnhofsnähe.

Das wäre demnach eine Weile her.

Hätte man an einem Tisch gesessen, Steak gegessen und Bier getrunken, würde man sich daran erinnern. Er stellt sich vor: ich bin der Frierende Franz.

Und der andre: Dreckiger Jakob, das bin ich.

Jedenfalls, man hat voneinander gehört.

Da man sich nun getroffen hat, steht dem Kennenlernen

nichts im Weg. Im Prinzip, sagt der Frierende Franz, habe ich kein Interesse, mich kennenlernen zu lassen, auch kein Interesse, jeden x-beliebigen andern kennenzulernen.

Na, x-beliebige Leute sind wir nicht mehr, sagt der Dreckige Jakob und denkt: er sieht nicht aus, als ob er friert. Aber der Mantel ist dick, der Hut bis auf die Augen runtergedrückt, die Schultern hochgezogen am hellen Tag im September – kann also sein, er friert.

Ich hab mir dich ganz anders vorgestellt, sagt der Frierende Franz und denkt: der sieht doch ganz sauber aus, von Dreck keine Spur. Elegante Weste, glatt rasiert, gewichste Schuhe. Der Dreck im Namen kommt von woanders her. Es ist besser, man macht sich kein falsches Bild, kein schönes Bild, man macht sich kein Bild.

Das Kennenlernen ist fast von selbst passiert, darauf soll getrunken werden, und man begibt sich in die nächste Bar, tschin-tschin! Der erste Schluck ist der beste, denkt der Frierende Franz, wo kommt der Dreck in seinem Namen her.

Wo kommt der Dreck in deinem Namen her?

Der blieb an ihm hängen, lange her, er hat dagegen nie protestiert, weil er weiß, da ist was dran. Er ist nicht der Sanfte Heinrich, der Höfliche Joe.

Ist ja auch egal, sagt der Frierende Franz.

So egal kann es nicht sein. Aber der Jakob stimmt von Anfang an, der Dreck, naja, kam später dazu.

Der Dreck und das Frieren hin und her, der eine ist dreckig, der andere friert, wo ist der Unterschied. Sie verabreden sich für den kommenden Tag, abends um sieben Uhr im gleichen Lokal. Im Zweifelsfall immer, wenn es dunkel wird.

5

Seit sie gemeinsam unterwegs sind, ist viel Lustigkeit in der Welt.

Langeweile, die einer mitschleppt, wenn er vereinzelt seiner Wege geht, ist weggeblasen mit einem Mal, altes Unding ohne Namen. Man produziert sich auf dem Boulevard, stößt nicht ohne Absicht mit einem Paar zusammen, das eingehängt durch den blauen Vormittag fliegt.

O verzeihn Sie, ich hatte Sie nicht bemerkt, sagt der Herr.

Was – nicht bemerkt! ruft der Dreckige Jakob. Sie haben mich nicht bemerkt, nichts von uns und unsrer Erscheinung bemerkt!

Nun – in der Tat, verzeihn Sie. Nein.

Ja hat man sich denn den grünen Hut aufgesetzt – diesen da, sehn Sie, er verbeugt sich mit dem Hut in der Hand –, um nicht bemerkt zu werden; läuft man denn im Unsichtbaren herum, die eigne Persönlichkeit in der Manteltasche; hat man sich denn nicht in Schale geworfen, um wahrgenommen zu werden von Gaunern und Schicksen, Hund und Vogel und vom Auge Gottes, des Herrn!

Sprechen Sie, sagt der Frierende Franz.

Da wir uns nicht duellieren, gern. Das sagt der Herr mit guter Laune, seine Dame lacht und weiß nicht warum.

Da Sie uns nicht zum Dinner einladen, keiner des andern Schulden bezahlt, keiner die Dame entführen wird –

Adieu, da wir viermal zu Fuß unterwegs sind –

Überstürzen Sie nichts, ruft der Dreckige Jakob. Wenn Sie, meine Dame, in diese Richtung weitergehn, kommen Sie hoch über der Baumgrenze an einen Bergsee mit dem Namen Meeresauge!

Vielen Dank, singt die Dame, sehr freundlich von Ihnen –

So sind wir immer, flötet der Dreckige Jakob, den grünen

Hut wieder auf dem Kopf. Wiedermal Glück gehabt, sagt der Frierende Franz und folgt dem Dreckigen Jakob in den Schatten der Bäume.

6.

Wenn der Herbstabend dunkel wird, am Stehbiertisch, da hat man seinen Platz. Die betropfte, von Bierschaum verklebte Platte ist eine Zuflucht für den Dreckigen Jakob, für den Frierenden Franz. Sie stellen sich hin mit ihren Gläsern, zu einem Unbekannten an den Tisch, und trinken. Der Unbekannte bleibt unbekannt, er blickt in sein volles Bierglas, ohne zu trinken. Es gelingt nicht, ihn ins Gespräch zu ziehn. Er macht den Mund nicht auf.

Sind Sie immer so schweigsam, fragt der Dreckige Jakob.

Unbedingt.

Hat das einen Grund?

Schon möglich, kann aber egal sein. Ihrem Kollegen scheint es egal zu sein.

Mich stört es nicht, sagt der Frierende Franz, wenn einer lieber atmet als redet.

Der Dreckige Jakob ruft: aha!

Man erfährt zuviel von den Leuten, sagt der Unbekannte. So ein Mensch, er redet und redet, und merkt dabei nicht, wieviel er von sich rausläßt – wofür. Wer will denn das alles wissen, man muß es nicht wissen.

Andere sollen erfahren, wer er ist.

Er will sich verständlich machen, sagt der Frierende Franz, er will aus sich raus.

Ja, er will mal bekannt sein wie in der Talkshow. Steht mit dem Handy auf der Straßenkreuzung und redet so laut wie kein andrer, damit man ihn sieht.

Und was ist mit der Katze, sagt der Unbekannte. Von der Katze erfahre ich nichts, noch weniger vom Vogel, auch wenn er pfeift. Und was hört man vom Pferd?

Pferd, das Pferd, das ist kein Vergleich.

Warum nicht, sagt der Unbekannte. Überlegen Sie mal, was hat man vom Kuckuck gehört. Außer Kuckuck nichts. Mein Ideal ist der Kuckuck.

Warum Kuckuck, wenn es der Stein sein kann, die Luft sein kann.

Der Stein ist stumm.

Man redet zuviel und für nichts, man läßt zuviel von sich raus.

Und der Dreckige Jakob: wenn einer bloß dasteht und das Maul hält, wer hat was davon.

Bitte sehr, sagt der Unbekannte, läßt das volle Glas stehn und geht weg.

Es gibt Leute, die du nicht nachmachen kannst, sagt der Dreckige Jakob nach einer Weile. Und der Frierende Franz, nach langer Pause: na und? Man ist besser dran als er.

Und das sagst du!

Nach ein paar Wochen sahen sie den Unbekannten wieder, aber nicht an einem Stehbiertisch. Er erkannte nicht den Frierenden Franz, den Dreckigen Jakob, den Frierenden Jakob, egal, den Dreckigen Franz. Der Unbekannte ging eine Straße entlang, sie war lang und leer und ohne Bäume. Seine Lippen bewegten sich, die Augen schliefen, er sprach mit sich selbst. Die linke Hand hielt eine Quetschkommode, die rechte tastete an den Mauern entlang.

7

Der Dreckige Jakob hat immer mal wieder die Taschen voll Geld, Großgeld, Kleingeld, flüchtige schnelle Knete, der Frierende Franz erkundigt sich nicht, wo es herkommt. Privatbesitz, kein Sparbuch vorhanden, das Geld ist da, um rausgeworfen zu werden.

Zur Feier des Tages, der Nacht und des frischen Besitzes wird Champagner organisiert, nicht zu wenige Flaschen, und man sieht sich nach einer Kutsche um. Kutschen, vollgestopft mit Touristen, ferienfeiernden Bäuchen aus Übersee, wie sie, von Pferden gezogen, durch Städte klappern, die für alle, außer für Jakob, außer für Franz, als Museen angesehn werden – so eine Kutsche soll her. Sie wird gefunden, mit zugehörendem Gaul, im Hinterhof einer Kutsch & Pferdefirma und für zehn Stunden gemietet. Dort wird gefragt, ob die Herren kutschfahren können, mit dem Pferdchen, dem Gaul da, umzugehn wissen, er heißt Comandore. Da sie das Pferd nicht reiten wollen, selbstverständlich ja, sie gehn mit ihm um, und für das Fuhrwerk ist kein Führerschein Vorschrift. Man hinterlegt eine starke Summe – an diesem Tag ist das kein Problem, o volle Taschen! –, ein Maulsack voll Hafer wird mitgegeben, eine Wetterdecke für den Gaul, man steckt auch Scheuklappen ein, für alle Fälle. Der Champagner wird auf das schwarze Fahrzeug verladen.

Man klappert, vom ruhigen Gaul gezogen, nebeneinander auf dem Kutschbock sitzend, auf schönen, hohen Brücken über den Strom, auf großen Boulevards im milden Herbstlicht, und trinkt. Jakob hält die Zügel und Franz die Flaschen, eine nach der andern bis in die Nacht. Zuerst das Gelächter, danach der Rausch, danach der Schlaf. Zuerst das Witzereißen und Schwadronieren, ganz großartig sitzt man hoch über dem Pferd, läßt Champagner auf den Pferdearsch schäumen, danach geht Gelächter in Geseire unter, man lacht noch und lallt, verliert einen Schuh, wirft leere Flaschen vom Kutschbock, das klingende Zerscherben löst Frohsinn aus, danach wird es ruhig dort oben, und man schläft ein, zuerst der Dreckige Jakob, danach der Frierende Franz.

Man schläft und man schläft, und fällt nicht vom Kutschbock, es ist Nacht, und der Gaul, da der Zügel kein Zeichen gibt, weiß nicht weiter. Er trabt, sich selbst überlassen, im Kreis, da er Platz hat zwischen Monumenten und Bäumen, parkenden Wagen im Dunkel. Und weiter im Kreis, und langsamer, langsam, schrittweise, stiller Hufschlag auf Katzenkopfpflaster, der Gaul ist müde geworden und bleibt stehn. Er steht vor der Kutsche, vielleicht, daß er schläft. Auf dem Kutschbock wird geschnarcht und geschlafen.

Das Erwachen auf dem Kutschbock am frühen Morgen hat keine Folgen. Das Geld ist, wo es sein soll, alles weg.

8.

Frauen! Es gibt davon nie genug. Der Dreckige Jakob freut sich, der Frierende Franz ist still. Der eine redet von Frauen, der andre hört ihm nicht zu. Frauen, die für eine Nacht kommen und zwei Jahre bleiben. Die bei ihm einzogen und nach drei Nächten verschwanden. Die ihn betrogen, beklauten, sitzenließen. Die er ausnahm, versetzte, nie wieder sah. Aber der Frierende Franz hört dem Dreckigen Jakob nicht zu.

Interessiert dich das nicht?

Nicht, wenn du eine Show draus machst.

Der Dreckige Jakob hat ihn immer mal wieder mit einer seiner Puppen bekannt gemacht. Dann ging man zu dritt in eine Bar, und der Dreckige Jakob pries seine Dame an, du solltest mal ihre Schenkel sehn, und so weiter. Bist du ihr Zuhälter, fragt der Frierende Franz. Was denn – du glaubst mir nicht? Na schön, dann erzähl was von dir. Die gepriesene Dame ist froh, daß das nicht passiert. Maulhalten, sagt der Frierende Franz, dann ist alles gut. Es kommt vor, er bezahlt sein Bier, läßt den Dreckigen Jakob sitzen und geht weg. Die Frau bleibt bei dem, der bezahlt, und das ist der Jakob. Er weiß nicht, was sein Freund mit den Frauen macht, der Frierende Franz verliert darüber kein Wort.

Er hat seinen Freund nicht ins Vertrauen gezogen. Denn die Frauen kommen zu ihm, wenn sie den andern, Jakob, hinter sich haben. In der Nähe des Frierenden ist ihnen wohl, er gibt den Frauen ein gutes Gefühl für sie selbst, für ihn, für den Augenblick, für Tag und Nacht. Einer Frau gefällt, daß sie stärker ist als sein Frieren, solang sie bei ihm ist, friert er nicht. Er friert, wenn sie fort ist, aber das weiß sie nicht, davon spricht er nicht.

Eine von ihnen, Sonja, kam ein Jahr lang zu ihm, der Dreckige Jakob hatte sie vergessen. Er war verwundert über sich selbst, was er Sonja sagte, lieber nicht sagte, für Sonja unternahm oder unterließ. Wie er sie ansah, was er von ihr wünschte. Ein Spaziergang mit Sonja unter herbstlichen Bäumen, als er von Gold sprach und die Laubfarbe meinte. Ohne sie wäre ihm kein Laub als Gold aufgefallen, Gold wäre der Geldwert gewesen, sonst nichts. Er hätte den Herbst ohne sie nicht für möglich gehalten, im schönen September hätte er bloß gefroren.

In seinem nächsten Leben wird er vom Leben hier nichts mehr wissen, und nichts von Sonja.

9.

Als er noch jung war, erzählte der Dreckige Jakob, fand er Arbeit auf einem Friedhof, gewöhnlicher Job als Schaufler, Erdarbeiter – mit fünf andern seiner Sorte, sie waren ein Team –, ein gewöhnlicher Friedhof war das nicht. Vielzweckfriedhof, das Wort kam ungefähr hin. Eine Anmeldung nahm die Wünsche der Kunden entgegen, normaler Service ohne Gegenfrage, niemand erfuhr, was in die Erde kam, es gab darüber kein Dokument. Holzkiste, vier mal dreißig Zentimeter, in anderthalb Meter Tiefe zu vergraben. Eine Katze? Kaum. Wahrscheinlicher ein Hund, am wahrscheinlichsten ein Mensch oder seine Reste. Er erinnerte sich an die Mühe, die es machte, das enge Loch mit der Schaufel auszuheben. Bulldozer hoben Schächte aus, darin verschwand unförmiges Packzeug, Container, Massensärge, versiegelte Krüge, es fanden Abarten von Entsorgung statt. Was auf Beerdigungen herumstand, in schwarzen Mänteln, Schleiern, Hüten, sah nicht danach aus, von Schmerz geschlagen zu sein. Das waren Überlebende einer Gang, Teilhaber, Zeugen, Zwischenhändler, sie überwachten Art und Ablauf der Feier, standen Schulter an Schulter um ihr Loch, wehrten unbefugte Einblicke ab. Es gab Totenreden von falschen Priestern, echten Militärs und bezahlten Sprechern, Frauen hoch honoriert für Klage und Tränen, Krokodilstränen spiegelnde Brillengesichter, Novembervisagen weißer Westenschaft. Nach ein paar Tagen standen Grabsteine dort, mit gewöhnlichen Namen in kunstvollen Lettern, gewöhnlichen Daten von Geburt und Tod. Gärtner arrangierten die Areale, Blumenrabatten und Steinplatten kamen hin. Der Friedhof existierte seit fünfzehn Jahren, in einem Randbezirk von Montza, zwischen Abwassergräben und alten Fabriken. Kann sein, daß Agenten auf den Friedhof kamen, Geheimdienste, Voyeure verschiedener Art, aber Polizei wurde nie bemerkt.

Nie waren der Lohn und die Trinkgelder besser. Der Dreckige Jakob verlor den Job, als er an einem heißen Tag die vorgeschriebene Uniform ablegte – schwarze Kappe, schwarzes Jakkett –, um im T-Shirt zu schaufeln.

Der Dreckige Jakob und ein Kollege hatten den trainierten Bösen Blick, was Umfang und Inhalt der Gräber betraf. Sie kamen zurück in der folgenden Nacht, legten die neu geschlossenen Grabstellen frei, machten sich über die Behälter her. War etwas größer als ein normaler Sarg, kam eine Plünderung nicht in Betracht, da waren Ermordete drin oder Teile von Toten, in alter Verfaulung, frischer Leichenstarre, da kam man in Berührung mit tödlichem Müll. Aber was die gewöhnlichen Ausmaße hatte – Kisten, Urnen, Behälter aus Blech und Metall –, da lagen die Waren und die Gelder drin, Rauschgifte, Waffen, Dokumente, haltbar untergebracht für den Tag des Gerichts, für ein Datum X einer Zeitrechnung ohne Gott. Was wir da fanden, sagte der Dreckige Jakob, was wir da abschleppten in unsern Kofferraum, in trocknen Nächten beiseite schafften, ohne Spuren zu hinterlassen, wir waren die Profis, teilten eins zu eins und plünderten weiter, aber nicht oft genug, um erwischt zu werden. Mir konnte am Ende nichts Bessres passieren, als den Job zur richtigen Zeit zu verlieren. Es war danach ein Vergnügen unterzutauchen, keine Ahnung, ob der Friedhof noch existiert –

10.

Nachts haut was gegen die Tür des Frierenden Franz. Das kann ein Betrunkener sein, der die Treppen hochschwankt, ein Kompagnon auf der Suche nach einem Bett. Das war mal eine verirrte Eule, die nicht aus den Fluren herausfand. Es ist der Dreckige Jakob, der draußen steht.

Er kommt das erste Mal zum Frierenden Franz. Wie er ihn gefunden hat? Eine Frage hier, ein Hinweis dort, er kennt die Adresse seit einiger Zeit.

Dann ist es erstaunlich, daß er ihn bisher in Ruhe ließ.

Man wartet mit der Überraschung solange, bis der Zeitpunkt gekommen ist.

Du mußt mir helfen, sagt der Dreckige Jakob.

Was ist passiert –

Hast du zu trinken?

Sie trinken, bis sie genug getrunken haben, der Dreckige Jakob hat Durst auf Bier. Er sagt: mir ist jemand unter der Hand krepiert –

Das heißt, du hast ihn umgelegt?

So kann man das nicht sagen. Die Sache war Zufall.

Langsam, der Reihe nach. Was ist passiert – eine Frau?

Bei mir ist noch keine umgekommen, sagt der Dreckige Jakob. Ich habe eine Kapazität gekidnappt. Der Typ war dick und satt, das war mein Fehler, er wäre besser dünn und hungrig gewesen.

Warum machst du das, kidnappen.

Erinnerst du dich, wir haben phantasiert, wie man das macht, sich zu amüsieren. Man kidnappt einen Boß, eine Kapazität, die Firma ist egal, aber man macht das nicht wegen Geld, man will bloß ein bißchen mit ihm spielen, Katz und Maus nach eignen Regeln. Man hat sein Vergnügen, du erinnerst dich?

Keine Erinnerung.

Weil ich ahnte, mein Freund ist nicht der Typ – wenn es losgeht, verläßt ihn der Humor, er fängt an zu frieren –, habe ich die Sache allein gemacht.

Mir ist kalt geworden. Erzähl weiter.

Ich habe einen Boß in seinem Wagen entführt; nahm ihm das Handy weg, er chauffierte, ich saß hinter ihm, es war ein

Vergnügen; brachte ihn in meine Hinterhöhle, hatte ihm die Schnauze mit Pflaster verklebt. Alles ging gut, das war spät in der Nacht, und er glaubte nicht, was mit ihm passierte. Wir hatten Glück. Lud ihn zu einer tollen Mahlzeit ein, redete ihm zu, ihm wird nichts passieren, wenn er ißt oder frißt, was ihm vorgesetzt wird. Er ißt und frißt immer weiter, was für ihn auf den Tisch kommt. Besser, er ignoriert meine Gastfreundschaft nicht, sonst kann was schiefgehn. Ihm blieb nichts übrig, er machte mit. Ich hatte das Essen gut vorbereitet, für ein großes Gastmahl alles da, Fisch und Fleisch, Champagner, Wein, Mayonnaisen, Klöße, Käse, Blutwurst, Schinken, gut zubereitet und in der Reihenfolge, die ich mir vorstellte, ich aß selber mit, aber langsam, um fit zu bleiben. Um das zu finanzieren, hatte ich zwei kleine Dinger gedreht.

Der Frierende Franz saß still, er hörte zu.

Das dauerte, sagte der Dreckige Jakob. Ich begleitete ihn zur Toilette, warf kaltes Wasser in sein Gesicht, trocknete ihn ab, und dann ging es weiter. Es ging gut weiter bis ins Dessert, er atmete schwer, mein Fehler, ich paßte nicht auf. Er wollte kotzen, aber ich ließ nicht locker. Er löffelte weiter, nochmal weiter, und verstand nicht, was mit ihm passierte.

Das hat dich amüsiert –

Privatvorstellung, ziemlich komisch, mir gefiel das.

Ihm wurde übel, sagte der Frierende Franz, der Kopf lief blau an, er fiel vom Stuhl –

Genau. Er war tot, als er auf den Boden schlug. Gab mir große Mühe, ihn zu beleben, wußte aber nicht, wie man das macht. Froh war ich nicht.

Du wolltest, daß ihm schlecht wird –

Das gehört zum Spiel.

Erzähl weiter, sagte der Frierende Franz. Wer war der Typ?

Keine Ahnung. Sein Wagen stand irgendwo an der Bordsteinkante. Am Weg zu dir ließ ich ihn stehn, an einer Ausfallstraße weit weg von hier. Die letzten Kilometer ging ich zu Fuß. Er liegt in meiner Höhle.

Du bist sicher, er ist tot –

Lustiger für alle, wenn er wieder hochkommt, aber er atmet nicht.

Stell dir vor, er wird wach und kommt auf die Beine – was dann –

Ich habe seine Brieftasche nicht geklaut.

Also alles halb so schlimm. Er hat sein Geld und seine Papiere, findet ein Taxi und fährt hin, wo er herkommt.

Wenn er wach wird –

Tja, wenn er auf die Beine kommt.

———

Wenn du willst, bleibst du hier, sagte der Frierende Franz. Ich bleibe nicht hier, wir trennen uns.

Was denn –

Alles, verstehst du, alles – Knochenbrüche mit oder ohne Zufall, ausgeschlagene Zähne, Diebstähle en gros, Betrug und Raubüberfälle, abgefackelte Sportwagen, Prügeleien, Duelle, Marterpfähle und Ohrfeigen, alles –, aber nicht der Tod.

Ich sage doch, die Sache war Zufall!

Ich gehe, hier sucht dich keiner, was brauchst du – Geld? Es liegt dort im Kasten. Kleider? Liegen hier überall rum, such sie zusammen. Schlüssel? Er steckt in der Tür, du schließt hinter mir ab.

Wo willst du hin –

Zu einer Frau.

Mann, du frierst doch, da wirst du nicht warm!

Oh, sie kennt mich.

Der Frierende Franz sah den Dreckigen Jakob nicht wieder, und der hörte nie wieder vom Frierenden Franz.

SIMBAL IM GRABEN

Wo immer er hinkam, waren Menschen da. Sie waren vor ihm dagewesen, kamen an, wenn er fortging, blieben da, wenn er fort war, kannten ihn oder waren fremd, grüßten oder blickten an ihm vorbei. Erschien ein Lebewesen am Horizont, Mensch oder Hund, war das ein gutes Zeichen: die Welt in seiner Nähe war nicht leer, sie war nicht entvölkert. Wenn er suchte und rief, waren Menschen da, irgendein Lebewesen zeigte sich, machte das Fenster auf und fragte, was los sei. Aber er rief nicht nach ihnen, er suchte sie nicht. Sie suchten nicht nach ihm, sie riefen ihn nicht.

Jeder andre besaß ein paar Sachen, die ihm gehörten, die er zeigen konnte, vorzeigen wollte. Er trug oder führte sie mit sich herum, ein Handy, ein Kind, einen Koffer, ein Fahrzeug; Fahrzeug, Koffer, Kind und Handy, volle Tasche, leere Tasche, irgendein Ding zu gebrauchen und nicht zu gebrauchen. Er hatte keine paar Sachen, die ihm gehörten, er hatte nichts. Er besaß nichts außer dem Namen, Simbal, hatte sich abgefunden mit dem Wortlaut, andere hießen Unversucht oder Markanter und konnten daran nichts ändern. Es war sein Reichtum, daß er nichts brauchte, nichts vermißte, aus diesem Grund nichts sammelte und nichts fortwarf.

Aber irgendwas fehlte ihm. In der Nacht lag er wach und wußte nicht, was es war. Es war nicht immer dasselbe, es kam und ging, und wenn er wach lag, war es der Schlaf, war bloß der Schlaf. Er fragte die Dunkelheit, den Wind und die Nässe, aber was er da brauchte, hatte er schon, den Hut und den Mantel. Er fragte die Füße und die Hände, ihre Antwort im Winter war Schuh und Handschuh, im Sommer gab es die Frage nicht. Vielleicht dachte er daran, sich ein Haus zu verschaffen, warum ein Haus. Er konnte ein Haus nicht stehlen und nicht entführen, nicht an die Stelle versetzen, an die er dachte: an den Rand des Trümmerbezirks, wo mit Gras und Bäumen die Welt wieder anfing, und nicht in den Friedhof zu den Steinen und Toten. Er brauchte keinen Stein, keinen Edelstein und kein Tier, überhaupt kein Kind, noch weniger einen Fisch. Seine Gedanken wurden kleiner, sie blieben an einer Katze hängen, kleiner noch, an einem Floh. Den Floh hatte er gehabt, der fehlte ihm nicht, und damit war entschieden, ihm fehlte nichts. Der Reichtum erfreute ihn, er brauchte nichts.

Er ging, um atmen und schlafen zu können, zu den Toten eines Friedhofs im Trümmerbezirk.

Der Friedhof war von Mauern umgeben, voll hoher Platanen und Buchen, seit neunzig Jahren außer Gebrauch. Fünf Gittertore waren offen am Tag, in der Nacht geschlossen. Gräber ungezählt an leeren Wegen, schmale Gräberstraßen voll Schlamm, Laub, Schnee. Eingesunkene Steine, gestürzte Säulen, von Wurzeln gehobene Platten aus Sandstein und Schiefer, mit Daten und Titeln der Gestorbenen. Hier lagen Vergessene mit ihren Familien, Ärzte, Beamte, Offiziere – Silvester, Seilnacht, Kunzinger, Buß und Hug.

In den Nordteil des Friedhofs waren Bomben gefallen. Die Erde war aufgewühlt, voller Trichter und Gräben, tief genug, um darin zu verschwinden. Er hatte in Trümmern gewohnt, in Ruinen geschlafen und am Ende eines Winters den Friedhof entdeckt. Dorthin kam er zurück, um unsichtbar zu sein, um zu vergessen und vergessen zu werden, um zu schlafen.

Der Anblick der Toten war ihm vertraut. Sie lagen herum, wo immer er hinkam, ihre Reste und Teile, ohne Wiedererkennen. Aber die Toten im Friedhof waren alt, Abwesenheit, die endgültig war und niemanden anging. Die Tode dieser Gestorbenen waren gut. Sie waren nicht zerrissen worden, nicht angetötet, verkohlt, verblutet, sie wurden gewaschen in den Sarg gelegt und wurden beklagt. Die Gestorbenen blieben unter sich. Sie wußten nichts von Menschen und Tieren, was die Lebenden machten, war ihnen egal, wie den Steinen egal war, was die Lebenden machten, dem Licht, der Nacht und der Jahrzeit egal, was die Lebenden machten, was er machte.

Es gab keinen Grund, mit den Toten zu sprechen, keinen Grund, auf ihre Gräber zu spucken, die Tode zu beklagen, an ihren Namen zu zweifeln. Kein Grund war da, die Vergessenen zu zählen, ihre Knochen zu foltern. Nicht nötig, die Särge auszugraben. Vollkommenheit der Gestorbenen im Tod, sie ließ ihn in Ruhe. Er lag im Graben neben den Toten, flickte Mantel und Schuh und rauchte, zählte sein Geld, aß sein Brot und wurde nicht satt. Er war, seit er lebte, nicht satt geworden. Ungesättigt von Brot und Wasser, Schlaf und Nacht, Atem und Licht. Er hatte es satt, in der Kälte zu sein, eine Kälte in sich zu spüren, in ihr zu frieren. Er hatte es satt, in der Zeit zu sein, im langsamen Fortgang seit seiner Geburt. Er hatte es satt, ein Mensch zuviel zu sein. Die Lebenden kannte er, eine Menge.

Der Schuttplatz des Friedhofs war voll von Steinen. Im Haus daneben wohnte der Wärter. Seit neunzig Jahren wohnten die Wärter im Haus, einzelne alte Männer mit Schubkarre, Fahrrad und Schlüssel. Sie folgten aufeinander ohne Namen, wurden an anderer Stelle unter die Erde gebracht.

In der Dämmerung wurden die Tore geschlossen. Der Wärter schwang die Glocke auf allen Wegen, führte verspätete

Leute hinaus, schloß hinter dem letzten Liebespaar ab. Den Herbst lang kehrte er Blätter von Wegen und Steinen und aus dem Moos, das die Böden bedeckte, warf sie vom Karren in die Gräben. Die Glocke wurde durch ein Horn ersetzt, als komme ein Schiff durch das Zwielicht gefahren.

Der nächste Wärter kam mit einem Hund. Das große Tier lief frei in der Nacht herum, die Schnauze am Gitter, wenn draußen ein Mensch vorbeiging. Blutgebell im Dunkeln, Wut und Hunger, er verließ den Friedhof am Abend wie alle, verbrachte die Nächte draußen, in Trümmern und Löchern, kam am Morgen zurück und schlief oder wachte im Graben.

Der dritte Wärter trank allein im Haus. Er war sein eigener Hund, wütete an den Gittern in der Nacht, taumelte von den Wegen und über die Gräber, schlug gegen Bäume, verlor den Schlüssel, fiel um, blieb liegen. Das Laub blieb liegen, trocknete an hellen Tagen, faulte im Regen, verfiel im Schnee. Der Betrunkene konnte nicht sterben, er lebte weiter, kannte den Friedhof nicht, wußte nichts von den Gräben, in denen Simbal schlief, in denen er wach war.

Er hatte den Trümmerbezirk verlassen, als er sah, daß ihm jemand folgte. Drei Männer gingen hinter ihm, der Abstand war weit und blieb derselbe. Sie gingen langsam, wenn er langsam ging, schnell, wenn er schnell ging, und warteten, wenn er stehenblieb. Sie behielten ihn im Auge, daran war kein Zweifel, sie trieben ihn vor sich her, egal wohin.

Kannten sie ihn? Er hatte sie nie gesehn. Ihre Gesichter waren nicht zu erkennen, die Kleidung – Hemd und Hose – war grau und gewöhnlich, sie hatten nichts bei sich, trugen keine Waffen. Er wußte, es braucht keine Waffe, ihn fertigzumachen.

Er hatte nichts bei sich außer dem Käfig, den hatte er aus dem Sperrmüll geholt. Der Vogel im Käfig war schwarz, eine

Amsel, nicht irgendeine Amsel und keine, die man im Winter fängt, weil sie hungernd auf der Erde steht. Die Amsel gehörte ihm, sie war seine Amsel, er hatte sie nicht gefangen und nicht gezähmt. Sie war von allein in den Käfig gesprungen, als er ihn mit offener Tür unter einen Baum gestellt und die Amsel sich selbst überlassen hatte. Als er zurückkam, war die Amsel drin, und er machte die Gittertür zu.

Seither trug er die Amsel im Käfig. Das hatte keine Folgen für ihn, keine gefährlichen, keine guten. Wer ihn bemerkte und die Amsel sah, ging weiter und machte sich keine Gedanken, wie er sich keine Gedanken machte und weiterging, als trage er einen Koffer. Jetzt waren drei Fremde hinter ihm her.

Es konnte nicht wegen des Käfigs sein, es war nicht die Amsel. Er war es, dem hinterhergegangen wurde, und er fragte sich, wie das weiterging. Wie es weiterging, das lag an ihm, es hing allein davon ab, was er machte, mit dem Käfig, der Amsel und mit sich selbst, da war es gut, daß der Tag zu Ende ging. In der Nacht war er unauffindbar mit seiner Amsel, er war in der Dunkelheit nicht mehr da.

Er wartete in einem Gestrüpp, ließ die Männer vorbeigehn und kehrte um. Sie redeten in einer fremden Sprache und gingen weiter, als sei er vor ihnen auf dem Weg.

Er verbrachte die Nacht in einer leeren Baracke, schlief ohne Traum auf dem Bretterboden, die Amsel war still. Als er am Morgen auf den Weg zurückkam, waren die Männer da und folgten ihm in weiter Entfernung.

Er dachte: ich muß etwas machen, das sie von mir ablenkt.

Als er in einer Wegbiegung war, für einen Augenblick außer Sicht, stellte er den Käfig an den Rand des Wegs, ließ die Amsel heraus und ging ohne Käfig weiter. Die Amsel folgte ihm durch die Bäume, in niedrigem Flug, ohne Laut. Als die Männer den Käfig bemerkten, blieben sie stehn, gingen um ihn herum und betrachteten ihn. Er dachte: sie werden den Käfig behalten, sie nehmen ihn mit, aber da hatte er sich geirrt. Sie traten gegen den Käfig, stießen ihn durch die Gegend, sprangen auf ihm herum, zerstampften ihn. Sie traten so lange auf ihm herum, bis er flach war und auseinanderfiel. Als nichts mehr mit ihm anzufangen war, kehrten sie um. Sie gingen zurück auf dem Weg, den sie gekommen waren, bis er sie nicht mehr sah.

Wo war die Amsel. Er glaubte, sie in den Bäumen zu hören, aber sie kam nicht zu ihm zurück.

———————

Geräusche weckten ihn, er lag im Laub, die Luft über ihm war voller Bäume. Eine Gestalt stand am Rand des Grabens, blickte auf ihn herab. Er schreckte hoch, die Gestalt war kein Tier, im Gegenlicht sah er den Umriß einer Frau. Ein Mensch hatte ihn entdeckt, es war das erste Mal.

Die Frau kam in den Graben herunter, setzte sich zu ihm in das Laub. Ihr Blick auf ihn war kalt, was in ihm lauerte nackt und lüstern und freute ihn nicht. Er dachte, sie will den Graben für sich, was anderes kann nicht sein, von mir will sie nichts. Die Frau trug ein Festkleid aus schwarzer Seide, einen hellen Schal um die Schultern und spitze Schuhe, schäbig alles, verbraucht, aus anderer Zeit. Sie war schlank und klein, nicht jung und nicht alt, ihr Haar erschien ihm dunkel ohne Farbe, hing in langen Strähnen vom Kopf, bedeckte das halbe Gesicht. Trockene Lippen, stumpfe Haut, ihre Hände konnte er nicht sehn, sie waren im Laub oder unter dem Schal. Die Nasenflügel bewegten sich, die Mundwinkel bebten, ihr Lächeln war knapp und hart, mit Zähnen gefüllt. Sie hatte noch immer kein Wort gesagt, und er wußte, sie wollte den Graben nicht, sie wollte ihn. Er wartete darauf, daß sie etwas sagte, daß eine Hand zum Vorschein kam. Die Hände kamen unter dem Schal hervor, sie sagte nichts.

Sie verschwand aus dem Graben, er wußte nicht, was passiert war. Er wollte ohne Erinnerung aus dem Laub, den Graben für immer verlassen, aber er kam in ihn zurück. Wälzen im Laub, kein Laut, kein Schrei. Es war keine Lebende, mit der er geschlafen hatte.

———

Im Friedhof wurde ein Toter gefunden. Er lag zwischen Gräbern auf dem Weg, Mund und Augen standen offen, die Hände waren zu Fäusten geballt, keine Spur von Blut. Ein paar Leute standen um ihn herum. Man rief nach dem Wärter, schlug an die Tür des Hauses, aber er kam nicht. Der Wärter war nicht da, er war nicht mehr da, schlief betrunken auf der Treppe, war von der Treppe gestürzt, lag tot auf dem Boden. Den Toten im Friedhof kannte keiner, den Wärter hatte man gehört und gesehn, er war es nicht. Noch nie war im Friedhof ein Mensch gestorben, am hellen Mittag beraubt und umgebracht. Tote Katzen hatte man schon gesehn.

Simbal war aus dem Graben gekommen, er sah, was los war, es passierte nichts. Ein paar Leute standen um den Toten herum, ein Kind mit Fahrrad, ein Mann mit schwarzem Hund, eine alte Frau. Soll man den Unbekannten in das Gebüsch ziehn, in den Graben werfen, hinter einem Grabstein sich selbst überlassen, ein Fall für die Vögel. Er ging hin und stellte sich zu den Leuten.

Später kamen Männer in Uniform, andere trugen eine Bahre, einer fotografierte den Toten, ein anderer durchsuchte seine Kleider, ein dritter oder vierter befragte die Leute und Simbal, aber keiner konnte Auskunft geben. Der Tote wurde aus dem Friedhof getragen, nach einer Stunde war niemand mehr da. Wer danach auf dem Weg ging, sah keine Spur.

Er zog sich in den Graben zurück, in das Halbdunkel unter dem Buschwerk, in das Laub. Wenn es gutging, kam der Tod zu ihm in den Graben, niemand fand ihn, niemand vermißte ihn. Er wurde nicht angefaßt, nicht durchsucht, nicht fortgeschafft. Unauffindbar im Graben, verschwunden im Laub.

WINDIG

Sind Euer Gnaden vielleicht selbst Spitzbube?
(Cervantes)

I.

Windig ist mal wieder auf dem Weg, wie es scheint, gehört er dort hin. Die Krähen erkennen ihn und die Steine, das Kraut und die Nesseln, der Staub und die Luft. Auf dem Weg wird er müde und will schlafen, aber wo. Am Abend erscheint die Dämmerung, durchsichtig, undurchsichtig, dann kommt die Nacht. Das alles geht vor sich und Windig ist müde geworden.

Da fällt ihm das Gasthaus ZUM SCHWANEN ein. Er geht in den Gastraum und bittet: will schlafen.

Im Gasthaus kann er nicht schlafen, da schlafen schon viele; Bänke, Matratzen, Strohsäcke, alle voll.

Macht nichts, sagt er, adieu, und weiter.

Einmal mehr müde, einmal mehr Nacht. Er denkt an Halblang und läutet bei ihm.

Du bist es, sagt Halblang, aber schlafen geht nicht; geht nicht warum – darum und überhaupt nicht.

War eine Frage, sagt Windig, adieu, und weiter.

Er erinnert sich an Lara Lalli und pfeift, bis sie wach wird, vor ihrem Fenster.

Du bist es, sagt sie, aber schlafen geht nicht; die kleine Matratze, das kurze Leinen, das kostbare Kissen – alter Schatz, kein Platz.

War ein Gedanke, sagt er, adieu, und weiter.

Einmal mehr müde, einmal mehr Nacht. Da fällt ihm der Franz in den Kalthäusern ein. Er klopft an das KALTE HAUS, und Franz ruft am Fenster: Schlafen, du hast mich geweckt, was heißt hier schlafen; mach, daß du wegkommst.

Wenn das so ist, sagt Windig, adieu, und weiter, einmal mehr müde in derselben Nacht.

Da ist der Morgen in die Höhe gekommen, klar, leicht und weiß im Osten, und grau im Westen, undurchsichtig, durchsichtig, alles hell. Licht, es erkennt mich, sagt Windig zu keinem und denkt nicht länger an ein Bett. Schöner Morgen, Geduld und Ruhe, Wind und Schatten, Staub und Vogel, und er legt sich an den Wegrand unter das Licht.

Einmal wird er wach, weil er Schritte hört. Wie es scheint, kommt ein Mensch und will bei ihm schlafen. Windig bewegt sich nicht, er redet nicht, der Wegrand ist weit und breit und Boden wie alles.

Der andere sagt was, vielleicht was Gutes, liegt unter dem Licht und atmet im Schlaf.

Das alles ist vor sich gegangen, und Windig schläft.

2.

Er geht und fährt gern auf Straßen, die ihm bekannt sind, lieber auf Wegen, die er nicht kennt. Auf unbekannten Strecken kehrt Windig nicht um. Er geht oder fährt, wie es ihm beliebt, bis Wasser ihm in die Quere kommt, ein Schlagbaum ihn aufhält, ein Zaun ihm den Zugang versperrt. In trockenen Flußbetten, auf verbotenen Pisten setzt er die Wege und Umwege fort. Er tritt Pfade zurecht, wo keine sind.

Er hat kein Fahrzeug und keine Papiere, das macht ihm nichts aus, solang die Wagen der Leute mit steckenden Schlüsseln herumstehn. Das macht er nicht oft, doch immermal wieder, dann läßt er das Leihgerät stehn, wo ein Blinder es findet, auf einem bewachten Parkplatz, vor einer TROPIC-BAR, zwischen Blumenkübeln des AMERICAN PLAZA. Windig macht das nebenbei, erwischt wird er nicht.

Er läßt einen Kombi an der Landstraße stehn und begibt sich zu Fuß in das Land hinein, je länger je lieber, Windig ermüdet nicht. Der Herbst ist staubig und hell, es gibt Wege, die kreuzen, Hasen, die hakenschlagend verschwinden, Vogelpfeifen fern in der Luft. Luft, die Luft ist alt oder jung, verbraucht oder frisch und nirgends dieselbe. Windig, in Tagtraum versunken, läuft weit, immer weiter in das Buschland hinein, auf einem Sandweg, der hier die einzige Strecke ist.

Ein Krach, ein Schlag verwackelt den ganzen Windig. Zwischen zwei Sekunden hört der Sandweg auf, Buschland und Himmel hören auf, Windig fliegt hinabwärts weg, noch einmal Krach und Schlag, und verschwindet im Sandweg.

Mit verqueren Armen und Beinen, mit sausendem Schädel kommt er in langen Etappen zu sich. Windig, scheint es, ist in ein Loch gestürzt, tief, dunkel und eng, wo er sich befindet, Sand drückt auf ihn und Haufen zerbrochener Zweige. Loch, das Loch, sein Loch ist eine Falle.

Wie lang er da drinsitzt, weiß er nicht. Der Tag ist nicht zu Ende, er sitzt in der Falle fest, in der Hoffnung fest, hat Durst und Hunger, schläft langsam ein, wacht mühsam mit Kopfschmerz auf und kommt zu der Überzeugung, daß die Falle nicht seinetwegen den Sandweg versperrt.

Es kommt, wie er hofft: Stimmen nähern sich von dort, wo er morgens herkam. Sie setzen aus, als die eingebrochene Falle bemerkt wird.

Er ruft ein paar Sätze, die man verstehn soll, aber er ruft nicht um Hilfe. Arme mit Flinten und Köpfe mit Hüten schieben sich zwischen das Licht und ihn, Gelächter verschiedener

Stimmen bricht über ihm los. Er sitzt im Gelächter und lacht nicht mit.

Er hört: oho, das ist keine Wildsau, das wird wohl ein Mensch sein, jedenfalls sieht er von oben so aus, kein Fuchs, kein Hund, kein Maultier – und nun sag uns mal, wer du bist.

Sie lassen sich Zeit mit ihm, es ist ihr Spiel. Was Windig berichten könnte, weiß man schon, er ist goldrichtig in die Grube geflogen. Ohne Waffe, was macht der hier. Spazierläufer, Spaßvogel, ein Tourist? Wenn du Spion bist, hast du Pech.

Man kann ihm jetzt das Fell abziehn, aufspießen kann man ihn und schlachten, und unter die fünf Gerechten da oben verteilen, wie man die Wildsäue unter sich aufteilt. Wie man sich der falschen Vögel annimmt. Wie man mal den, mal jenen abfackeln läßt.

Du hast Glück, daß dich keiner kennt.

Also raus mit ihm. Man wirft das Ende eines Seils in die Grube, zieht ihn hoch und stellt ihn auf die Beine, klopft ihn ab, durchsucht seine Kleider, nimmt ihn im Jeep nach Süden mit, wohin er nie wollte, wo er nie war, und läßt ihn laufen.

3.

Windig hat Arbeit im Garten einer Dame. Säge, Gartenschere, viel Gras und Holz, damit hat er den Tag lang zu tun. Es ergibt sich danach, er wird in die Villa gebeten, an einen Tisch mit zwei Gläsern und grünem Likör. Ein junges Ding aus der Küche stellt Zimtplätzchen vor ihn hin. Die Dame bittet ihn, zuzugreifen. Windig trifft Frauen in Bars, nicht in hellen Häusern, jetzt sitzt er einer Person gegenüber, die weiße Seide trägt und Ketten und Ringe, und von ihm unterhalten sein will. Fremd sein kann er überall, doch juckt es ihn, an Orte zu kommen, wo einer wie er nicht hingehört. Durch das offene Fenster drängt der Garten mit alten Bäumen und Buschwerk voller Vögel. Jedenfalls, er geht hier wieder weg.

Die schöne Person spricht mit dem Gärtner. Sie setzt das Gespräch fort mit dem Satz: stört Sie der Vogellärm? Ich lasse das Fenster schließen.

Vögel stören nicht, sagt Windig, ein Vogel ist von allem das Gegenteil.

Alle diese Vögel, sagt sie, das muß doch nicht sein.

Und Windig: sie müssen nicht sein, mal hier mal dort, sie sind aber da.

Das kann man ändern, sagt die Dame und raucht.

Und Windig: der Ameisenbär muß auch nicht sein, ist aber da, Posträuber und Taschendiebe auch, der Maulwurf auch.

Ach, man kann ohne Maulwürfe leben, man sieht sie nicht, sie sind doch nie da.

Sie leben ja praktisch ohne Maulwurf. Ohne Vögel, das hält keiner aus.

Ich kann auf Vögel verzichten, sagt die Dame, auch auf so was wie Mäuse und Igel, der Igel muß nicht sein. Ich kann auch ohne Ziegen und Pferde leben.

Pferde, sagt Windig, müssen sein, Ziegen und Igel.

Also Pferde, wenn Sie meinen, aber lassen wir das. Und was ist mit dem Waschbär? Den gibt es hier nicht, man kann ohne ihn leben, das ist ein Vorteil.

Waschbär hin, Waschbär her, Windig muß auch nicht sein, ist aber da.

Windig? Was ist das –

Entfernter Verwandter des Maulwurfs, nicht sehr bekannt.

Auch so häßlich und blind wie der Maulwurf? Häßlicher geht nicht. Haben Sie einen im Garten gesehn?

Kein Maulwurf im Garten, ich hatte Glück.

Und die Dame: im Garten ist auch kein Dachs. Der weiß, daß man auf ihn verzichten kann. Also Dachse, nein.

Man kann, sagt Windig, ohne Jagdgewehr leben, ohne gebrochene Zähne, aber nicht ohne Meer.

Ach das Meer, es geht auch ohne Meer, ohne das viele Wasser, das Salz in dem Wasser. Salzwasser ist Unsinn. Hier in den Bergen ist kein Meer.

In den Bergen sind Steine, sagt Windig, liegen herum und werden nicht gezählt.

Nicht gezählt? Soll man Steine denn zählen? Eine sonderbare Aufgabe. Wer zählt sie denn –

Nur, wenn ein Haus aus Steinen gebaut wird. Der Maurer zählt sie, schreibt aber nicht auf, wie viele es sind.

Ist das von Vorteil?

Das weiß nur der Maurer.

Windig schweigt. Er verzehrt ein Zimtplätzchen, danach ein zweites, fünftes, achtes.

Sie wollen schon gehn? sagt die Dame und seufzt. Ich will Sie nicht halten. Vergessen Sie nicht Ihr Geld, es liegt auf der Kommode im Flur, adieu.

Windig wäre ungern länger geblieben. Er nimmt das Geld von der Kommode vorm Spiegel, steckt die Likörflasche ein, nimmt den Spiegel von der Tapete und geht fort, die Dame hat den Salon schon verlassen. Nach einer Stunde kommt er zurück, stellt die leere Likörflasche auf den Tisch, hängt den leeren Spiegel vor die Tapete – das junge Ding in der Küche lacht – und geht zum zweiten Mal fort.

4.

Windig geht durch fallenden Schnee. Seit langem fliegt er, fällt er und bleibt liegen, Windigs Spur in ihm ist eine von vielen. Seine Schritte sinken tief in das lockere Weiß, in ein Leilach aus kalten Flocken, das die Dinge am Boden unsichtbar macht,

Müllhaufen, Fahrzeuge, Straßen und Steine. In der Landschaft ist kein Mensch unterwegs, er ist dort allein, seine Spur ist die erste, er zieht sie in gerader Linie hinter sich her. Außer Beine bewegen kann Windig nichts machen, sitzen und liegen im Schnee, das können die Tiere. Er kann im Schnee stehn, Zigarette anzünden, dann aber weiter, egal wohin.

In den Gegenden draußen, zwischen Wäldern und Scheunen, kann Windig die Wege nicht mehr erkennen. Mit Füßen und Augen versucht er zu raten, auf welchem Grund sich die Schuhe bewegen, und weil niemand lebend die Welt verläßt, ein Nichtsein vorm Tod kein Mensch erfährt, ist Hoffnung kein Ding der Unmöglichkeit, Windig geht weiter, ihm wird sonst kalt.

Laufen und Schwanken im Schnee verlängert die Zeit. Sie zieht sich unmerklich um ihn zusammen, ihr Licht ist grau wie Rauhreif in der Märznacht, verteilt sich in jede Richtung, geht verloren im Schnee. Windig ist in viel Zeit unterwegs, er wird leben, solang sie ihn aushält, ein Satz, den er nicht lernt, aber auswendig weiß.

Vor einem Schneehaufen bleibt er stehn. Der Haufen ist hoch und länger als breit und läßt an den Seiten dunklen Stoff erkennen. Etwas stimmt nicht mit dem Stoff unterm Leilach. Windig schiebt Schnee mit den Händen herunter, der Stoff gleicht einem gefüllten Sack. Ein Ende mit Hut, das andre mit Schuh, der Sackstoff ist ein Mantel, der sich bewegt, aus der Tasche des Mantels fällt eine Hand. Sie gehört einem Menschen, der noch lebt. Nicht ganz gestorben.

Windig klopft den Schnee vom Menschen herunter, schüttelt den Mantel und richtet den Inhalt auf. Der Mann sitzt auf einer Bank aus Holz, die Augen sind geschlossen, die Nase saugt Luft. Aber der Wille fehlt, kein Halt zum Sitzen, langsam legt sich der Mann wieder hin.

Das machst du nicht nochmal, sagt Windig, du bleibst jetzt

sitzen, du sitzt. Augen auf, na komm schon, eine Schweine-
ritze, danach die andre.

Augen auf! ruft Windig, so ist gut. Und jetzt aufstehn.

Aufstehn! ruft Windig.

Er schlägt dem Angefrorenen ins Gesicht, aber noch locker,
mit offner Hand, stößt ihn vor den Brustkasten, gegen die
Arme, drückt den Hut fest auf das verklebte Haar, haut ihn,
stemmt ihn, bis er ungefähr dasteht.

So ist gut, sagt Windig. Aber der Mann beginnt zu schwanken, er will zurück auf die Bank.

Die Stelle im Schnee liegt zusammengestampft, als hätte das
Wildschwein mit dem Teufel getanzt.

Und jetzt die Beine! ruft Windig in das Ohr des Menschen,
eins nach dem andern, ein Schritt, na los, und noch ein Schritt
und noch einer, dann der nächste, mal links, mal rechts. Er
schiebt den Mann durch fallenden Schnee, zurück in die Richtung, aus der er kam, Reste seiner Spur sind noch zu sehn. Du
bleibst senkrecht, verdammt, ruft Windig. Der andre kippt um,
liegt im Schnee, bleibt liegen. Windig schafft ihn wieder hoch,
stellt ihn hin, hält ihn fest und macht, daß er mit ihm weiter-
kommt.

Zuviel Schnee um das Bein, keine Wärme im Mantel, der hat
getrunken und Pulver geschluckt. Na los, komm weiter. Er
haut ihn gegen die Brust und auf den Rücken, immer wieder
Brust und Rücken, hält ihn oben, reibt ihm Schnee ins Gesicht,
Schnee zwischen die Lippen. Der Mensch ist nicht soweit, daß
er sprechen kann.

Vor dem Sprechen ist der Atem da. Atem raucht aus dem offenen Mund, Stöhnen, Knurren, Laute spucken, Stimme des
angeschossenen Wildschweins. Das ist gut, sagt Windig, so ist
es schon besser. Sag jetzt den Beinen, sie sollen laufen, fest in
den Schnee treten, Bein aus dem Schnee ziehn, wieder rein,
wieder raus. Schnee fällt weiter auf Schnee.

Laufen und Taumeln im Schnee verkürzt die Zeit. Sie zieht sich um ihn und den andern zusammen, ihr Licht ist grau wie Rauhreif in der Märznacht, verteilt sich in alle Richtungen, verliert sich im Schnee. Man ist in zuviel Zeit unterwegs, viel Zeit, viel Schnee macht fertig, alle beide. Der andre wird leben, solang die Zeit ihn aushält.

Viel Zeit, viel Schnee, viel Stille, dann ist der Abend mit dem Zwielicht da. Es wird Zeit, ein Licht zu entdecken und hinzugehn, das erste Haus ist weit genug. Der Mensch hat gehustet, nichts gesagt. Immer mal wieder Sturz in den Schnee, der eine, der andre, einzeln und zusammen. Windig schwitzt, der andre hat immer noch kalt. Windig kommt schneller hoch als der andre. Keiner bleibt liegen.

Ein Licht schwimmt einzeln am Horizont. Windig macht den andern aufmerksam. Sein Gesicht wird sichtbar im Lichtschein des Fensters, als sie durch den gefegten Hof zum Haus gehn. Der wieder Lebende sieht finster aus, hat keine Farbe, sein Blick ist leer. Windig gibt ihn in der Küche ab, dort sind Männer und Frauen ohne Kinder, niemand kennt Windig, aber er soll bleiben. Und du hast ihn aus dem Schnee geholt? Ja, sowas kommt vor.

Auch den andern kennt keiner, man gibt ihm lauwarmen Tee und setzt ihn auf einen Stuhl. Windig will weg. Als er gute Nacht wünscht und gehn will, wuchtet der wieder Lebende sich vom Stuhl hoch, stürzt mit beiden Fäusten auf Windig, der Stuhl liegt am Boden, die Katze springt weg. Man fängt ihn, er macht sich los, er schlägt in die Luft und heult, sechs Fäuste ziehn ihn von Windig weg. Verfluchung heult aus dem Maul des Menschen, gegen ihn, Windig. Er ist in die Schneenacht fortgegangen. Das Fluchen des andern hört nicht auf.

5

Was andre fertigbringen, kann Windig auch: er richtet eine
Falle her. Einen Schacht in den Hügel treiben kann er nicht,
kann er nicht allein, nicht ohne Geräte. Er besorgt ein Teller-
eisen und trägt es zu den Dornbüschen auf den Hügel. Wo ein
Trampelpfad durch die Hecken führt, versenkt er das Teller-
eisen unter Blättern am Boden, sperrt es auf und legt was zu
fressen hin; überläßt die Stelle sich selbst.

Wird er einen Menschen gefangen haben, meinetwegen einen Hasen, wenn es sein soll einen Marder, der hat was ge-
rochen und schleicht oder springt in das Eisen. Ob ein Fasan
da durchwill, ein Wildschwein des Wegs kommt. Schrei eines
Wilderers, nachts unterwegs zu seiner Schlinge.

Nach zwei Tagen kommt Windig zurück. Es ist ein Fuchs.

Es ist kein Mensch, es ist keine Maus. Soll er erleichtert sein
oder enttäuscht. Der Fuchs springt auf, der Sprung verzerrt
die blutige Pfote im Eisen. Er faucht dem Menschen entgegen,
schwarzrot gesträubter Haarpelz, knüppelnder Schwanz. Das
spitze offne Maul hat schlechte Zähne und zeigt sie. Wut rast,
in der Falle befestigt, der Schmerz springt mit. Das Tier hat
seine Pfote nicht abgebissen.

Windig steht zwei Meter vor seinem Fuchs. Er ist gefangen,
aber keine Beute. Wut und Schmerz warten ab in tückischer
Ruhe, solange der Mensch nicht näher kommt.

Er kann seinen Fuchs nicht freilassen und nicht töten. Stei-
nigen müßte er, sonst weiß er nichts, er hat keine Waffe.

Windig, jetzt geht er fort.

6.

Willst du, daß ich dir was erzähle, sagt das Kind auf der Treppe vor dem Haus, es hat eine Strohpuppe unter dem Arm. Auf der dritten Stufe im Schatten der Eibe sitzt Windig. So kennt man ihn: er scheint nichts zu tun, hört den Leuten zu und läßt sie leben. Das wissen die Leute, und daß er im Haus wohnt wie sie. Er kommt immer wieder in das Haus zurück, auch wenn man schon glaubte, er kommt nicht mehr.

Setz dich zu mir, sagt Windig, erzähl mir eine Geschichte.

Mir ist eingefallen, daß ich ein Fuchs war –

Du warst ein Fuchs! Dann erzähl ich dir eine andre Geschichte: ich war mal ein Kuckuck.

Das sagst du nur, weil ich ein Fuchs war.

Nein. Du warst ja nicht ein Fuchs, weil ich ein Kuckuck war.

Jedenfalls war ich ein Fuchs, ich glaub, ziemlich lang, neun Jahre.

Im Winter, sagt Windig, bist du mit kalten Pfoten über den gefrorenen Fluß gelaufen, um dein Futter zu holen aus den Müllkästen des Holiday-Imbiß.

Das muß ich erzählen, nicht du. Bei den Müllkästen war ich nie –

Du hast es vergessen.

Ich bin nicht über den Fluß gelaufen. Die Pfoten waren kalt im Schnee, nicht auf dem Eis.

Sie waren kalt im Schnee. Wo war der Schnee –

Der Schnee war – ich weiß, wo er war. Er war auf dem Weg nach Glockbergen. Glockbergen war eingeschneit, meine vier Pfoten waren die einzige Spur.

Es gab auch ein paar Vogelspuren, vielleicht von mir. Zwei kleine Krallen hat der Kuckuck.

Der Kuckuck geht nicht im Schnee.

Er geht im Schnee, wenn der Kuckucksschnee fällt, das ist

der letzte Schnee im April. Da sind wir uns nicht übern Weg gelaufen, im Schnee. Der Kuckuck war schon vorbei, als der Fuchs endlich hinkam –

Hättest du mich erkannt?

Das glaub ich nicht.

Ich auch nicht. Der Fuchs versteht ja nicht, was der Kuckuck sagt, und was der Hund sagt, ein Pferd. Der Fuchs weiß nur, was der Fuchs sagt. Da kann der Rabe sagen, was er will, und so laut er will, der Fuchs versteht ihn nicht. Das Pferd versteht nicht, was der Kuckuck sagt –

Haben sie es versucht?

Ich hab es versucht, aber es geht nicht. Und es gibt nicht so viele Füchse, ich hab nicht viel erzählt mit den andern Füchsen, und nicht viel von denen gehört. Wollte kein Fuchs mehr sein. Das mit den Menschen ist besser.

Wie hast du das gemacht?

Als der Schnee weg war, bin ich eingeschlafen. Dann war ich hier.

Nach vierzig oder siebzig Jahren Kuckuck hab ich aufgehört, KUCKUCK zu rufen, sagt Windig. Ich glaube, ich bin so weit geflogen, daß ich im Flug eingeschlafen und in die Eibe gefallen bin.

Sie sagt: Ich bin auch in die Eibe gefallen, und dann auf die Treppe.

Und Windig: das wissen nur wir.

Und das Kind: eigentlich sind wir unsichtbar, das weiß bloß keiner.

7.

Er ist in der Nacht unterwegs, auf dem Warschauer Damm. Sein Schatten, ein alter Hund, läuft um ihn herum, wenn Win-

223

dig durch Licht von Laternen geht. Er lebt ohne Schlaf, er fühlt sich leer, ihm ist ein Meer abhanden gekommen. Die Straßen in der Nacht gehören ihm, das leere Trottoir mit und ohne Katze, mit und ohne Auswurf und Packpapier, in Hundstagshitze und Mittwintereis.

Auf der andern Seite des Damms erscheint ein Mann. Mit halbem Blick, in Sekundenschärfe, erkennt er den halbtoten Fremden im Schnee, sein Gesicht ist dasselbe, finster ohne Farbe. Windig, denkt Windig, dein Mörder ist da. Bevor das Wort MÖRDER zu Ende gedacht ist, hat der andre sich in Bewegung gesetzt. Die alte Wut hat neuen Anlauf genommen, eine Masse Mensch auf Beinen rennt über den Damm, während Windig stehenbleibt und wartet, was jetzt passiert.

Er ist der einzige Lebende an der Stelle. Wird der andre an ihm vorbei in ein Schaufenster laufen, den Kopf an einer Säule zerschlagen, im Dreck am Rinnstein herum liegenbleiben. Windig verpaßt den Augenblick, sein Mörder ist da, er rennt mit zwei Fäusten in ihn hinein. DU MACHST MIR DEN TOD KAPUTT, ICH HOL MIR DEIN LEBEN – aber der andre hat nicht geschrien, Windig hat keinen Schrei gehört. Windig schlägt auf das Trottoir. Er ist es, der dort herumliegt, von Tritten und Faustschlägen plattgemacht, auf den blutigen Steinen herumgeworfen, bis der andre genug hat und sich entfernt.

Windig liegt auf dem Trottoir. Wer ihn sieht, macht einen Bogen um ihn, geh weiter, laß liegen.

Nach einer Zeit, die niemand zählt, bewegt sich der Haufen Mensch oder was da herumliegt. Irgendwas von ihm ist zurückgeblieben, irgendwas scheint immer noch Windig zu sein. Die leere Luft ist lebendig um ihn, sie trocknet das Blut im geplatzten Gesicht. Windig kriecht hinauf in den Raum, das dauert, bis er die Beine unter sich hat, allein auf dem Erdball herumschwankt, den Kopf halb oben in der Luft. Es ist die Luft, die ihm hilft, ein paar Schritte zu machen. Es sind die

Schuhe, die ihm helfen, senkrecht an einem Stück und Windig zu sein.

Wenn der andre weiß, daß Windig lebt, kommt er am Tag mit einem Stein. Er bringt einen Hammer im Mantel mit.

Der andre ist nirgends und überall, und wird in Zukunft kein Zufall sein. Er sucht ihn noch, wenn Windig schon tot ist.

8.

Tod, ein Tod geht durch die Häuser, setzt sich zu Windig an den Tisch. Sie rauchen und trinken.

Ich bin es müde, sagt der Gast. Ich habe meine Arbeit abgegeben. Heute ist mein erster Tag.

Er kann dein letzter sein, sagt Windig.

Ich bin bei den Lebenden untergetaucht. Ich werde gefunden wie du, wie alle, aber nicht bald. An deinem Tisch gehört mir viel Zeit.

Du nimmst mich nicht mit, sagt Windig, du verschwindest ohne mich?

Ich nehme nichts und niemand mit, das machen in Zukunft die andern.

Davon wußte ich nichts, daß es andre gibt.

Es sind viele, wie viele weiß niemand. Sie wissen es nicht, sie erkennen einander nicht. Jeder ist einzeln einer von vielen, sie sind nicht gezählt, aber das wird er nicht erfahren. Er hält sich für einzig, Tod allein, unersetzbar. Es ist ein Irrtum, den er braucht, um seine Arbeit machen zu können.

Du erschreckst mich, sagt Windig.

Warum nicht erschrecken, sagt der Tod, der keiner mehr ist. Du fragst, ob man sie erkennen kann, woran man sie erkennt und wodurch sie sich unterscheiden. Sie haben menschliche

Gestalt, das ist ihre Tarnung. Wenn du die vielen Leute siehst, eine Straße voll davon, bekommst du es mit der Angst. Jeder Mensch kann ein Tod sein, irgendeiner oder der deine. An deinem Leben ändert das nichts, aber du siehst dir die Leute an. Zum erstenmal stellst du fest: es gibt viele Blinde, du hast bis gestern nicht darauf geachtet. Jetzt siehst du die Blinden mit ihren Armbinden, Stöcken, Hunden und bist überzeugt, es müssen die Blinden sein. Aber der Zweifel ist schon da. Du siehst die Verkrüppelten und Amputierten, die Krankheitsgeschlagenen, sie werden gestützt, geführt, herumgefahren, so weit vom Tod entfernt wie vom Leben, nah genug am Tod, um Tod zu sein.

Ich höre zu, sagt Windig.

Und du denkst: das Gegenteil muß der Fall sein. Es sind die Gesunden, die rosigen und prallen Gestalten, die Zufriedenen und die Beneidenswerten, und du denkst: im Gegenteil, die Heruntergekommenen sind es, die Irren, Kaputten, Hirnverbrannten, und suchst die Tode weiter im Gegensatz. Du wirst nicht müde, sie erkennen zu wollen, du suchst sie immer und überall. Einer kümmert sich um die Vögel, einer um die Menschen, einer nimmt dir das Meer weg.

Sprich weiter, sagt Windig.

Der Gast ist fort, sein Stuhl ist leer. Er hat nicht getrunken und nicht geraucht. Windig behält, was der andre gesagt hat. Damit verläßt er das Haus und geht auf die Straßen.

9.

Tag im Sommer und was ihm gehört, das Licht auf der Straße und über den Bergen, das erste Heu im Juni, das letzte Gras im September. Die Dinge sind gut, sie sehn nach sich selber aus und haben einen Namen, der ihnen gehört. Der Wind geht durch offene Häuser, die Sonne auch, der Regen fällt auf die Erde, und alles ist gut.

Alles ist gut.

Ungefähr alles ist gut.

Vieles ist im Taglicht unterwegs, Fahrzeuge, Tiere und einiges, was man nicht sieht. Es sind auch Menschen im Land zu sehn, Windig und eine Frau im Schatten der Bäume, im tiefen, kühlen Schatten der Kastanien, im Duft ihrer Blüten, im schattigen Gras.

Sie gehn auf dem Fahrweg unter Kastanien. So kommt es, daß im Gras ein Schal entdeckt wird, sie hat ihn zuerst bemerkt, einen seidenen Schal.

Sie hebt ihn auf und fragt, wem der Schal gehört. Wer hat ihn verloren oder weggeworfen.

Laß ihn fallen, sagt Windig, laß ihn liegen. Möglich, daß er gesucht wird, wer weiß von wem.

Nach ein paar Schritten liegt ein Gürtel da.

Sie hebt ihn auf, und er sagt: laß liegen. Möglich, daß er vermißt wird, wer weiß von wem.

Leg hin, laß liegen.

Nach ein paar Schritten liegt ein Ohrring da, sie hat ihn zuerst bemerkt, einen silbernen Ring. Sie steckt ihn ans Ohr, und legt ihn zurück in das Gras.

Leg hin, laß liegen.

Nach ein paar Schritten liegen Strümpfe da, ein Strumpf im Graben, der andre im Gras, laß liegen.

Es ist danach eine Jacke, laß sie liegen.

Tag im Sommer und was ihm gehört, Unkraut am Fahrweg, Zeug in der Sonne, Abfall im Graben. Nicht weit davon liegt eine Hand im Gras.

Möglich, daß sie vermißt wird, laß sie liegen.

Es ist eine kleine, weiße Hand, sie hat fünf Finger und ist kalt, kalt in der Wärme des Sommers, und wo ist die andre.

Die eine, die andre. Was liegt, laß liegen.

So kommt es, daß am Weg ein Kopf entdeckt wird, Gesicht eines Menschen, nie gesehn. Kennt man ihn? Man hat ihn nicht gekannt. Wird er vermißt? Er scheint nicht gesucht zu werden.

Sieh das Blut in den Augen, das Blut auf den Lippen, laß ihn liegen.

Der Fahrweg hört nicht auf, sie gehn auf ihm weiter, im Schatten der Kastanien, durch Staub und Abfall.

Dann werden die Arme gefunden und die Beine, die Knochen und die Rippen, die Haare, die Ohren. Möglich, daß sie vermißt werden, oder man sucht sie.

Laß liegen, was liegt, sagt Windig, leg hin, laß liegen.

Andre gibt es, danach noch viele. Wir finden alle. Komm weiter.

10.

Windig ist mal wieder auf dem Weg, wie es scheint, gehört er dort hin. Die Krähen erkennen ihn und die Steine, das Kraut und die Nesseln, der Staub und die Luft. Für den Lebenden atmet ein Straßenbaum, alles ist gut.

Ungefähr alles ist gut.

Der Erzähler bleibt mit der Geschichte am Weg zurück. Windig tritt aus ihr heraus. Er folgt dem Weg, es ist irgendeiner, bleibt lange sichtbar, wird weniger sichtbar, gleicht einem Strich, danach einem Punkt, und ist vom Punkt weg verschwunden.

Ob er nochmal zum Vorschein kommt, wann und wo er erscheint. Ein Erzähler ist nicht mehr da. Ob er derselbe oder ein andrer ist.

Windig erkennt sich, er ist derselbe. Windig, nicht derselbe, geht an Windig vorbei. Kommt nicht wieder.

EINE HÄNGEMATTE
VOLL SCHNEE

EIN SOMMER, EIN WINTER,
EIN TAG, EINE NACHT, EINE REISE

Die Gäste geladen, alle willkommen

Annalina
Clarice
Julien

Gila
Lora
Benjamin

Anna
Delila
ich

Gisa
Manela
ich

Angela
Christine
André

Sommer, der Sommer! Ein Sommer springt ein für den andern, sagte Clarice, er ist immer derselbe, kein Sommer ist neu, kein Sommer alt. Sie gleichen einander wie – ich weiß nicht wie.

Dieser Sommer ist unvergleichlich, nur einmal da. Wie viele Tage wird er haben?

Annalinas Katzenpfotenstimme, und Julien sagte: Achtzig Tage, hundert Tage? Wir wissen es nicht. Wir geben ihm hundertsiebenundzwanzig Tage und zählen sie nicht. Welcher Sommer war dein längster?

Dieser Sommer wird der längste sein.

Und Clarice: sie sind alle unvergleichlich hell und zusammenhängend. Der Sommer ist lang, die Zukunft ist Luft und blau.

Es war ein heißer Nachmittag Ende Juli in einem Haus auf dem Land. Türen und Fenster waren zum Garten hin offen. Sie lagerten halb betäubt in weiten Sesseln, sorglos verbunden in Trägheit und Untätigkeit, ihre Sätze waren keine Unterhaltung, ihre Blicke schläfrig, die Köpfe zurückgelehnt. Clarice hatte ihre Sandalen abgestreift, ihre Füße waren klein und weiß, doch soll hier keiner der drei beschrieben werden, es genügt zu wissen, daß sie einander vertraut sind, jeder mit dem andern geschlafen hat. Ihre Kleider sind luftig und hell und Kleider nur insofern, als sie schöne Körper erkennen lassen.

Lieben wir uns? Die Frage Juliens, nicht ausgesprochen, ist, wenn auch weniger deutlich, die Frage der Frauen, und wunderbar ist – es ist ein Genuß –, daß sie keinen zu einer Antwort drängt.

Eigentlich ist der Sommer aus der Mode, sagte Annalina, wie der Muff und das Brauereipferd.

Wie Leihbärte zum Ankleben und die kurzen, reibenden Strumpfhalter, als ich sechs oder sieben Jahre alt war.

Wie Messerbänkchen –

Sag das nicht, sagte Julien nach einer Weile. Es gibt bejahrte, auch jüngere, sogar junge Charaktere, die zwängen sich zum Souper in abgehangene Garderoben und haben Messerbänkchen neben ihrer fünftellerhohen Assiette. Sie kämpfen sich, weil sie Manieren haben und zeigen, mit allerfeinstem Besteck – vom Messerbänkchen genommen – durch muffige, mit Fruchtscheibchen bepackte Hartfaserplatten, die als Birnentorte bezeichnet werden.

Aber nicht hier.

Man weiß nicht wo, schätzungsweise in Nordengland oder Südschottland.

In Holland, Norwegen?

So was kann es nur in Belgien geben.

Dann ist es gut, daß Nadine es nicht hört. Ihr Vater hat eine Patisserie in Antwerpen.

Und Julien fragte: Wer ist Nadine.

Du kennst sie noch nicht. Ob du Lust hättest, sie zu lieben, mit ihr zu schlafen? Wenn ein Kind in Brasilien erschossen wird, ist Nadine den ganzen Tag todernst, und niemand in ihrer Umgebung darf munter sein. Da aber jeden Tag Kinder erschossen werden oder verhungern, ist sie täglich von morgens bis abends todernst und erlaubt keinem Menschen, munter zu sein.

Wäre sie hier, wir würden sie trösten.

Sie ist untröstlich. Um einigermaßen lustig zu sein, müßten wir sie aus dem Zimmer kriegen. Wir könnten sie bitten, für uns einzukaufen.

Ihr seid grobherzig, sagte Julien.

Nein. Du weißt, daß wir nicht hartherzig sind. Wir reden nur. Wir erscheinen lieber lila als bitter und grau.

Sie schwiegen. Die Hitze war lautlos und schwer, der Raum war hell.

Warum soll der Sommer aus der Mode sein, sagte Clarice.

Seit man in schwarzer Vulkanasche Ski fährt, sind Sommer und Winter vertauscht.

Veraltet, wie die Meergötter mit ihren triefenden Wasserbärten. Man glaubt nicht an sie und soll nicht an sie glauben, sie sind vogelfrei wie die Tag- und Nachtdiebe, nur älter, unglaubhafter, anschaulicher.

Ich weiß nicht, wovon ihr sprecht, sagte Julien. Es ist doch furchtbar heiß, hell, gewittrig, und es schwirren überall Moskitos herum.

Das ist etwas anderes.

Warum soll das etwas anderes als Sommer sein. Es ist zu heiß für die Liebe.

Das verstehst du nicht.

Das sagst du nicht in der Nacht, wenn die Brise kommt. Es ist nie zu heiß, um nackt zu sein und sich lieben zu lassen, das weißt du doch.

Er redet nur, sagte Clarice. *Unsere Sonne ist die Tochter Gottes,* sie ist erst drei Jahre alt und wird lange wachsen. Was wird werden, wenn sie groß, stark und schön geworden ist.

Dann kommt der Sommer wieder in Mode.

Noch vor siebzig Jahren gab es Schneefeger mit Titel, Meisterbrief und eigenem Besen. Die werden wohl nie wieder in Mode sein.

Mode oder nicht Mode, es gibt im Sommer von allem zuviel – zuviel Hitze, Licht und Schnaken, man wird zu oft gebissen.

Mit den Jahrzeiten muß man sich abfinden, das ist alles, was ich darüber weiß.

Julien, du hast Vorurteile gegen das Jahr und die Natur.

Ausgeschlossen. Ich liebe das Jahr, die Jahre wie –

Du übertreibst.

– wie den ganzen Kalender und Tag und Nacht. Und ich

Ich mag Grundstücke mit Brennesseln, sagte Annalina nach einer Weile, fast schlafend, aber Brennesseln sind heiß, sie brennen.

Wir werden es Clarice sagen, wenn sie aufwacht. Was machen wir, wenn sie vom Donner wach wird.

Wir rufen ihren Namen, damit sie weiß, daß wir da sind.

Wir wecken sie vorher.

Wenn die Sonne älter wird, werden wir in allen Sommern schlafen. Kein Winterschlaf mehr.

Annalina, flüsterte Julien. Sie war eingeschlafen. Schläfriger werdend, sah er die Frauen schlafen.

DER WINTER

Im Winter fahren wir in großen Schlitten über zugefrorene Seen, sagte Gila. Das beschneite Eis singt, klingt und knirscht, wir haben uns in Wesen aus Pelz verwandelt und sind doppelt so umfangreich wie zu anderen Zeiten, Mäntel, Mützen, Schuhe und Handschuhe pelzgefüttert oder aus Pelz. Wir sitzen dicht aneinandergerückt auf der hölzernen Schlittenbank, weil wir glauben, daß uns das wärmt. Der Horizont ist ein Weltrand aus Schnee und Bläue, der Atem eine Wolke vor dem Mund, die schnell verfliegt. Wir fahren – wohin fahren wir –

Wer hat das geschrieben.

Niemand. Ich erfinde es.

Ich hielt es für ein Zitat. Andererseits – Tolstoi ist trockener, Tschechow knapper, Nabokov raffinierter.

Das war Loras spöttische, kühle Stimme, und Benjamin sagte: wie fahren wir denn, wie bewegen wir uns fort. Irgendwer oder -was muß uns ziehn oder schieben. Pferde, ein Traktor? Oder haben wir Diener aus dem neunzehnten Jahrhundert mit Filzstiefeln und vereisten Bärten?

Es genügt doch, daß wir fahren.

Ein Schlitten bewegt sich nicht von selbst auf ebener Fläche.

Das hat niemand behauptet. Der Schlitten hat einen kleinen Motor, wir fahren nicht schnell.

Motorschlitten gibt es nicht.

Das mit dem Motor ist mir egal. Wir haben den Schlitten. Wir fahren, wir fahren und kommen an.

Wo kommen wir an.

In diesem Haus, bei beginnender Dämmerung.

Schade, es gibt kein Vestibül, wo man den Schnee von Schuhen und Mänteln klopft.

Macht nichts, wir sind hier und wärmen uns.

Das wichtigste Möbel der Winterzeit ist das Bett, das nächstwichtige der Sessel. Wir ruhen uns aus in den Sesseln und wärmen uns. Wir haben Tee getrunken, jetzt trinken wir Rotwein, dann kommt die Nacht. Der Schneefall raschelt im Dunkeln wie der hauslose Hausgeist, der eine Unterkunft sucht.

Wie ein Igel, der sich im Winterschlaf umdreht.

Ich weiß nicht, sagte Benjamin, was soll denn der Winter, was soll ich im Winter. Zum Skifahrer bin ich nicht geboren, rodeln und Schneemänner bauen, das war in der Kindheit. Warum ausrutschen, frieren, nasse Schuhe trocknen. Mein Wagen steht totgefroren am Warschauer Damm, Batterie kaputt. Ich will weg, in irgendeinen Süden, in üppige Wärme, wo man schöne junge Frauen aus Automaten zieht wie in Tokyo, auf Zeitungspapier wie auf Teppichen fliegt im Schirokko und Schmetterlinge aus der Luft pflückt.

Da kannst du lange reisen.

Frauen in Automaten? Im Zimmer sind Gila und ich, genügt dir das nicht; sind wir nicht jung oder schön genug? Antworte.

Unser Haus ist geheizt – warm wie in einer gemäßigten Wüste.

Man hat im Winter zu viele Kleider an, sagte Benjamin; umständlich für die Liebe, für die Augen nicht reizvoll. Dicke, undeutlich verpackte Frauenzimmer.

Das stimmt, sagte Gila mit hübschem Seufzer. Finde mal meine Brüste in allen den Leibchen, Hemden, Blusen, Pullovern und Jacken – das dauert.

Wenn du es wolltest, wenn ich es wollte, wäre es leicht.

Dann ist es leicht.

Leibchen, was ist das.

Wer erklärt ihm, was ein Leibchen ist –

Wir verraten es nicht, nicht mehr in Mode.

Wir lassen dich warten.

Ihr wollt mich überreden, zu bleiben. Ihr wollt mich überlisten.

Wir überlisten dich nicht. Viel einfacher: die Welt ist erkältet, die Straße vereist, dein Wagen erfroren, du mußt den Winter bei uns verbringen.

Ihr seid unverschämt. Was wird man tun, wenn Betten und Sessel die wichtigsten Möbel der Winterzeit sind.

Eine überflüssige Frage.

Du bleibst den Winter lang da, wir haben Zeit. Jeder von uns verfügt über einen Sessel, geräumig und gediegen, auf kleinen Rollschuhrädern.

Und wir haben dich! sagte Gila.

O ja, wir finden es angenehm, daß du uns Gesellschaft leisten wirst, daß überhaupt ein Chevalier im Raum ist, und daß es nicht zwei Kerle sind. Ein einzelner Mann ist komischer, amüsanter, mit einem einzelnen läßt sich besser spielen.

Ihr seid frivol.

Sind wir das? Lora, sag ein Machtwort. Sprich du mit Benjamin.

Lieber, guter, netter Benjamin, du bist unzufrieden. Ist es so schlimm in Gegenwart zweier Damen, die dem Winter mit Vergnügen entgegensehn?

Nichts Ganzes besessen, und alle Teile verloren, sagt ein Philosoph, ich weiß nicht welcher.

Oder du hättest den Satz erfunden –

Armer Benjamin!

Benjamin lachte. Gila verließ das Zimmer und kam in weiter Seidenhose und luftiger Bluse zurück. Sie stand im Raum, blickte Benjamin an und bewegte sich nicht.

Das ist Gila, sagte Lora.

Ich glaube, ich kann sie erkennen. Mir scheint, ich sehe, was ich sehen oder erblicken soll, und etwas weniger, als ich sehen will. Eine fast durchsichtige Bluse, eine wunderbar mit Luft und Illusionen gefüllte, tunesische Seidenhose – ist es das? Was ich sehe, ist schön.

Damit du dich an den Sommer erinnerst, sagte Gila und lehnte sich weit in den Sessel zurück. Sie sagte: so ein Sessel ist schon fast ein Bett, ich liege fast.

Es wird schön sein, dich liegen zu sehn, euch liegen zu sehn.

O der Winter! Wir haben Zeit und Betten und Sessel genug, und es sieht so aus, als käme Benjamin langsam zur Vernunft.

Winter, der Winter, was haben wir noch.

Wir haben – laß mich nachdenken.

Wir haben volle Eisschränke und ein paar Flaschen Rotwein vor Augen, hier auf dem Tisch; wir haben eine gutgehende Zentralheizung und viele, sehr viele Kleider für alle Jahrzeiten. Benjamin bekommt die zurückgelassenen Kleider unserer früheren Freunde.

Lora hat recht, wir sind glücklich.

Wenn es euch gutgeht, ich begnüge mich schon. Ich werde im Winter die lausigen, unpassenden Hosen, Jacken und Mäntel eurer alten Liebhaber auftragen, das würde euch gefallen.

Es wird uns gefallen. Wir versprechen dir, nicht umzufallen vor Lachen, wenn du im Zimmer erscheinst, das Bett mit dem Sessel vertauscht hast.

Einmal im Winter, lange her, verschleppte mich ein Liebhaber auf eine Insel, erzählte Lora. Das war im Süden, wir wollten drei Tage bleiben, bewohnten als einzige Gäste ein kleines Hotel an der Küste. Am ersten Tag kam der Sturm, und die Schiffahrt – äußerst empfindliche, kleine Fähre – fiel aus. Das Meer randalierte, kam bergehoch bis an das Hotel und spuckte Schaum und Wasserschnee gegen die Fenster. An diesem Tag kam eine junge, schwarz gekleidete Frau in das Hotel. Sie wollte aufs Festland zur Beerdigung eines Freundes oder Bruders und wartete, wie wir, auf das nächste Schiff. Wir warteten sieben Tage, die Beerdigung war vorüber. In diesen Tagen und Nächten –

Ich weiß, wie es weitergeht, sagte Benjamin. Du bist das Opfer einer lokalen Sintflut, gefangen in einem schlecht geheizten Doppelbettzimmer, in einem überheizten Speiseraum, und kannst das Hotel nicht verlassen. Dein Bel Ami, diese gleitende Figur – du hast ihn vor ein paar Tagen kennengelernt –, verliebt sich in die Trauernde.

Woher weißt du das.

So etwas weiß man. Dein Idyll mit ihm war beendet, bevor es zur vollen Blüte kam.

Du nimmst mich nicht ernst.

Wir nehmen dich ernst, sagte Gila. Keiner von uns ist ganz unerfahren. Beinahe jeder von uns hat seine Erlebnisse mit Inseln, schlechter Witterung, Hotelzimmern, Liebhabern, zweifelhaften Charakteren und dem verfrühten, aber nicht tragischen Kollaps einer Romanze. Pas vrai?

Ich sage nicht ja und nicht nein, auch nicht vielleicht.

Du schweigst.

Nein, ich füge ein Mauseschwänzchen hinzu: am achten Tag fuhren wir, verteilt auf drei Kabinen, mit dem ersten Schiff zum Festland zurück, die Schiffahrt dauerte vier Tage und drei Nächte. Ich habe meinen Helden nicht wiedergesehn.

Etwas Ähnliches wird uns nicht passieren. Wir werden Spaziergänge machen im Schnee, uns lieben, auslachen, kitzeln und füttern, wir werden uns verwöhnen – was noch?

Langsam, sagte Benjamin. Ich weigere mich, die Kleider eurer Verehrer aufzutragen.

Damit schadest du dir selbst.

Es wird sich herausstellen. Ich lasse eigene Kleider kommen.

Wie willst du das machen. Wir werfen das Telefon vom Balkon, es verschwindet in einer Schneewehe.

Schnee, Schnee, Regen und wieder Schnee, oder umgekehrt – das ist im Winter so üblich, mein Freund.

Wir sind Schlittenfahrer, vergeßt das nicht. Wir brauchen Schnee und zugefrorene Seen.

Demnach auch Pelzkleidung aller Art und russische Romane. O unsere Schneeballschlachten auf dem Balkon! Unsere Schneebälle fliegen in die Welt und treffen die Nasen ehrenwerter Leute.

Dreieiniger Leichtsinn wird unser Winter sein –

– wird erst der Anfang unserer Freude sein, sagte Gila.

DER TAG

Siehst du den Tag?

Er fängt an, der Kleine Morgen mit dem grünen Horizont. Welcher Tag ist es?

Es ist der achte nach dem siebten oder der neunte nach dem achten, ich kenne die Zeitrechnung nicht. Es kann auch der erste sein, der erste überhaupt, weil du zum erstenmal neben mir aufgewacht bist.

Ein Tag, der hell, immer heller wird. Wir wissen, daß es Frühling ist.

Kein Regen?

Regen, Regen, Katzenrascheln ohne Katze.

Eine Katze. Es regnet nicht. Wo bist du –

Ich stand am Fenster und sagte: ich stehe am Fenster und sehe hinaus. Das Fenster war geöffnet, die Gardine zurückgezogen, die Luft im Zimmer fliederfarben und kühl.

Was siehst du?

Ich sehe die Berge in der Dämmerung, eine Straße zur Stadt, einen Autobus, einen Motorradfahrer und noch einen, ein paar Häuser und Brücken, blühende Pflaumengärten.

Kenne ich – vor allem die Blüte.

Anna lag im Bett und blickte im Halbschlaf auf den Widerschein des Frühlichts an der Wand.

Der Morgen ist nicht mehr grün, er ist rot. Morgenrot, meine schönste Farbe.

Könnte man Morgenrot – oder Abendrot – anhalten und ein paar Wochen lang als Licht der Welt im Raum stehen lassen, würden die Leute in Schrecken versetzt werden, die Hände vors Gesicht schlagen und schreien: weg mit dem Morgenrot, es ist nicht schön!

Was sagst du für Sachen. Mein schönes Rot.

Dein Rot verblaßt. Der Kleine Morgen wird groß, stark und hell wie das durchsichtige Meer.

Muß ich aufstehn?

Du mußt nicht aufstehn. Die Kleider verlangen es nicht, das Bett verlangt es nicht, ich verlange es nicht. Niemand verlangt, daß du aufstehst.

Niemand – daß ich aufstehe? Ist Delila aufgestanden?

Wer ist Delila.

Delila, aber sie ist keine. Man hört nicht, wenn sie aufsteht, ihr Zimmer ist auf der anderen Seite. Ich höre sie erst, wenn sie im Haus unterwegs ist.

Wer ist das, Delila, eine Katze, ein Hausgeist, eine Frau?

Delila? Sie wird dir gefallen, sie gefällt allen, mir gefällt sie auch. Sie ist in allen Jahrzeiten schön, in allen Landschaften und Häusern, obwohl sie nur die Wüste liebt. Du wirst sie ja sehen.

Das ist Delila: sie kommt im Frühling vorbei und weckt dich –

Nein. Einmal im Jahr fliegen wir nach Jerusalem, um Geschirr zu kaufen, das wir hier zerschlagen haben, wir kaufen es nur dort, in den dunklen, bunten Treppenstraßen der Altstadt – Becher, Krüge, Teller und Schalen, und kleine Leuchter für ihre Schabbathkerzen. Jerusalem ist ja keine Geschirrstadt, wir bleiben dort immer ein paar Tage länger, vor allem Delila will dort nicht wieder weg, und dann haben wir drei Koffer voll Geschirr, für wieder ein Jahr.

Ein Jahr voll von Scherben und Glück –

Vor allem Scherben! Vor allem Glück! Ich kann in Delilas Zimmer läuten, dann kommt sie.

Laß sie schlafen. Sie liegt vielleicht noch im Bett, wie du. Sie ist vielleicht nicht allein.

Sie ist in der Nacht nicht allein, wie ich. Sie kommt, wenn es Tag ist, du hast gesagt, es ist Tag.

Der Morgen im Haus war still, die Geräusche waren draußen vorm Fenster, gewöhnlicher Lärm von der Straße, viel Geräusch vom Wind in den Bäumen und von den Vögeln.

Eine Frau kam ins Zimmer. Sie setzte sich mit dem Rücken zum Licht in einen Stuhl.

Ich sagte: Delila. Anna: Delila! Delila sagte: jetzt seid ihr nicht mehr allein. Womit beschäftigt ihr euch, du im Bett und du am Fenster –

Kein Tee, kein Brot, keine Zigaretten!

Kein Frühstück im Haus? Dann werden wir frühstücken fahren. Wir fahren nach Windermer an der Küste.

Das hat noch Zeit, sagte Anna, der Tag hat Zeit. Jetzt siehst du Delila.

Ich sah Delila im Gegenlicht. Sie sah mich an, als hätte sie die Nacht mit mir verbracht, und sie sah Anna an, als hätte sie die Nacht mit ihr verbracht. Ihr Morgenmantel war weiß, voll blauer Stickereien, wie Annas Zwillingsmantel neben dem Bett. Ihr Haar war schwarz. Annas Haar war schwarz.

Gefällt dir Delila?

Ich glaube, sie ist sehr schön –

Du glaubst es?

Ich sehe Delila gern.

Jeder sieht sie gern. Sie war in der Nacht nicht allein, sie wurde geliebt. Das weiß man, wenn man sie sieht. Was siehst du noch?

Delila muß gähnen, aber sie unterdrückt es.

Delila hielt die Hand vor den Mund und gähnte.

Was siehst du noch –

Ich sehe, daß wir nicht angezogen sind. Nur Delila hat Schuhe an, Pantoffeln.

Das ist wegen der Sachen, die im Haus herumliegen – Steine, Schlüssel, Tassenhenkel. Es hat keinen Sinn, sich zu merken, wo sie liegen, sie sind immer woanders.

Das Haus ist voll von Pantoffeln und Menschen, sagte Delila, mehr Pantoffeln als Menschen, für alle Fälle. Wie viele Pantoffeln wünschst du dir?

Man hört nichts. Wo sind sie.

Sie gehn früh aus, wir sind immer die Letzten.

Auch wenn das Fenster auf ist, sagte Anna – der Tag bleibt doch immer draußen, man kann das Licht nicht einsperren, einsammeln geht auch nicht, man kann es hereinlassen, höflich muß man nicht sein.

Man winkt mit den Fensterflügeln, schon ist es da.

Also, was tun wir. Wir fahren frühstücken – und weiter?

Brauchen wir etwas?

Ich weiß nicht, was wir brauchen, ob wir überhaupt etwas

brauchen, seit gestern, für morgen. Wir brauchen nichts, obwohl wir nicht alles haben.

Wer sagt als erster, was uns fehlt!

Wir sind jetzt zu dritt. Was fehlt uns –

Erinnerst du dich, was wir gestern gebraucht haben?

Ich glaube, wir haben gestern nichts Neues gebraucht. Wir brauchen –

Salz und Zucker.

Nein, Honig.

Kamillentee und Wasser.

Nein, Wein.

Wir brauchen außerdem Blumen, Goldregen und Veilchen, wir brauchen Hüte, Übergangsmäntel, Orangen, Konfitüren vor allem in Rot und Blau, Puder und Puderdosen, englische, portugiesische, hebräische und piemontesische Zeitungen, einen Klempner und keine weiteren Mäuse. Und wir brauchen etwas zum Lieben – was?

Es wird sich finden. Es hat sich immer gefunden.

Und auf dem Rückweg suchen wir ein paar Zimmer. Wenn wir ein Zimmer gefunden haben, das uns gefällt, sagte Anna, lassen wir es hertransportieren. Es ist nicht leicht, es im Haus unterzubringen, aber es geht, wir haben ja viel Platz, vor allem für kleine Zimmer, deren Ecken man zurechtdrücken kann. Du glaubst nicht, wie viele Zimmer man findet und wo – auf den Chausseebäumen und in den Bergen, am Strand und auf Feldern. Es gab eine Explosion vor unserer Zeit, die Häuser sind fort. Und die Leute sind gleichgültig, an ihren Zimmern nicht interessiert, sie wollen ihre alten Zimmer nicht mehr, deshalb findet man so viele. Vielleicht sind wir die einzigen in der Gegend, die Zimmer suchen.

Soll ich mich anziehen, sagte Delila. Ich glaube, ich ziehe mich an, aber leicht wie der Tag ist, nicht wie verkleidet. Willst du mich sehen?

Delila ging aus dem Zimmer, ein dunkler Flur nahm sie auf.

Komm! Komm! – ein geflüsterter Ruf von Anna – komm fort, wie wir sind, Kleider finden wir überall, in allen Häusern und Gegenden, Delila kommt mit dem Wagen nach oder fährt uns voraus, ich glaube nicht, daß sie sich anzieht, sie bleibt, wie sie ist, wenn es hell wird wie heute – und es ist dein erster Tag mit mir, mein erster Tag mit dir, und es ist Frühling, das bedeutet nichts außer April, weit und breit die einzige Zeit der Blüte – faß mich an und komm, vergiß die Schuhe, wir kommen auch barfuß hinaus in den Tag!

DIE NACHT

Willst du mich sehen?

Zuerst will ich Gisa sehen.

Ich bin schöner als sie –

Das weißt du nicht.

Ich weiß es!

Du kannst es nicht wissen.

Das Haus in der Nacht war still in allen Zimmern. Ich glaubte, daß Gisa in der Nähe der Tür stand und sah oder horchte.

Gisa, bist du da –

Sie kam aus dem Raum nebenan, wie Manela in einem weiten Nachtmantel, und blieb im Halbdunkel vor der Wand. Manela saß auf dem Bett im Schein eines Leuchters.

Willst du Manela nicht sehen?

Ich bin zu dir gekommen; dich will ich sehen.

Das weiß ich, und Manela ist auch da.

Wer ist Manela –

Wer sie ist! Gisa lachte, Manela schwieg. Wer ich bin, wer

wir sind – du kannst fragen, sooft du willst, es macht uns nichts aus, im Gegenteil!

Ist es hier still oder nicht still? Wir wissen es nicht.

Es ist hier sehr still. Das Haus ist leer?

Es ist still, nicht leer.

Wer sind die andern –

Die andern, sagte Manela, nicht Gisa – viele, du kennst sie nicht. Wir kennen viele, nicht alle.

O nein, nicht alle, nie! Wir kennen ein paar –

Wo sind sie. Sie müssen irgendwo sein –

In allen Zimmern, es gibt auch leere, alle sind still.

Was tun sie, daß sie so still sind. Tun sie was?

Manela, sag, was sie tun.

Du denkst, sie schlafen?

Sie sind nicht allein. Einige schlafen, einige sind wach. Andere machen dasselbe wie wir. Sie warten darauf, gerufen zu werden. Wir rufen sie.

Manela zog den Mantel aus und legte ihn neben sich auf das Bett. Ich sah sie nackt im ruhigen Schimmer des Leuchters.

Siehst du mich?

Gisa sagte: jetzt siehst du Manela. Gefällt sie dir?

Ich glaube, sie ist sehr schön.

Du glaubst es?

Ich sehe sie gern –

Du siehst Manela, was siehst du noch.

Ich sehe Manela zum erstenmal, ein paar Meter von mir entfernt, dort ist auch das Bett. Du bist weiter weg als Manela und das Bett.

Das ist nicht weit, sagte Manela.

Was siehst du noch –

Manela, ihr Gesicht, ich habe es schon gesehen, aber ich sehe es nochmal, und auch die Haare.

Sie sind schwarz – schwarz?

Ja, sie sind schwarz.

Wir wissen es nicht genau, mal schwarz, mal schwärzer.

Was siehst du noch.

Ich sehe die Arme, den einen mehr als den anderen, die Brüste und Schenkel, das meiste ist im Schatten. Manela sieht anderen Frauen ähnlich, dort auf dem Bett.

Sie sieht allen Frauen ähnlich und gleicht keiner anderen, wie ich.

Wir hören nicht oft solche Sachen. Was siehst du noch?

Ich sehe ihre Armbanduhr.

Oh! Du hast vergessen, sie abzuziehn. Manela legte die Armbanduhr neben den Leuchter.

Alles ausgezogen. Gefalle ich dir?

Wie oft willst du dieselbe Antwort hören.

Immer – es gibt nur eine Antwort.

Es gibt keine andere.

Wem gehört das Haus, dir oder dir, euch beiden?

Es gehört uns nicht. Ist das nicht schön!

Es gehört dir, wenn du willst, sagte Manela, wiederholte Gisa. Nimm es, es gehört dir!

Mir gehört es nicht, aber vielleicht Manela, wenn ich bei ihr bleibe; vielleicht Gisa, wenn ich mit ihr schlafe.

Es ist ein Haus mit vielen Zimmern, du kennst dieses eine.

Ein Zimmer ist genug – oder nicht genug? Gibt es etwas, das ich nicht sehe, aber sehen sollte –

Manela, sagte Gisa.

Manela sehe ich schon eine Weile – eine Stunde? Oder wir sprechen schon so lange. Seither ist sie dieselbe.

Oh, sie ist eine Frau, du kannst sie bitten, sich zu bewegen.

Manela machte ein paar Schritte, deutete Tanzbewegungen an und setzte sich wieder auf das Bett.

Ich sehe keine Schuhe. Ihr seid ohne Schuhe ins Zimmer gekommen.

In der Nacht sind wir immer barfuß, sagte Gisa. Zieh dich aus, nimm einen Mantel, dann sind wir alle in Mänteln.

Zieh deine Schuhe aus, sagte Manela, dann sind wir alle barfuß.

Hast du Manela jetzt gesehen?

Ich fange an, sie zu sehen. Nicht genug.

Und am Anfang wolltest du sie nicht sehen.

Das weiß ich nicht. Ich fragte nach Gisa.

Gisa hast du noch nicht gesehen.

Ich habe sie hier noch nicht gesehen, in diesem Zimmer.

Willst du sie sehen? Sie ist sehr schön.

Ich weiß, daß sie schön ist.

Du weißt es nicht.

Ich weiß es.

Du kannst es nicht wissen.

Ich wußte es, lange bevor ich kam.

Manela, laß läuten in allen Zimmern, lange läuten, sagte Gisa, sie sollen kommen!

Sie sagte zu mir: komm, mich ansehen, komm mit, laß deine Kleider liegen, wir nehmen andere, in anderen Zimmern, wie lange hast du mich nicht gesehen, nicht gehört und nicht gerufen – zwei Jahre, neun Jahre?

Ich weiß es nicht, ich kann nicht zählen, ich habe das Zählen vergessen in den Zimmern, kannst du es noch? Hinter dem Haus sind Bäume, das wollte ich dir schon vorhin sagen, ich glaube, es sind Judasbäume, vielleicht Akazien, Pappeln? Daß Sommer ist, weißt du schon. Die Straße kennst du, oder wie bist du gekommen. Manela hat dir gefallen, ich weiß, daß sie dir gefallen hat, sie gefällt allen, mir gefällt sie auch, sie ist sehr schön in allen Zimmern und auch am Tag, du mußt am Tag zu uns kommen, am Morgen, im Winter. Hast du die Berge gesehen und den Schnee dort oben? Sie sind ganz nah, man geht durch die Landschaft und ist bald da, im Sommer verwechselt

man die Steine dort oben, man hält sie für Schnee, sie sind weiß
in der Sonne und glänzen – wie Schnee! Komm, es ist warm,
der Regen bedeutet nichts, er fällt nur augenblicklich, nur hier,
wir sind barfuß, das ist besser so, für Skorpione und Nachtfalter ist es noch zu früh. Und es gibt überall Teppiche in den
Zimmern und keine Bilder, wir selbst sind die Bilder. Freust
du dich, mich zu sehen, du siehst mich bald, du kannst mich
schon fast erkennen – hörst du die Nacht hier draußen zwischen den Zimmern – es regnet, Wasserrauschen in der Meer-
muschel, so klingt es – aber es regnet, es regnet bloß und klingt.
Außer Nachtvögeln gibt es hier keine Tiere, willst du ein Käuz-
chen, eine Eule, vielleicht ein paar Federn? Wozu brauchst du
eine ganze Eule. Und gib mir die Hand, laß mich nicht los –
dort hinten, ganz hinten ist ein Zimmer, vielleicht das letzte,
vielleicht ist es leer.

DIE REISE

Ganz einfach, sagte André, wir reisen.

Christine lag im Sessel und sah aus dem Fenster, eine weiße
Motte bebte am weißen Vorhang. Angela schlief im Liegestuhl
auf der Terrasse.

Ein Nachmittag ohne Zeit und Bewegung – sie hatten nicht
vergessen, daß Juli war –, die Türen standen zum Garten hin
offen, ein Gewitter hing hinter den Ulmen, bleiblau, lautlos,
kein Wind in den Blättern.

Blüten der Wintermalve, sagte André, er stand am Fenster,
Kuckucksrufe im Schnee und Kristall aus Brombeer, Eisblu-
men des Sommers – das ist unsere Jahrzeit –

Scherbengewitter von der Glasküste, sagte Christine, Hage-
buttenhagel, waschblaues kaltes Meer voll flüssiger Fische –
werden wir fliegen?

Genug geflogen, wir gehen zu Fuß, kleine Klimaanlagen in den Taschen.

Wohin –

In die Welt, wenn es dir genügt.

Gibt es das? Ja, wenn man sie zusammensucht; ich fand sie in Neapel, Kanada und Irdisch-Unkraut –

Wo liegt Irdisch-Unkraut.

Auf die Umgebung kommt es nicht an; und du?

Sie war früher immer und überall, jetzt muß man sie suchen; man war ihr um einen Lichtblick voraus, jetzt läuft man hinter ihr her und beeilt sich –

Angela schläft.

Wir lassen sie schlafen, sagte André, sie wacht auf, wenn wir unterwegs sind, in Angerman oder Irdisch-Unkraut, sie wird rechtzeitig wach sein; Angela fliegt, wir gehen zu Fuß.

Muß ich mich umziehen? Die Eitelkeit läßt mich im Stich, es ist zu heiß.

Du bist nackt in der weißen Seidenbluse, in weißen indischen Hosen und grauen Sandalen; man wird dich bemerken, wenn du bemerkt werden willst, du gehst nicht verloren.

Das genügt mir.

Ich erkenne dich in allen Kleidern, bei Tag und Nacht, in jeder Beleuchtung –

Das beruhigt mich.

Ich liebe dich –

O André – ich komme darauf zurück –

Und Christine, nach einer Weile: hast du bemerkt, daß wir das Haus verließen? Ich nicht –

Den ersten Schritt machst du im Schlaf, beim zweiten Schritt wachst du auf, beim dritten schreist du –

Bitte nicht – ich habe geschrien, als mir nachts ein Siebenschläfer übers Gesicht lief; das war im Land- und Leutehaus meiner Kindheit, willst du es kennenlernen, wir sind da.

Wo bleibt unsere Reise –

Der Gedanke kam mir unterwegs.

Palast deiner Spiegelbilder und Illusionen, in dem du lebtest, bevor ich dich kannte, als deine Kindheit noch nicht erfunden war.

Stört es dich? Mir macht es nichts aus.

Wo ist Angela –

Sie schwebt in der Nachtluft, und schläft.

Man soll sie ins Haus holen, sie erkältet sich.

Sie schläft in der Luft, sie erkältet sich nicht; vergiß Angela.

Sie standen in einem Raum mit verschlossenen Fenstern – ein Hotel im Südosten Finnlands? fragte André. Hier war alles aus Holz, Türe, Treppe, Fensterläden, Tisch, Stühle und Bett. Und was durch das Zwielicht flog – Nachtfalter, Mücken, Motten.

Mach ein Fenster auf, sagte Christine, jedes ist das erste, jedes das letzte.

Er schob einen Fensterladen ins Licht. Sie blickten nach Westen auf Tiefland und Küste, im Hintergrund die Skyline von Babylon-City, Rauchglocken voll Industrie, überfüllte Strände, ein Sommerabend aus Tankstellen und Verkehr.

Christine: dort sind wir!

André sah einen Renault, der von der Autobahn abbog, auf leeren Chausseen weiterfuhr, durch Schatten von Blättermassen und offenes Licht, vorbei an Gehölzen voller Vögel, dann noch einmal abbog und vor einem Landhaus hielt. Sie verließen den Wagen mit kleinem Gepäck und verschwanden im Haus.

Wo ist Angela –

Sie schläft in der Luft oder hinten im Wagen; vergiß Angela.

Mir wäre wohler, sie käme mit.

Hier nicht, dort nicht, in keiner Nacht; komm allein mit mir in das schlafende Haus, du stehst dort am Fenster und blickst in ein anderes Land. Soll ich dir sagen, was du siehst? Wir steigen am Abend vom Wasser herauf, mit leerem Picknickkorb und nassem Haar, ausgetobt und leergelacht, ermüdet von Wasser- und Weindurst und hungrig nach Schlaf; wo immer wir schlafen ist Wasser und Wind, klares Wasser und duftender Wind, blühende Malven, frischer Schnee –

Polizeikontrollen, beißende Hunde –

O nein!

Verspätete Flüge, Autopannen –

Du willst, daß es kommt, wie du sagst.

Es kommt, wie ich sage, aber ich will es nicht.

Überlaß mir die Nacht und die Reise – André?

Wind und Wasser, Wasser und Wein, Wein und Sommernacht – alles für dich; was wird aus Angela –

Sie schläft in der Luft.

Angela schläft, und das Fenster läßt sich nicht schließen, hat das einen Grund?

Es hat keinen Grund, und das Fenster läßt sich nicht schließen, einmal geöffnet bleibt lange hell.

Er öffnete einen anderen Laden. Sie entdeckten ein Dorf im Flußland mit Kirche und Friedhof. Die Kirche war eingestürzt, der Turm ohne Dach, der Friedhof verfallen. Bäume und Steine glänzten nach starkem Regen, im dampfenden Luftraum zog ein Gewitter ab. André und Angela parkten am Fahrweg, gingen langsam durch nasses Gras und betraten den Friedhof.

Angela scheint nicht zu schlafen, sagte André. Kennst du den Ort, die Gegend ist fremd.

Angela wird wissen, wo ihr seid –

Angela schläft, sie kennt ihn nicht.

Schläft sie, sagte Christine, oder schläft sie nicht.

Hier scheint sie zu schlafen, dort schläft sie nicht –

Entscheide dich.

Sie schläft, und schläft nicht –

Es gibt nur Bilder, sagte Christine, die Zusammenhänge erfinden wir.

Sie gingen durch Reihen alter Gräber, unter tropfenden Birken, triefenden Ulmen, und blieben vor einem Grabstein stehen. Es fehlten Blumen und Kränze, es fehlte die Inschrift, an ihrer Stelle befand sich ein Spiegel, hohes nasses Rechteck in Stein gefaßt. Angela blickte in die betropfte Fläche, erkannte sich, schrak zusammen und wollte fort, André hielt sie fest. Sie betrachteten sich unter tropfendem Laub im Spiegel – graue Staubmäntel, helle Gesichter, unruhige Blicke –, und Angela drängte weiter, André hielt sie fest.

Was ist das –

André: das Grab eines Unbekannten, nirgends erwähnt. Als stünden wir hier vor zweihundert Jahren – *Der du des Wegs kommst, verweile und betrachte dein Bild im Angesicht des Todes.*

Angela drängte fort, André ließ sie los. Sie rannte durch den Friedhof, hinaus in das Gras und verschwand hinterm Fahrweg. Von dort, von weit, vom Fluß kam ihr Lachen, André lief ihr nach, sie lief weiter und lachte –

Tausend Tropfen Grüße! Warme nasse Füße!

Gibt es den Spiegel, fragte André.

Wir sehen ihn, sagte Christine, er muß irgendwo sein – in Angerman oder Irdisch-Unkraut –

Dann wundert mich, daß ihn niemand zerschlägt.

Wir können das Fenster nicht schließen, sagte Christine, einmal geöffnet bleibt sichtbar für lange. Öffne ein anderes, wenn du willst.

André stieß den nächsten Laden auf. Draußen war Winter, schlohäugige Sonne und Schnee. Ein Tag im Januar, ein Tag im März. Rauch eines Reisigfeuers in flatterndem Wind. Kastanienäste voll Schnee und ein Haus im Schnee, schneebedeckt mit geschlossenen Läden. Zwischen Hauswand und Baum eine

Hängematte voll Schnee. Das Netz schien zur Schale zusammengefroren, die brüchigen Schnüre schwer von verharschtem Schnee. Im umgebenden Schnee keine menschliche Spur.

Ein Sommerhaus, sagte André, nie im Winter gesehen; man müßte Angela fragen, was sie weiß.

Angela schläft –

Keine Seele, die man fragen kann –

Wir sind allein und sind nicht dort. Das Haus wurde im Oktober verschlossen, die Hängematte im Regen vergessen, der Schlüssel beim Nachbarn hinterlegt.

Wo ist ein Nachbar; ich sehe Schnee auf flachen Hügeln, den nach Norden strömenden Fluß und vereiste Straßen, keine Ahnung in welchem Land.

Rauch eines Reisigfeuers, sagte Christine –

– kommt von weit her, der Rauch eines Feuers. Haben wir uns im Fenster geirrt?

Das ist nicht möglich.

Man sollte Angela fragen –

Angela schläft.

Wenn der Löwe schläft, laß ihn doch schlafen –

Angela ist kein Löwe, sie schläft in der Luft, das ist nicht wichtig.

Ich liebe Angela.

Ich meine, daß Angela schläft, ist ohne Bedeutung. Und du liebst mich –

Was willst du sagen.

Ich will nichts sagen. Solange sie schläft, kann ihr nichts passieren, und wir sind allein.

Bedeutungslos, sagte André, das ist dein Glück, das willst du sagen. Angela schläft, das ist dein Glück, und das willst du sagen. Mein Glück, daß wir unsere Stimmen hören, die halten zusammen, was wir sind –

Meine herrliche Reise, sagte Christine.

Einmal geöffnet bleibt sichtbar bis gottwohin. Er öffnete einen anderen Laden. Draußen war Nacht.

Nacht, kein Dunkel aus Zufall, und nichts zu erkennen. Spring aus dem Fenster, sag mir, wo kommst du an. Sag mir schnell, was entdeckst du da draußen – ein Meer, einen Spielplatz, den flüchtigen Engel Horral –

Dunkelheit ist eine praktische Sache, sagte André. Du kannst in ihr unterbringen, was du willst, alles außer den neunzig Arten des Weltuntergangs.

Die leuchten nicht, sagte Christine (sagte Christine).

Du kannst sie unterbringen, sagte André (sagte André).

Und Angela, die in jeder Dunkelheit schläft – wenn wir sie wecken, was wird sie erzählen –

Sie weiß dasselbe wie du und ich. Sie erfindet wunderbare Flüge, weil unsere Reisen wirklicher sind –

Wirklich, wirklicher, am wirklichsten? Von Wirklichkeit ist mir nichts bekannt, nichts Unwirkliches hält mich auf, es geht mir gut.

Weißt du, wie gut es dir geht, ich weiß es nicht –

Angela weiß es –

Angela schläft.

Einmal geöffnet bleibt sichtbar bis zuletzt. Komm, in die Dunkelheit ohne Zufall, sagte Christine (sagte Christine), wir haben nicht von der Liebe gesprochen, wir haben sie aufgehoben, um nichts zu sagen – halte mich fest, damit nichts gesagt wird – kein Fenster geöffnet, kein Sommer vermißt, keine Reise verloren – umarme mich, unser Atem genügt, er weiß alle Worte –

INHALT